TAMURA Masanori
田村正紀

流通モード
進化論

DIVERSITY AND FUSION OF COMMERCE AND MARKETING

千倉書房

緒 言

　流通は商業とマーケティングによって遂行される。この半世紀の間，多様な流通モード（遂行様式）が次々に登場して，百貨店，総合スーパー，中小商店，そしてマス・マーケティングの上に積み重なった。

　商業ではコンビニ，家電やホームセンターなど大型専門店チェーン，ユニクロ，ニトリ，良品計画など製造直販専門店，モール型ショッピングセンター，アマゾンや楽天などネット通販がある。マーケティングでは，市場細分化，ワンツーワン，大量個客対応，関係性マーケティングといったモードが現れた。商業とマーケティングはサプライチェーン，戦略同盟，小売ブランドなどをめぐって複雑な関係性を持ち始めている。

　これらは百花繚乱とでも形容すべき流通モードの多様性世界を創り出している。しかもそれは生産，消費，技術，法規制など，流通インフラの変化を背景に絶え間ない急速な変動の過程にある。このような世界を捉え，そこでの行動指針を見つけるには，先端的な局所的変化を追いかけるだけでは十分ではない。多面的に生じる局所的変化は相互に複雑に絡み合っている。そのため，先端的・局所的変化の追跡と同時に，多様に変化する流通世界を一望し，全体を統合的に理解するための大きな物語がいる。

　先端的な変化をこれに照らして理解し，それから翻って大きな物語を漸次的に修正していく解釈的循環が必要になる。この循環を通じて，流通世界をその多様性と統合ビジョンの両面にわたって捉えることができよう。統合ビジョンの主内容は，流通モードがどのように進化しているかということである。しかし，現在の流通研究では，流通の多様な展開とその進化をふまえたこの大きな物語が欠落している。

　本書はこの大きな物語を作り上げるに際して必要な流通基礎概念と，変

化を生み出しているメカニズムを，日本事例を主要な例証として利用しながら，統合的に説明したものである。日本事例の期間は高度成長期から現在に至るまでの期間である。学生，企業人など流通入門後の読者が門内に流通についての統合的イメージを作り上げ，読者各自の流通学習・調査・研究に資することが著者の願いである。

　最後に，出版事情が厳しいにもかかわらず，本書の出版を快諾して頂いた千倉書房社長千倉成示氏，および編集・校正に多大の労をおかけした神谷竜介氏に感謝申し上げる。また妻清江には，快適な研究・執筆環境を整える上で多大の労をかけた。

　　2019年1月10日

田村正紀

目 次

緒 言 —————————————————— iii

第1章 現代流通を見る視角 —————————————— 001

1 多様化する流通モード ———————————— 001

- ▶ 変化の時間原点……002／▶ 流通革命……005
- ▶ 個客対応に向かうモード多様化……009
- ▶ ハイブリッド・モードの誕生……013

2 モード多様化を捉える視点 ———————————— 016

- ▶ 現代流通の多様性マップ……016／▶ 流通の基本概念……018
- ▶ 流通モードの概念……020

3 顧客価値の形成 ———————————— 023

- ▶ 顧客価値の追求……023

4 実物流通(トランスベクション)の活動編成 ———————————— 029

- ▶ 基本コンセプトとしてのトランスベクション……029
- ▶ トランスベクションの担い手：関係性ネットワーク……034
- ▶ トランスベクションの編成原理……037

5 取引流通活動の編成様式 ……… 039

- ▶ 編成様式を決める基本選択 …… 039
- ▶ 商的品揃えによる取引費用の節減メカニズム …… 045
- ▶ マーケティングによる活動編成 …… 050
- ▶ 取引流通の活動編成 …… 052

6 流通モードの適所 ……… 054

- ▶ モード適所とは …… 054 / ▶ モード適所の区分 …… 055
- ▶ 競争優位性の変局 …… 057

第2章 マス・モード：現代流通の原点 ——— 059

1 マス・モードに先行する伝統モード ……… 059

- ▶ 伝統モードの特性 …… 060
- ▶ 経済発展に伴う伝統モードの進化 …… 065

2 マス・マーケティング・モード ……… 073

- ▶ モード特性 …… 073 / ▶ トランスベクションでのマス対応 …… 076
- ▶ 取引流通でのマス対応 …… 079

3 総合小売モード ……… 089

- ▶ 製品領域の交錯 …… 089 / ▶ 百貨店モード …… 091
- ▶ 総合スーパー・モード …… 097

4 総合小売の揺らぎ ········· 108

第3章 新しい商品世界へのモード適応 ── 111

1 新流通モードのインフラ基盤 ········· 112

- ▶ 贅沢民主化 ······ 112 ／ ▶ 顧客価値の多様化 ······ 114
- ▶ 生産技術の革新 ······ 119 ／ ▶ 製品カテゴリの進化 ······ 120

2 市場細分化 ········· 122

- ▶ モード転機としての市場細分化 ······ 122
- ▶ 属性空間, 理想点そしてポジショニング ······ 125
- ▶ 市場細分化のモード適所 ······ 129

3 大量・個客対応 ········· 131

- ▶ 大量・個客対応の出現 ······ 131 ／ ▶ MCの機能要件 ······ 137
- ▶ MCのモード適所 ······ 142 ／ ▶ ブランド拡張とその帰結 ······ 150

4 製品多品目化への商業モード進化 ········· 153

- ▶ 総合小売モードの適応型進化 ······ 153

第4章 乱流市場でのモード進化 ——— 163

1 乱流市場での流通モード進化ベクトル ——— 164

- ▶市場乱流化にともなう進化……164 ／ ▶流通在庫の増加圧力……169
- ▶在庫削減モードの進化……173

2 優位活動形質としてのサプライチェーン ——— 183

- ▶機動性の向上……183 ／ ▶取引連鎖から活動連携へ……187
- ▶メーカー・サプライチェーンとブルウィップ効果……188
- ▶パートナー間での協働作業……192

3 SCM実現の困難性 ——— 194

- ▶小売サプライチェーンとの重複……194

4 商業とマーケティングとの部分的ハイブリッド・モード ——— 199

- ▶VMI（売手管理在庫）……200 ／ ▶小売ブランド開発……203

第5章 スマート・モードを目指して ——— 213

1 スマート・モード ——— 214

- ▶スマート小売業との違い……214 ／ ▶スマート・モードの特性……215

- スマート企業の長期耐乱性……221

2 実店舗型スマート企業のモード特性 …… 227

- 潜在的ビッグミドルを狙う……227
- 総合的品揃えから専門的品揃えへ……231
- サプライヤー・ネットワークの構築……234
- 商業とマーケティングの完全融合……240

3 ネット通販革命 …… 244

- アマゾン先導のネット通販……244
- ネット通販の競争優位性……248
- 商業モードを背景にした顧客追跡マーケティング……258
- オムニチャネル・モード：実店舗との融合……264

註 ——— 273

主要用語索引 ——— 286

現代流通を見る視角

1 多様化する流通モード

　現代流通の特質は流通モードの驚くべき多様化にある。流通モードとは企業における流通活動の遂行様式である。それには3つの基本軸がある。どのような製品を取り扱うか，だれを対象顧客とするか，そして諸活動をどう編成して流通させようとするかである。諸活動には，製品の実物形成・移動とその所有権移動にかかわる取引がある。これらの決定により，流通モードが決まる。

　流通モードは進化により絶えず多様化している。その過程は，流通インフラの変化を背景に，革新による新モードの生成，新旧モード間の成長・存続をかけた競争，そして旧モードと新モードの交雑・融合がある。交雑は旧モードに新モードをたんに追加しただけである。たとえば，ネット通販事業を始めた，というのはそれにあたる。融合は新モードを旧モードと統合してヨリ高いレベルのモードを創造することである。具体的には，実店舗とネット通販の統合によるオムニチャネルなどは融合をめざす試みの一例である。

　流通インフラには生産様式，消費様式，流通技術，法規制などがある。これらの変化は各流通モードが消費者に提供する顧客価値を変える。それを通じて各流通モードが持つ競争優位性が変わり，モードが存続・成長できる適所が代わる。製品分野や市場の地理空間にわたるモード適所の分布はモザイクを形成している。流通モードの多様化はこの反映である。

流通モードの進化は，特定モードが成長・発展していくという物語だけではない。それはモードの成長だけでなく，衰退をも含みながら，全体として流通モードが多様化していく進化過程である。特定期間でのモード多様化は，各流通モードの盛衰が新旧モードの瞬間的全面交代ではなく，各モードの盛衰サイクルが時間的に部分的に重なりを通じて進行していくからである。

　現代におけるこの進化過程が本書の主題である。ここで現代とは，日本の事例でいえば高度成長期の始まりから現在に至る期間である。進化過程の概要をあらかじめ掴むために，日本事例を念頭に置いて素描してみよう。

▶ 変化の時間原点

　流通モード進化に伴う変化は時代を追うごとにますます加速している。この過程を見るには，まず変化の出発点，つまり時間原点を定めることが必要になる。どのような変化でも，それを見るには時間の原点（比較基準時点）がいる。変化はこの原点からの時間経過で生じた流通モードの状態差異である。モード多様化を見る適切な時間原点を日本事例でいえば，経済の高度成長が始まる前夜の時期であり，昭和20年代の後半である。この時期における流通世界の姿は，現在でも高齢者であれば，子供時代の回想の中に鮮明に残っているはずだ。

　この時期に流通世界は地方圏と都市圏に明確に分かれ，明治以来の長い伝統の中で動いていた。地方圏は人口の少ない中小都市やそれを取り囲む農村部からなる。中小都市では，米，酒・調味料，駄菓子，日常衣服，日用雑貨など，特定の製品カテゴリだけを扱う零細な業種店が近隣商店街を形成していた。農村部では生活必需品を扱う細々した零細な「何でも屋」（統計でいう各種商品小売業の小規模店）が孤立立地していた。彼らは農民の依頼による購買代理人として，近隣の中小都市に出かけることもあっ

た。

　都市圏は東京，名古屋，大阪を中心とする3大都市圏と，札幌，仙台，新潟，金沢，岡山，広島，高松，博多，熊本といった地方中核都市圏からなる。大都市圏の中心市街地には長い伝統を誇る三越，大丸，高島屋，松坂屋など都市百貨店があった。地方中核都市にはこれらの支店や地元出身の地方百貨店があった。百貨店は当時の小売業界では唯一の大企業であった。

　中上流消費者にとって百貨店は贅沢品や贈答品の買物先であった。百貨店の周囲の中心商店街には，衣服，菓子，装飾・身の回り品の老舗専門店が軒を連ねていた。多くの消費者にとって，日用の汎用品の買物先は住宅地近傍の近隣商店街やそれに隣接する食品市場である。そこには特定の製品カテゴリだけを商う中小零細の業種店が集積していた。

　農産物やメーカー品の大部分は，長く複雑な流通経路をたどって全国に散在する多数の小売商へ供給された。収集，仲継，分散といった機能を担う卸売商がメーカーと小売商の間で複数の流通段階を形成していたからである。

　収集卸は生産地からの製品収集を担う卸売商である。多数の中小生産者が全国各地に分散している農産物，繊維製品，日用雑貨などでこの種の卸売商が活躍した。分散卸は全国各地に散在する中小小売店に商品を分散供給する。分散卸は大都市の中心市街地に商品の種類別の問屋街を形成して集積した。仲継卸は分散機能と収集機能を仲継する卸売商であり，卸売商の中でもっとも大規模であった。

　このような在りし日の流通世界は現在ではほとんど見られない。その原風景のおもかげを窺えるのは，中小都市の商店街くらいであろう。その多くも今やシャッター通りとなり，かつての流通世界の廃墟になりつつある。小売が業種店としての中小小売商を主役とするとき，市場のスラック（ゆとり）が大きくなると，小売店（事業所）数が多くなる。高度成長開始時点の1958年に124万店であったが，高度成長が生み出した市場スラッ

クによって1982年には172万店に達した[1]。

市場スラックとは経済成長によって生み出された市場の余裕である。市場スラックがあれば競争は緩和され，非効率な企業でも存続できる。しかし，経済成長が減速し市場スラックが失われると，中小小売商は新しい流通モードとの競争の中で，政府の手厚い保護政策にもかかわらず衰退の一途をたどった。2007年には114万店まで減少する。中小小売商の盛衰は流通モード多様化の裏面史でもある。原風景を現在の姿に変えたのは流通モードの多様化である。

流通インフラの変化

この多様化の背景には，現代における流通インフラの急激な変化がある。流通インフラとは流通モードの社会経済基盤である。現代での主要な流通インフラの変遷をフィッシュボーン（特性要因図）で一望すれば，図1.1のようになろう。

流通インフラは生産と消費の様式だけでなく，流通技術や法規制の状態などからなる。生産と消費の態様は流通が遂行すべき課業の大枠を決める。流通技術の中核は輸送と通信の技術である。輸送技術は消費者や製品の移動効率に影響し，情報技術は流通活動の制御方法に影響する。大局的に見れば，流通のモード進化はこの流通インフラの変化への適応である。適応の内容は新モードの革新，それの模倣，複数モードの交雑・融合，そしてこれらが生み出すモードの盛衰である。モード多様性はこの進化の帰結にほかならない。

この進化は流通インフラを特徴づける多様な要因（特性要因）によって重層的に生み出される。流通インフラの重層的影響とは，それらが新旧モードの完全交代ではなく，部分交代を通してモード多様化を促進するということである。それにより各モードの生存領域が製品種類や空間的地理的市場で異なり，日本全体でみると各種モードの共存パターンは多様なモザイク模様を創り出すことになる。

図1.1 現代における流通インフラの変貌

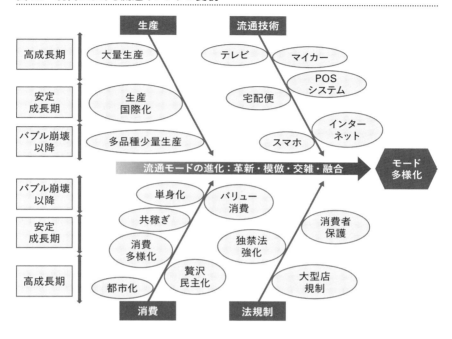

　図1.1のフィッシュボーンは，この流通インフラ要因の概要を魚骨型で示している。これを念頭に置き，本書で言う流通モードを傍点で示しながら，その急速な進展を振り返ってみよう。

▶ 流通革命

総合スーパーの成長

　まず小売から見ると，経済成長と相前後して，食品，薬品，衣料品，雑貨など特定分野でのセルフサービス店が登場した。その多くは低価格訴求を武器とした。総合スーパーはセルフサービスや低価格訴求を，食品，軽衣料品，薬品にとどまらず，ほとんどの日用品へと品揃え範囲を拡大する

ことによって誕生した。百貨店も総合スーパーもともに各種商品を扱う総合小売により大量販売店をめざした。

百貨店が大都市中心街に立地するのにたいして、総合スーパーは店舗のチェーン展開によって大都市周辺の衛星都市や全国主要都市の駅前や商店街近隣などに立地した。やがて人口郊外化やマイカーが普及し始めると、総合スーパーは都市部を離れた郊外にも工場やボーリング場の跡地、遊休地などを利用して立地するようになった。その急成長は中小小売商の反発を招き、1970年代以降は大規模小売店舗法（大店法）規制によって出店速度は低下した。同法は90年代前半まで総合スーパーの成長への法的制約になる[2]。

総合スーパーは郊外立地すると、それを中核店舗とし、そのまわりに各種専門店を配する・・・・・・・・・・・・・・ショッピング・センターへと発展する。ショッピング・センターは新興の専門店チェーンに、都心では用地不足で得られなかった立地機会を与えた。総合スーパーはそのチェーン店への商品供給を商品本部に集約した。商品本部の機能は分散卸が果たしていた機能と同種である。総合スーパーは分散卸の機能を代替して、分散卸の衰退のきっかけを作る。その分、流通経路は短くなっていく。チェーン展開が進むと、集約された購買力はますます大きくなる。それにつれて、メーカーや卸売商への取引交渉力が増大していった。

メーカーのマス・マーケティング

経済成長は中流消費者層をますます拡大した。一億総中流を目指して、日本の消費者は豊かさに目覚め始める。所得向上によって、必需消費を脱して贅沢消費に向かい始める。贅沢消費は豊かな社会における消費者の基本願望である。人々は生活向上をめざして消費ユートピアの実現を願っていた。

その対象は物品に限ると、住宅、自動車、家電、ファッション・アパレル、加工食品、化粧品などの製品カテゴリである。かつては上流消費者層

に限られていた贅沢消費は中間層の拡大や若者消費者の台頭につれて民主化した。贅沢民主化とはだれもが贅沢消費に参加するということである[3]。

　メーカーは経済成長にともなう消費動向の変化をまたとない市場機会と捉えて・マ・ス・・マ・ー・ケ・テ・ィ・ン・グを展開し始める。その内容は，新製品の継続投入，テレビ広告，そして小売に至るまでの流通系列化である。マス・マーケティングの狙いは，技術革新やファッション・トレンドの成果として次々に登場する量産新製品のブランド化を中核とし，流通価格を維持したまま拡販していくことである。流通経路では仲継機能を担っていた大規模卸商を系列下においたり，あるいは自ら販社を設立して流通系列化の司令塔にした[4]。

　経済成長の最中の1960年代には，このような動きは流通革命と呼ばれ，人口に膾炙した[5]。革命と呼ばれたのはメーカーによるマス・マーケティングや総合スーパーのチェーン展開が従来とは異なる流通モードを創造したからであり，またそれによって流通覇権を握り始めたからである。

　それまで，ほとんどの製品カテゴリについて流通は卸売商や百貨店・中小小売商の手に委ねられていた。たとえば小売についてみると，大企業といえば百貨店しかなかった。メーカーや総合スーパーはそれらに代わって，流通システムの主役に躍り出た。

　しかし高度成長が終わった1975年の小売売上高ランキングのトップ10[6]を見ると，第1位は三越から総合スーパーのダイエーに代わっていた。同じ流通モードの西友ストア，ニチイチェーン，ユニー，ジャスコも，三越，大丸，高島屋，西武百貨店，松阪屋など百貨店と肩を並べてトップ10入りを果たした。明治以降，有力百貨店が築いてきたのと同じ地位に，わずか20年前後で上り詰めたのである。

　自動車，家電，医薬・化粧品，家庭用品，加工食品，衣料品などの有力メーカーもマス・マーケティングを精力的に展開した[7]。消費者の贅沢指向に訴求する新製品を継続的に投入してそのブランドを普及させる。テレ

第Ⅰ章 現代流通を見る視角　007

ビ・雑誌など媒体普及にともない，日本の広告費は鯉の滝登りのごとく増加した[8]。各家庭のダイニングやリビングではコマーシャル・ソングが日常生活の常音になる。

　自動車や家電では小売段階までの流通系列化が進行する。自動車の小売店は有力メーカーのフランチャイズ店になった。家電ではほとんどの中小小売店が松下，日立，東芝のいずれかの系列店看板を掲げる。専売店化の難しい化粧品などでは，資生堂のように小売店内に特設コーナーを設けた。

　マス・マーケティングによる流通系列化は，メーカー自身が流通の全域に介入しようとするモードであり，メーカーによる商業の統制・排除である。卸売や小売など商業は，複数メーカーの商品を取り揃え，いわば社会的な品揃えを形成することがその事業の根幹である。しかし，流通系列化はできるかぎり特定メーカーの経路にこれを再編することを指向し，この意味で商業統制・排除である。流通系列化の狙いは再販価格の維持にあったけれども，60年代の後半以降の独禁法適用の強化によって，書籍などの特定品目を除いて再販価格の維持は難しくなる。

ブランド闘争

　メーカーの流通介入には有力総合スーパーが対抗した。総合スーパーはその登場初期には生鮮食品，軽衣料，日用雑貨などを問屋から大量現金仕入によって安く購入し，それを廉売した。やがて有力メーカーのブランドもその品揃えに加え始める。売上達成に悩む問屋などから極秘に仕入れて，それを顧客吸引の目玉商品として使い始める。

　有力メーカーはそのブランドの再販価格を統制していたから，ブランドの廉売は消費者にもわかりやすく総合スーパーにとって強力な価格訴求であった。しかし，有力メーカーにとってはマス・マーケティングの根幹を揺るがすものである。ここに有力メーカーと主要総合スーパーの紛争が発生する。

メーカーは出荷停止や取引停止などの施策を講じる。それに対抗するため，ダイエーなど有力総合スーパーは，とくに販売数量の大きい主要な製品カテゴリで，プライベートブランド（PB）の開発を始めた。この対立はブランド闘争[9]と呼ばれる。米国では1920年代から始まり，一時衰退したが，1950年代には再び盛んになり，現在まで続いている。

　日本での始まりは1960年代である。全国的に広告されている有力メーカーの全国ブランド（NB）にくらべると，PBはその登場初期では品質は劣るがはるかに廉価であった。これを武器にして小売商は有力メーカーに対抗しようとした。それは特定製品カテゴリの価格設定権をめぐる流通経路での覇権抗争である。

　ブランド闘争では，メーカーと小売商がそれぞれ相手の事業領域に参入する。メーカーが流通に関与し，小売商は生産に関与する。流通モードから見て重要な点は，生産と流通の両活動がひとつの制度体（企業ないしその系列グループ）に統治されるということである。メーカーの流通活動がマーケティングを基本モードとし，小売商の流通活動が商業を基本モードにしているとすれば，それはマーケティングと商業の融合でもある。流通系列化にしてもPBにしても，流通経路の下流では商業という制度的枠組と交雑しながらマーケティングが遂行されることになる。

▶ 個客対応に向かうモード多様化

　安定成長からバブル経済の崩壊をへて現在に至る時期では，流通モードの多様化がますます急展開する。モード進化の基本方向のひとつは，消費者へのマス対応から，個客対応へますます傾斜していく流れである。マス対応は消費者の平均像を焦点に，標準的欲求に訴求しようとする。個客対応は消費者の個人的嗜好にできるかぎり近く訴求しようとする。

　1980年代には，日本は世界第2位の経済大国に上り詰めていた。多くの人が豊かさをますます実感するようになる。高度成長期から続く都市へ

の人口移動とそこでの郊外化により，多様なライフスタイルが生まれた。さらに消費者の実像も変わる。世帯消費の購買代理人としての主婦に加えて，個人消費者が増える。戦後生まれの若者層や単身生活者である。贅沢民主化がさらに進み，個人嗜好を追求する消費多様化が拡がった。流通は消費者の標準的欲求に訴求するマス対応に加えて，個客対応を狙う新しいモードの導入を迫られる。

メーカーの対応

マーケティングで個客対応の極限は1対1対応マーケティングである。個客からの特注に対応して製品を作る。住宅，衣服，家具などの分野で見られる贅沢品である。1対1対応マーケティングはマス・マーケティングの対極にある。しかし，その市場は上流層に限られ，規模は小さい。消費多様化の中でも，より大きい市場規模を狙って，多くのメーカーはこれら両極の中間に位置する流通モードを採用した。

まず登場したのは市場細分化である。それまでマスとして捉えていた市場をいくつかに分割した。細分化とは年齢層，所得層，ライフスタイルなどを基準とする小分けである。細分化にさいしては，個人嗜好が細分間ではできるだけ異質に，しかし細分内ではできるだけ同質になるように配慮された。情報化を基盤にした多品種少量生産技術の発展によって，各細分に対応した製品を製造することも可能になった。これによって製品カテゴリの構成品目数が大きく増加する。

市場細分化では，どの細分をマーケティングの市場標的にするかが重要である。ターゲティング（市場標的設定）がマーケティングの基本コンセプトになる。選択した標的に向かつて新製品や既存製品改良が図られる。新品目に対しても既存ブランドが使われ，ブランド拡張が行われる。さらに広告媒体や販路も各市場標的に適合するように調整が図られることになる。

80年代の後半から生産の国際化が進行した。車，パソコン，アパレル，

身の回り品，食品など，多くの製品カテゴリで製造工程の国際分業が進む。製品開発・設計や先端技術を要する部材生産などは発展国で行うが，その完成品の組立量産は人件費の安い発展途上国で行われる垂直的分化である。また製品のモジュール化が進む。情報技術がハードとソフトの両面で急速に進歩し始める。

これらの発展を背景に，流通モードにも市場細分化を超えて個客指向に近づこうとするモードが現れる。大量個客対応（mass customization）である。これは個客対応製品を大量生産し流通させる仕組みである。モジュール化した部材は大量生産し，その完成品への組立は個客嗜好に合わせる。デルのパソコンやナイキのスニーカーなどは代表事例である。

小売の対応

個客対応への流れは小売業でも生じる。小売業では当初は店舗の地域適応が主張されたが，これは総合小売には困難であった。その品揃えがあまりに広く，広域商圏により標的顧客を絞り込めなかったからである。個客対応への接近はむしろ種々な品揃え専門化という形をとって進行した。品揃え専門化は何よりも店舗品揃えを少数の製品カテゴリに絞り込む。しかし，これによって専門店が追求する個客指向への接近方向は多様である。

品揃えには広さと深さがある。広さは製品カテゴリ数であり，深さは各カテゴリの品目数である。ヤマダ電機やビックカメラなどの家電量販店は，家電への品揃え専門化により品揃えの広さではなく深さを追求する。これにより，大型店化，チェーン展開，大量仕入による価格訴求など，かつて総合スーパーが追求した業務展開をヨリ効率的に促進した。

ユニクロやニトリもカジュアル衣料や家具への品揃え専門化である。しかし，たんに品目数を増やす深さ追求ではなく，特定ライフスタイルを念頭にした製品コンセプトに合う品目だけに集中する。そして機能性を向上した製品を開発しそれを廉価で提供した。これによって製品機能性と低価格を同時に要求する消費者のバリュー消費に応えた。青山商事やしまむら

も同類である。

　セブンイレブンなど主要コンビニも，流通モードとしては品揃えの機能的専門化である。その品揃え構成品目は，それまで近隣商店街の食料店，日用雑貨店，薬局，飲食店，本屋などの中小業種店で取り扱われていた製品である。コンビニは明確に設定された市場標的に照らして，これらの品目を絞り込んだ。

　当初の標的は大都市に集まる若年労働者や学生など，いわゆる若者層であったが，次第にヨリ年配の単身生活者や共稼ぎ世帯，道路の長距離ドライバーなどにも拡大していった。店舗網を稠密に配置し，また24時間営業によってアクセスの時空間便利性を提供した。さらに，キャッシング，チケット販売，宅配便受付，公共料金徴収など生活サービスを追加し，日常に不可欠な生活パイプラインになる。

　世紀の変わり目頃から，情報技術がさらに飛躍的進歩を遂げる。その主役はインターネットの普及である。これにより企業間の電子データ交換や新規取引先の検索が容易になる。とくに重要なのは消費者の情報収集能力の飛躍的向上である。どのような製品がどこで入手できるか。その店の価格が高いか安いか。他の消費者はその製品をどのように体験し，どう思っているか。スマホが普及しはじめると，これらの情報はどこでもいつでも入手でき，購買などで利用できるようになった。

　これらの情報技術は同時に進行した宅配便のサービス向上など物流技術の進歩と合わせて，流通モードの革新機会を与えた。アマゾン，楽天などのネット通販である。それは流通モードの大革命をもたらしつつある。その内容は店舗など伝統的な実店舗流通を支配した立地問題からの解放，品揃えの広さや深さを制約した店舗の物理的容積からの解放，24時間営業，製品検索の容易性，そして消費者のクリック・ストリームやGPSなど買物行為連鎖の即時把握とそのビッグデータの高度利用などである。ビッグデータを利用して，ネット通販は個人消費者の動きを即時的に捉えるマーケットレーダーを構築した。

ネット通販は流通モードでの個客指向を完成に近づきつつある。ネット通販がまだ十分にカバーできていない製品カテゴリは生鮮食品，調理済み食品，さらには即時的需要対応を要する生活必需品分野である。しかし，この分野についても首都圏では「Amazonフレッシュ」サービスをはじめ，また実店舗流通への参入などの動きがある。

　すでに米国ではレジなし店舗（Amazon GO）の実験が始まっている。これに対抗してスーパーなどがネット通販を導入した。いわゆるネットスーパーである。いずれにしても，ネット通販の急成長は既存の実店舗流通にとって大きい脅威になりつつある。ネット通販にとっての潜在的脅威は，消費者個人情報のプライバシーをめぐる法規制強化ぐらいであろう。

　モード多様化によって日本の小売世界も様変わりする。それを象徴するのは小売売上ランキングである。流通企業の多くが持株会社化しており業態の単体ベースで比較することが難しくなっているが，2015年時点で新流通モードの専門店企業がトップ10近傍に入ってきたようだ。ヤマダ電機，ビックカメラ，エディオン，ファーストリテイリング（ユニクロ），アマゾンジャパンなどである。従来モードで残っているのは，総合スーパーではイオンリテールとイトーヨーカ堂，百貨店では高島屋を除くと，そごう・西武，大丸・松阪屋，三越・伊勢丹など合併企業が多い[10]。

▶ ハイブリッド・モードの誕生

　流通モードの多様化を生み出しているもうひとつの流れは，ハイブリッド・モードの誕生である。ハイブリッド・モードとは，異種の流通モードの組み合わせによる融合である。融合の中心はマーケティングと商業の融合，そして個客指向にヨリ近づこうとする流通モードの多様な組み合わせである。ハイブリッド・モードの代表事例としては，

- サプライチェーン・マネジメント（SCM）

- 戦略同盟
- 小売ブランド
- SPA（Speciality store retailer of private label apparel）など製造直販専門店
- オムニチャネル

などがある。

　サプライチェーンは，特定製品の部材サプライヤーから消費者へ至るまでの実物貫流の管理経路である。そこでは，部材，半製品，完成品などの実物，受発注・情報のフローが統合されている。1社内で統括されるサプライチェーンは少ない。多くの場合，そのパートナーになる複数企業間の活動連鎖からなる。「チェーン」という用語は企業間での円滑な連携作業を意味している。その理想型からいえば，サプライチェーンの機能要件は2つある。ひとつはその製品の供給パイプラインに関与する企業の全員参加であり，他のひとつはこれらのパートナー間での統合的な活動連携である。

　サプライチェーンの構築は，技術革新が激しく新製品が継続的に投入される製品カテゴリを主力事業にしているメーカーから始まる。その先導企業は米国のヒューレットパッカード，ゼロックス，3M，デジタル・エクイップメント・コーポレーションなどである。この流通モードは国際的にもメーカー，流通企業に普及した。日本ではたとえばセブンイレブンの弁当，惣菜など日配品のサプライチェーンは同社の躍進を支えた。

　製販同盟は有力メーカーと有力小売商との製販戦略上の同盟である。今まで抗争していた両者が協働関係契約を結ぶ。米国のP&Gとウォルマートの同盟以来，模倣する企業が増えている。その内容は共同商品開発や経営情報の共有である。日本ではセブンイレブンやイオンが有力メーカーと協働し，いくつかの製品カテゴリでストアブランドの開発を行っている。

　VMI（vendor managed inventory：売手管理在庫）と呼ばれる契約では，メーカーが特定製品カテゴリについて，POS情報の共有にもとづき小売

商の店頭在庫を管理している。欠品が発生しそうになると，その品目は適正在庫を保つようにメーカーへ自動発注される。そこにおける取引は個別取引ではなくて，関係性の下での長期的で常規的な関係型取引である。

　小売ブランドとは，複数のPBに統一的に付けられた小売商のブランドである。イオンのトップバリュなどはその代表事例である。トップバリュには数百の生産者が関与している。小売ブランドでは，製造指図やブランドの権限がメーカーから小売商へ移転している。

　製造直販専門店は，小売商が製品企画を主導し，製造から小売までの供給パイプラインを下請けメーカーとの契約などで統治する流通モードである。米国のアパレル専門店であるGAPが先鞭をつけ，その後，ZARA，H&M，ユニクロなどにも採用されると，これらの企業の躍進を支える流通モードとなった。製造直販専門店はアパレル専門店に限らない。ニトリのような家具専門店，良品計画のような日用雑貨専門店でも採用される。

　流通経路全体を統治しようとする点では，この流通モードは流通系列化や，イオンのトップバリュのような小売ブランド開発と似ている。しかし，流通系列化が量産体制に起因するメーカー主導であるのにたいして，製造直販専門店や小売ブランドといった流通モードは消費動向を踏まえた小売主導である。小売ブランド開発が総合スーパーの品揃えのごく一部であるのにたいして，製造直販専門店の対象製品はその専門店品揃えのほぼ全域を構成している。

　オムニチャネルは百貨店，総合スーパー，専門店，コンビニなど各種実店舗業態にネット通販を加え，情報技術を駆使して顧客を総合的に追跡し獲得しようとする流通モードである。たとえば，ネット通販で買って店舗で受け取る，店舗で製品実物を見てネット通販で買うといった類いである。各顧客接点で捉えた消費者情報を隙間なく統合して顧客獲得を狙っている。オムニチャネルは，アマゾンなどネット通販の脅威にさらされた実店舗流通モードの防衛策として登場した。それは無店舗流通の最新モードを，実店舗流通モードへ取り込もうとするハイブリッド・モードである。

2 モード多様化を捉える視角

▶ 現代流通の多様性マップ

　現代流通モードの多様性を，以上の素描を踏まえてマップ化すれば図1.2のようになろう。各モードの位置を決めているのは2つの座標軸である。後述の議論をあらかじめ要約しておくと，ひとつはマーケティングと商業を両極とする軸であり，取引流通軸と呼べよう。この軸上のどこに位置するかにより流通費用や小売価格水準が決まる。もうひとつはマス対応と個客対応を両極とする実物流通軸である。実物流通は各消費者に向かうトランスベクション（transvection）の束である。トランスベクションとは，消費者の手元にある特定製品が，原材料からそこに至るまでに積み重ねられてきた実物活動の系列である。これにより生産から消費への実物の貫流が行われる。この軸上の位置によって，製品の形態効用，場所効用，時間効用などが決まる。トランスベクションの内容については後に詳論しよう。

　四隅にはマス・マーケティング，総合小売（百貨店，総合スーパーなど），1対1対応マーケティング，ネット通販という4種の流通モードがある。これらはいずれかの座標軸で極値を取る。この意味で現代流通モードでの純粋型である。マス・マーケティングと総合小売は現代流通の幕を開けた流通モードである。1対1マーケティングとネット通販は現代流通のもっとも先端的なモードと言えよう。

　これら4つのモードを結ぶ線の枠内はいわば中間モード域である。この域内には2種の中間モードがある。ひとつは取引流通軸あるいは実物流通軸のいずれかについて極値を取りながら，もうひとつの軸で両極の間の中間帯に位置する。これは周辺モードと呼ぶことができよう。

　マーケティングでの周辺モードは市場細分化と大量個客対応であり，商業での周辺モードは品揃え専門化とネットスーパーである。流通系列化と

図1.2　現代流通の多様性マップ

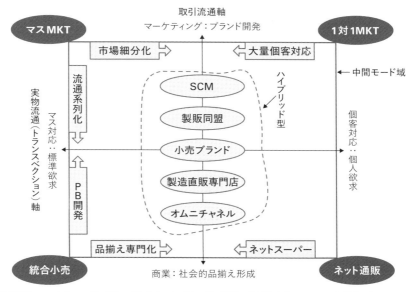

注）MKT：マーケティング，PB：プライベートブランド，SCM：サプライチェーン・マネジメント

PB開発はマス対応でありながら，取引流通軸上でマーケティングと商業の中間帯にある。

　もうひとつの中間モードは図中央に位置するハイブリッド型である。これにはSCM，製販同盟，小売ブランド，製造直販小売店，オムニチャネルといった流通モードがある。これらのモードは取引流通軸と実物流軸のそれぞれの中間帯に位置する流通モードを多様なかたちで交雑・融合している。

　現代流通モードのダイナミクスは点線で囲まれたハイブリッド域で生じる傾向がある。その底流には生産，消費，技術，法規制といった流通インフラの変化が生み出す市場の新しい機会と脅威がある。ハイブリッド・モードには新しい環境への旧モードの適応と革新を目指す新モードが入り交じっている。

多様性マップは全体として，現代流通モードの生態系でもある。マップの背景には生態系の環境としての流通インフラがある。生物界の生態系と同じように，多様な流通モードが流通システムの中で共在しているが，それぞれのモードは多様な盛衰過程にある。流通インフラの変化の中で，企業はその成長と存続をかけて，流通モードを革新したり，模倣したり，従来のモードを新結合したりする。こうして流通モードが進化し，モード間の盛衰が分かれる。この動態のメカニズムは，現代流通を分析するさいの焦点である。

▶ 流通の基本概念

　多様性マップは，流通とは何かについての基本概念にもとづき描かれている。流通に関する用語は，流通，商業，マーケティングのような基本概念についてさえも，しばしば多義的に使われ，議論を無用に混乱させる。多様性マップを理解するには，流通についての基本概念を明確にしておくことが不可欠である。本書では表 1.1 に示す意味内容で基本概念を使用している。

　経済活動で流通と呼ばれる領域は，マクロ的に見ると生産と消費を結ぶ中間領域にある。しかし，生産者も消費者も流通に一部関与するから，生産・消費と流通の境界はファジイである。市場経済での生産と消費はその活動の場所や時間，そして生産された製品の所有権で隔絶している。生産するのは企業であり，消費は消費者が担当する。消費には製品所有権や使用権の移転が必要である。また場所的移転や生産・消費の時点調整も必要になる。

　流通フローはこのような生産と消費の隔絶を架橋する。流通フローには商流，物流，それらを制御する情報流，そして製品対価の資金流がある。生産から消費に向かって流通フローがたどるルートが流通経路である。産業別や国別といった集計水準で見ると，ひとつの製品カテゴリでも多様な

表1.1　流通の基本概念

基本概念	意味内容
流通	マクロ的に見ると，生産と消費を結ぶ中間領域。
流通フロー	生産と消費を連結する，製品実物，その所有権，情報，そして対価のカネの流れ。これらはそれぞれ，物流，商流，情報流，資金流である。
流通経路	流通フローがたどるルートで，製品カテゴリや最終消費地により異なる。
流通システム	多様な流通経路の産業別や国別の全体像。
取引	企業，消費者など流通行為者間での製品交換にいたる交渉過程。もっとも基礎的な流通活動である。ミクロ的な多くの取引により流通フローが生じる。流通行為者にとって，取引の目的は市場での製品の価値実現である。
商業とマーケティング	取引活動の基本的な二大編成様式。現代流通はこの共在からなる。

流通経路をある。それらの全体の姿が流通システムである。

　市場経済では製品は商品として生産される。商品とは他者使用のために生産される財・サービスである。だから企業はその製品を他者に販売し，製品をその対価と交換しなければならない。市場での交換を通じて，製品はその価値を実現できる。企業はその事業活動で創造した付加価値を交換による売上によって実現し，消費者は購買・使用によってその製品効用を顧客価値というかたちで享受することになる。

　企業はその活動により製品に種々な付加価値を付ける。しかし，その実現はその製品が消費者にたいしてどのような顧客価値を持つかに依存している。企業も消費者も製品の価値実現の場は流通以外にはない。図1.2の横軸のマス対応・個客対応という実物流通軸は，交換を促進するための企業の顧客価値の形成様式を表している。

　流通での取引編成様式にはマーケティングと商業がある。マーケティングは自社製品をブランド化し，もっぱらそれを最終消費者にまで流通させようとする。一方，商業は多くの生産者の製品を社会的に品揃えし，それ

を通じて取引の促進を狙っている。現代流通ではマーケティングと商業が基本取引様式として共在している。縦軸はこの取引様式のいずれに重点がかかるかに対応している。

　流通はどのように動いているのか。その変化はどのような方向に向かつているのか。企業はその成長・存続をかけてそれを見定めることが不可欠である。とくに現在のように，流通世界が混沌とし，その将来の見通しが難しくなってきた時代にはなおさらである。一定方向に向かつて迅速に効率的に動くことだけでなく，動く方向の選択がますます重要になっている。本書の狙いは，この選択に資するため，現代流通の基本的な潮流を企業の流通活動に焦点を合わせて展望することにある。

▶ 流通モードの概念

流通を捉える基本視点

　現代流通の基本潮流はその多様化にある。この多様性は取引の対象や相手，そして実物流通と取引流通の多様性として現れる。しかし，実物流通は取引流通の結果として決まることから，基本的な規定因は取引流通である。多様性の解明には流通を次の3つの側面，つまり

- 取引対象：どのような製品を取引対象にするか
- 取引相手：だれが取引相手か
- 活動編成：どのように取引流通と実物流通を活動編成するか

から捉えることが必要である。取引対象は生産にかかわり，取引相手は消費に関連している。活動編成は生産と消費をどのように結びつけるかの様式である。

　3つの側面は相互に密接に関連している。そのため，3つの重なりによってできる流通活動の複合体そのものを分析の基本単位として取り上げるこ

とが効率的である。本書ではこの複合体を流通モードと呼ぶことにしよう。

　流通モードの差異は取引の相手，対象，活動編成の特質に基づいている。この特質は生物学でいう形質に該当している。それは生物の形態や生理機能上の特徴である。同じように流通モードの形質は流通活動の形態や機能上の特徴である。大型店や小型店，無店舗販売などは流通活動の形態を決め，ブランドやディスカウントは機能上の特徴を決める。

　そのモードの遂行者にとっては，形質はモード遂行に際しての行動準則になる。そのモードを実施しようとすれば，その行動準則を守らねばならない。たとえば富裕層を取引相手にする，生活用品全般にわたり総合的な品揃えをする，低価格訴求をするなどといったことである。

　モード形質は流通モードの競争優位性の基盤になることが多い。そのため，流通における革新（イノベーション）の対象になったり，あるいは外部から容易に観察できる場合には競争相手による模倣の対象になる。新しい業態店の新規出店に際して，競争相手企業から見物客が参集するのはこの例である。

　流通モードは流通の3側面の複合体からなる特定流通様式の全体像である。しかし，特定流通モードは企業の全流通活動となることもあれば，部分的な活動として組み込まれることもある。そのため，流通モードを生物学での種，族，科，目，綱，門，界のような分類階級によって区分することはできない。流通モードはその進化の過程でこの種の分類階級の構造すら変えてしまう。したがって以下では流通モードの分類よりも，流通企業の盛衰を決める競争優位基盤としての側面に注目することにしよう。

取引活動編成の基本型：商業とマーケティング

　取引活動編成は商業かマーケティングか，あるいはその交雑・融合型である。この意味で商業とマーケティングは取引活動編成の基本型である。しかし，同じく商業といっても，取引の対象，相手，活動編成の形質には

差異がある。

　たとえば，商業はさらに小売商業と卸売商業に分かれる。両者の相違は取引相手である。小売業は最終消費者を取引相手にするのに対して，卸売業は消費者以外の企業や組織などを相手にする。小売商業を取り上げても，百貨店，総合スーパー，専門店，中小業種店，ディスカウント店，ドラッグストア，ネット通販など多様な業態がある。これらは取引の対象，相手，活動編成で多様に異なる。

　マーケティングも同様である。マス・マーケティング，細分化マーケティング，1対1対応マーケティングなどで，取引相手や活動編成が異なる。取引対象のブランドを取り上げてもメーカーのいわゆる全国ブランド（NB）だけでなく，小売業が企画・開発主体になるプライベートブランド（PB）がある。さらにメーカーと小売商の共創による小売ブランドも出現している。

　経験的に見ると，商業にしてもマーケティングにしても，それぞれにはさらに多様なモードがある。活動編成の基本型としての商業やマーケティングは，これらの経験的に存在するモードを統括する上位の理論概念である。これらの概念は現実の商業やマーケティングのそれぞれの本質的形質を概念化している。たとえば，小売商業でも卸売商業でも，取引対象の製品は複数メーカーの製品からなる品揃え物である。複数メーカー品を含むという点で，この品揃えはいわば社会的な性格を持っている。これが商業による活動編成のもっとも本質的な特質である。

　品揃えを小売商業で見ると，百貨店のように総合的なものから，商店街の業種店のように特定製品カテゴリに絞った中小店舗まで多様である。卸売商業の品揃えも同様である。多くの小売業は店舗を拠点にして活動編成を行う。無店舗販売は店舗を持たない小売業である。卸売業の多くも大都市に事業所を構えて活動編成をしている。

　マーケティングはメーカーが自社製品の流通に介入する際の活動編成の様式である。商業が複数のメーカー品を取引対象にするのにたいして，

マーケティングは特定メーカーの製品のみを取引対象にする。このため，メーカーはブランド化などで，その製品を競争相手の他のメーカー品から製品差別化する。この意味でマーケティングは特定メーカーの私的流通であり，複数メーカー品を扱う商業の社会的性格と鮮やかな対照をなしている。

マーケティングの取引相手は複合的である。卸売商や小売商など流通経路上の商業者を相手にすると同時に，消費者も相手にしている。商業者に対しては，営業や販売促進の流通活動を展開する。消費者にたいしても，広告や販売促進活動などにより直接的な流通活動を展開している。

現代流通の潮流はマーケティングと商業を基本的な編成様式としながらも，それらの交雑・融合型も含めてきわめて多様なかたちでモード進化を遂げている。流通モードの多様化は現代流通を見る基本的な視角である。文明史とともに始まる流通の歴史に照らして見ると，現代流通の特質は，歴史時間から見れば1世紀にも満たない短期間の間に，流通モードをきわめて多様に進化させたことにある。流通モードの多様性は，取引対象，取引相手，そして活動編成など，それぞれの特質の組み合わせパターンの差異からなる。この分析視角の内容を説明することから始めよう。

3 顧客価値の形成

▶ 顧客価値の追求

多様な流通モードとその盛衰を決めているものは何か。その基本要因は流通モードが形成する顧客価値である。他のモードよりも優れた顧客価値を創造できれば，その流通モードを採用する企業は大きく成長するだろう。逆に顧客価値を創造できなくなった流通モードは売上高を減らし，それを採用している企業はますます衰退していくことになる。流通モードが

企業の強力な競争優位基盤である。各流通モードがどのような顧客価値を提供しているのか。顧客価値提案はモードの盛衰とそれによって生み出される多様性を分析するさいの基本視角のひとつであると言って良い。

顧客価値のコンセプト

流通モードが提供する顧客価値の分析には，まずそのコンセプトを明確にしておく必要がある。通常の定義によれば，顧客価値はしばしばハードとしての製品に即して定義されてきた。それは競争品との比較における特定製品への顧客の意見である。具体的には，競争品との相対価格について調整した，その製品の品質についての市場（顧客）の知覚である[11]。

この定義は品質と価格のみに焦点を合わせているけれども，流通システムを念頭に顧客価値を定義するには，最終顧客（消費者）の選択コンテキストで定義する必要があろう。この観点から見ると，消費者を買手とすれば，製品の顧客価値とは，購買しても良いと考える際に消費者が感じるその取引のメリットである。

顧客価値はどのような要因を通じて形成されるのか。流通モードはこれらの要因にどう関わるのか。図1.3は流通モードと顧客価値との基本的な関連を示している。図の右側は顧客価値の要素としての製品効用と小売価格をそれらの関連とともに示している。左側には流通モードがこれらの要因にどう関わっていくのか，その基本的な関連が示されている。

顧客価値という用語は，企業の製品開発や価値創造に関連しても使われることが多い。しかしそれは企業人の期待に過ぎない。顧客が価値を感じてくれるであろうという期待である。企業がいくら創意工夫して価値創造を行ったとしても，商品であるかぎり市場で売れなければ，製品はその価値を実現できない。生産や流通の過程で顧客価値を売手がいくら付加したと言っても，製品が売れないかぎり，その価値は売手の夢に止まっている。製品価値があるかどうか，それは市場でのみ検証可能である。

この市場検証に関連して，M. ポーターは，「価値とは買い手が会社の提

図1.3 流通モードと消費者にとっての顧客価値

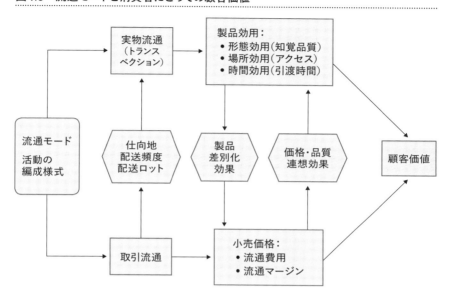

供するものに進んで払ってくれる金額である。……すなわち，会社の製品に付けられた価格と売れる量の積である[12)]」と主張している。たしかに企業視点から見ると，その製品の売上高は企業が形成した顧客価値の総量を表している。しかしこの定義に従うと，流通モードと顧客価値の関連を詳細に分析できない。

流通モードとの関連を分析するには，個人消費者にとっての顧客価値とそれを評価する消費者の頭数とに分けて検討する必要がある。以下ではまず消費者視点から見た顧客価値と流通モードとの関連を検討しよう。頭数の問題は流通モードの適所領域の問題としてその後で議論する。適所領域とは特定流通モードの競争優位性が，どのような製品カテゴリで，またどのような特性を持つ消費者の市場で強くなるかということである。

消費者にとって製品の顧客価値は，その小売価格を考慮に入れた製品効用である。製品効用とは，小売店頭やネット通販ウェブサイトなど，購

表1.2　3種の製品効用

製品効用	定義	効用例
形態効用	製品それ自体の有用性	製品についての消費者の知覚品質 包装などによる製品のロットサイズ
場所効用	入手先の有用性	買物場所へのアクセス距離や時間の便利さ，そこでのショッピング経験の楽しさ
時間効用	入手可能時点の有用性	引渡所要時間の短さ

買接触点で消費者が知覚するその製品のベネフィットである。このベネフィットは表1.2に示す3つの要素からなる合成物である。この製品効用が価格に照らして評価されることを通じて，消費者にとっての顧客価値が形成されることになる。

製品効用の要素とその相互作用

◇　**形態効用**……形態効用は製品実物そのものについて消費者が知覚するベネフィットである。このベネフィットは一般に知覚品質と呼ばれる。知覚品質について重要な点は，ハードとしての製品の客観的な商品学的品質（客観品質）だけでなく，消費者の知覚を通じて主観的なイメージ（主観品質）でも捉える点にある。

客観品質と主観品質はかならず一致する保証はない。広告や営業マンによる説明，あるいは店頭展示や映像などの情報によっても，このイメージがつくられる。形態効用には，食品包装の大きさなどのロットサイズも含まれる。ロットサイズとは製品の購買単位数量である。一般にロットサイズが小さくなるほど形態効用は高まる。

形態効用（知覚品質）には機能品質と顕示（見せびらかし）品質との2面がある。機能品質とは生活の中でのその製品の機能，働きである。たとえば，ユニクロのヒートテックは着ると暖かい，スターバックスのコーヒーは他のコーヒーと風味が違う，このパソコンの画像処理速度は快適でゲー

ムを楽しむことができるといった機能である。機能品質はその製品のハード上の特性がその使用にさいして生み出す働きである。

　顕示品質はその品質が他の人への顕示に使えるかどうかに関わる。高額の住宅，車，衣服，身の回り品などはこの顕示品質を備えている。たとえば，高級マンション，レクサス，パテックフィリップの腕時計，シャネル・スーツ，エルメス・バッグは，その使用者の社会的地位や富裕度のシグナルを他者に送っている。消費には他者の目に触れないプライベートな側面だけでなく，他者の目にさらされる社会的な側面もある。顕示品質はこの社会的側面での品質である。

　　◇　**場所効用と時間効用**……場所効用はその入手に際してのアクセスの容易さやショッピング経験の楽しさなどである。アクセスの容易さは必要な地理空間移動や可能な時間帯である。その製品がコンビニ製品であれば，都市消費者にとって空間移動は短く，いつでも可能である。ネット通販の製品ならば，パソコンやスマホを使うと空間移動はゼロに等しい。しかも，24時間アクセスが可能である。その製品が高級ブランドなど贅沢品で百貨店やシティ・ホテルのショッピング・アーケードの製品であれば，その売場の雰囲気によってショッピング自体が楽しさをつくり出す。

　時間効用は消費者が欲しいと思ったとき即座に，その商品を取得できるかどうかについての消費者の評価である。発注視点から取得までに要する引渡時間が短ければこの評価は高くなる。実店舗流通では小売店での在庫維持が適正であるかどうかが決め手になる。ネット通販などでは，消費者への配送時間が短いほど時間効用は高くなる。コンビニの年間無休，24時間営業も時間効用の向上に大きく貢献している。

　　◇　**顧客価値の決まり方**……製品効用だけではその製品の顧客価値は決まらない。製品効用はその製品の取得に要する小売価格に照らして評価される。いくら製品効用が高くても，価格が高ければその分だけ顧客価値は低くなる。

　一般的に言えば，顧客価値は競合品の中での相対的な小売価格と製品効

用によって最終的に決まると言えよう。しかし，流通での顧客価値形成の最終決定には，製品効用と価格との間の相互作用も重要な影響を与えている。この相互作用は製品差別化効果と価格・品質連想効果からなる。前者は製品効用から価格への影響であり，後者は価格から製品効用への影響である。

　品質に特異性を持たせそれを広告宣伝すれば，製品差別化効果が発生する。ブランドはこの効果の象徴である。ブランド化に成功すれば，市場で競合品より高い価格で販売することが可能になる。有名ブランドほどその価格は競合品にくらべて割高になっている。製品差別化効果とは，製品効用の特異性が価格引き上げを可能にするということである。

　一方で，消費者はその製品の価格を品質の指標として使うことがある。高価格であるほど高品質であると感じるのである。これは価格・品質連想効果と呼ばれている。この効果の発生条件には，

- 消費者がその製品について十分な知識や情報を持っていない
- 消費者がその品質を判断する能力を十分に持っていない
- その製品は機能品質よりも顕示品質で評価される

といったことがある。新しく登場した複雑な製品構成のハイテク商品や稀少な原材料を使用した贅沢品，さらにはよく広告されているブランド品などではこのような条件が備わっている場合が多い。価格・品質連想効果によって，価格が製品効用に影響を与えることになる。

流通モードと顧客価値

　流通モードは顧客価値形成にどう関わるのか。図1.3の左側にその基本的関連が示されている。流通モードには3つの側面がある。取引の相手，対象そして活動編成の様式である。顧客価値の形成にとくに関わるのは，これらのうちで活動編成の様式である。それはそのモードでの流通活動が

どのように編成されるかということである。この編成は実物流通（トランスベクション）と取引流通の二面で行われる。実物流通は製品効用の形成を目指す諸活動からなり，取引流通は流通費用と流通マージンへの影響を通じて小売価格を決める諸活動からなる。

　取引流通は実物流通の大綱を決めている。地理的空間でどのように輸送され保管されるのか。その態様の多くは取引流通による販売先確定やそれへの期待の結果として生じる。また広告や営業での情報の移動は取引流通の成否に大きく影響するけれども，その行き先や内容は，取引流通で設定される販売先によって大きく変わるからである。実際に，実物流通は取引流通の結果として決まる。

　実物流通と取引流通はどのような視角から分析すべきであろうか。節を改めて検討しよう。

4　実物流通（トランスベクション）の活動編成

▶ 基本コンセプトとしてのトランスベクション

トランスベクションとは

　実物流通での活動編成を分析するさいの基本コンセプトはトランスベクションである。このコンセプトの創始者であるオルダーソンによる造語である[13]。製品部材から完成品を経て消費者までに至る，製品実物の「貫流」を意味している。

　オルダーソン自身の定義によれば，「一足の靴のように単一の最終製品が，自然の状態における原材料からすべての中間品揃え形成と変換と通じて移動した後に，消費者の手元に供されるようにする体系の行為単位」[14]である。実物流通は多くのトランスベクションの集合体である。

　トランスベクションという視角の特徴は，行動ではなく，行為に焦点を

合わせている点にある。行動が行為に至る心理的な意思決定過程に焦点を置くのにたいして，行為は意思決定過程の結果として表面化した。行動ではトランスベクションでの情報の流れが中心になるが，行為ではトランスベクションでのモノなど実物的な流れが問題になる。

　流通システムでのトランスベクションの総数は，消費者数に製品数を乗じたものである。流通システムの動きは，このようなきわめて多数のトランスベクションの総体である。このような意味で，それは流通システム全体でのひとつの行為単位になる。

流通システムでのトランスベクション

　トランスベクションは消費者の手元に達した個別製品に関して，流通システムで生産から消費にまで貫流する実物流通の全過程を捉えようとするものである。個々の消費者の手元にあるすべての製品の背後には，それぞれのトランスベクションがある。トランスベクションは生産と消費の間での一連の取引の結果として決まる[15]けれども，トランスベクションでのモノの貫流状態は，取引とは関係なしに検討することができる。

　流通システムでの貫流過程とはどのようなものだろうか。流通システムの両端には，生産セクターと消費セクターがある。前者は生産を，また後者は消費を担う経済領域である。トランスベクションの特質は，この両端における製品の状態から生じる。生産セクターでの製品は，原材料などの一次産品や部品，あるいはそれらの組み立てによる製品など多様な形をとっている。経済発展が進むほど，生産セクターでの専門化・分業が進み，生産セクターの製品はますます多様になり相互に異質的になる。

　製品の異質性は消費セクターにもある。しかし，異質性の内容は生産セクターの異質性とは異なる。消費セクターの異質性は，消費特有の個別性，分散性，小規模性から生じている。

　製品についての消費者の要求はそれぞれの嗜好を反映して個別的である。経済発展が進むほど，豊かになった消費者はそれぞれの個人的な趣

味・嗜好に合った製品を求めるようになる。消費者は地理的に広く分散して居住して消費の分散性を生む。さらに個々の消費需要は家族あるいは個人の欲求を満たすものであるから小規模である。これらの特質により，消費セクターでの製品需要は消費者間で異質的になる。

マクロ的に見ると，効用形成における流通システムの役割は，その両端における異質性を相互に整合（マッチング）させることである。整合には3つの側面がある。第1に，消費者の嗜好に製品の実物形態を合わせる必要がある。第2に，生産セクターでの製品はその地理的所在地を消費者の消費場所に合わせていく必要がある。第3に，製品の生産時点を消費者の消費時点に合わせる必要がある。トランスベクションはこの整合を行っていく過程である。

活動から見ると，トランスベクションT_rは，品揃え形成Sと変換Tという2種の活動を継起的・連鎖的に行っている。つまり，

$$T_r = STSTS \cdots\cdots TS$$

これがトランスベクションの活動構造である。その特徴は交換と変換の継起系列にある。この交換・変換系列は略して交変系とも呼べよう。この交変系が生産から消費に至るまでを貫流する。生産と消費の整合はこの継起的に連鎖する活動の配列構造によって行われることになる。

3種の変換

トランスベクションでは，表1.3に示すように，製品に施される3種の変換に注目する。変換とは製品状態を変えることである。この変換には3種の側面がある。製品の実物的形状がどう変わったのか，製品が保管されている場所がどう移動したのか，そして保管時点がどうかわったのかといった側面である。変換による製品状態の変化は変換産出と呼ばれる。

トランスベクションでは，種々な変換産出によって通じて，消費者にとっての形態効用，場所効用，時間効用が増加し，製品効用を高めていく

表1.3 トランスベクションでの変換

変換の種類	定義	活動例
形態変換	製品の物理的変化	製造, 組立, 加工, 包装など。
場所変換	最終使用者への製品実物移動	輸送, その開始または終了にともなう輸送手段への貨物の積込み, 積卸しなどの荷役作業, 倉庫での荷扱い
時間変換	製品の使用時点の移動	貯蔵, 製品引渡条件の設定

のである。行為者が自身で変換したり, 他の行為者にそれを委託したりするには, 製品の所有権を持つことが必要である。品揃えと変換の交互系列として定義されたトランスベクションで, 変換の前には, 売買取引による所有権移転が暗黙の（明記されない）想定としておかれている点に注意しよう。

また, 変換には種々な資源が使われる。それには生産や組立の設備, トラック・船舶・飛行機などの輸送手段, 倉庫, コンベア, 流通ターミナルなどの物的施設や貯蔵期間のような時間資源がある。変換すれば, 製品形態だけでなく, 時空間上の製品の位置が変わる。変換産出とは変換後の製品のこのような新しい状態である。

ソーティング

◇ **ソーティングの役割**……ソーティング（sorting）は, どのような変換を行うかを指令する。ソーティングとは品揃え形成活動であり, その結果が品揃え物である。ソーティングは分類, 配分, 仕分け, 選別などの活動からなる。生産ではその組立作業に先だって原材料・部品のソーティングが不可欠である。卸・小売の流通ではその品揃えのためにソーティングが中核的な活動になる。また, 物流にさいしては積み荷のソーティングが効率向上のカギになる。

ソーティングはもっぱら決定活動であり, 製品実物の変換には関与しな

表1.4　ソーティングの4つの側面

	収集型：小ロット→大ロット	分散型：大ロット→小ロット
同種製品	集積 (accumulation)	配分 (allocation)
異種製品	取り揃え (asorting)	仕分け (sorting out)
全体	選別 (selection)	割当 (assignment)

い。トランスベクションで2つの変換活動を継起的に行うには，その間にソーティングが介在しなければならない。それによって次にどのような変換を行うかが決まる。オルダーソンによれば，ソーティングの分析にはその活動を表1.4で示すように集積，取り揃え，配分，仕分けに区分することが有用である。

◇　**4つの側面**……これらの区分は，ソーティング対象の製品が同種か異種かという異質性の程度と，ソーティングによるロットサイズ変更の方向性によって区分されている。

　製品が異種か同種かは，製品をどのような集計水準で見るかに依存している。たとえば，衣服は集計水準を下げると，まず男子服，婦人服，子供服に分かれ，さらに下げるとフォーマルかカジュアルかに分かれ，さらに下げると，下着，上着，パンツなどそれぞれの価格帯，デザイン，色の相違などで区分される。

　品揃えをどのような集計水準で捉えるかは一定ではない。時代によって変わり，同じ時代でも企業によって異なる。しかし，品揃えを分析するときには，集計水準に対応する用語として，集計水準の高い順に製品ライン，製品カテゴリ，品目といった用語が必要になる。

　製品ラインがその企業の品揃えをもっとも高い集計水準で捉えている。たとえば百貨店は衣，食，住に関連する製品ラインを品揃えする。衣関連ラインを非集計化したレベルでは製品カテゴリである。婦人フォーマル，婦人カジュアルといった水準である。さらに品目レベルになると，用途，

デザイン，価格帯，ブランドによる区別になる。企業が受発注や在庫の管理対象にしている品目は，SKU（ストック・キーピング・ユニット）と呼ばれる。

ロットとはロットサイズの略称である。通常の意味では，同じ条件での製造品の製造数量，出荷数量の最小単位を意味する。しかし表1.4でのロットの意味は，流通活動での実物移動や取引での最小単位のことである。

集積と取り揃えを合わせて選別と呼ぶ。選別は製品の小ロットを大ロットにする指令である。選別は買手視点のソーティングであるといえよう。それは品揃えに含むべき変換産出は何かに関わっている。小売品揃え，産業使用者の購買品目，消費者の買物バスケット（たとえば総合スーパーなどでの購買品目）などがその例である。

配分と仕分けを合わせて割当と呼ぶ。割当は製品の大ロットを小ロットにする指令である。たとえば，倉庫にある在庫品を輸送仕向地別に配分したり仕分けたりする。割当は売手視点に立つソーティングであり，在庫品のような変換産出をいかに，輸送のような次の変換に向けるかに関わっている。

▶ トランスベクションの担い手：関係性ネットワーク

活動と担い手

トランスベクションには製品効用を向上させるため形態，場所，時間にかかわる変換活動がある。この変換活動の内容は多様であるけれども，事例分析ではとくに問題になる活動種類を指定しなければならない。パソコン流通の単純事例では，組立，ソフト設置，製品テスト，包装，貯蔵，輸送といった活動が変換の内容を構成している。

これらの活動は種々の担い手によって担当される。この担い手を行為者と呼ぶとすれば，パソコンの単純事例では生産者，卸売商，小売商，消費

図1.4 パソコン流通でのトランスベクション活動と担い手

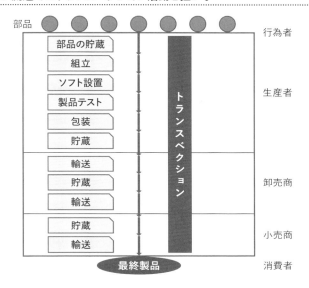

者などから構成されている。これらの行為者が変換活動をどのように分担するのか。その一例は図1.4に示すようなものである。

　生産者はパソコンに必要な部品を貯蔵している。それらの組立，ソフト設置や製品テストを行う。組立終了品は包装され，貯蔵される。これによって生産者在庫が形成される。卸売商は生産者から調達して，貯蔵し卸売在庫を形成し，それをさらに小売商に再販売する。卸売商が物流活動に力を入れているとすれば，かれは生産者からの調達や小売商への配送に関して輸送活動を分担するだろう。小売商は仕入商品によって小売在庫を形成し，それを消費者に販売する。そのさい消費者への配送も小売商が担う。

トランスベクションでの関係性

　この図で連鎖矢印線がトランスベクションである。それは部品から最終

製品までを繋いでいる。各矢印は変換活動により製品効用が付加されたことを示している。各矢印の間には，この図では捨象されているソーティングがある。生産者は組立にさいして，また卸売商や小売商はその品揃えにさいしてソーティングが不可欠である。同じように捨象されているが，行為者間を区画する線分をトランスベクションが乗り越えて行くには，売買取引による所有権移転が必要になる。

　トランスベクションを区画する各行為者内の部分は，それぞれの行為者のトランスベクション管理域である。M. ポーターはこれを価値連鎖と名付けている。価値連鎖は競争優位を生み出す可能性のある主要な企業活動の集まりである。それは購買物流，製造，出荷物流，販売・マーケティング，サービスとこれらへの支援活動からなる。それは行為者（企業）の価値創造域を表し，企業の競争優位性に基盤になる[16]。

　ポーターの価値連鎖概念が主として企業内活動に焦点を合わせているのにたいして，トランスベクションは生産から消費に至る製品効用創造の全過程を捉える。トランスベクションは原材料から，最終製品が消費者の手元に届くまでの全過程である。一方，価値連鎖は特定企業の統制が及ぶようなトランスベクションの部分領域である。だから価値連鎖はトランスベクションについて特定企業が担当する部分である[17]。

　価値連鎖がトランスベクションに一致する場合もある。たとえば，生産者が原材料の垂直統合や流通経路の系列化などの関係性により，小売段階までその統治域を拡げる場合である。トヨタは車種別フランチャイズによって，このような価値連鎖を構築している。またユニクロやニトリなどの製造直販小売業も，主力製品については製品素材にまで統治域を拡げてトランスベクション全域を覆う価値連鎖を作り上げている。しかし，多くの製品に関して，特定企業の価値連鎖はトランスベクションの一部である。

　現代流通での製品効用形成は，価値連鎖を超えたトランスベクションで行われている。大量個客対応，サプライチェーン，PB製品開発などの流

通モードは，トランスベクション領域で動いている。企業はトランスベクションに関与する他企業との関係性を強化して関係性ネットワークを構築することがますます重要になっている[18]。そこでトランスベクションをどう編成するかが競争優位性を左右する。トランスベクションは現代流通モードを分析するさいのキー・コンセプトのひとつである。

▶ トランスベクションの編成原理

マス対応と個客対応

　トランスベクションでの活動編成には2つの原理がある。ひとつはマス対応であり，他のひとつは個客対応である。まずこれらの編成原理を純粋な形で示せば次のようになろう。

　マス対応ではトランスベクションは生産者の活動を起点として始まる。製品の形態効用は消費者の標準的・平均的な欲求をみたすように標準化されて製造される。空間効用も特定の小売拠点への集約化によってつくられる。都心立地などはその代表事例であろう。時間効用も小売店での一定の営業時間帯に標準化されている。マス対応での活動を制御する情報はその製品需要についての予測情報である。この予測情報にもとづき，あらゆるトランスベクションの活動を遂行するのである。

　個客対応でのトランスベクションの活動編成はこれと対照的である。トランスベクションは特定の消費者を起点として始まる。製品の形態効用は特定の消費者の個人嗜好に合わせてつくられる。だから製品は標準化されたものではなく個人化されたものである。空間効用や時間効用も個人の希望に添っている。宅配便で購買者が望む場所と時間に届けられる。個客対応での活動を制御する情報は，その製品について消費者が発注した実需である。

トランスベクションの編成軸

　実際に多くのトランスベクションの編成様式は，このいずれかに完全に分類できないことが多い。このような様式を位置づけるために，マス対応と個客対応の純粋型を両極とする連続体としての実物流通（トランスベクション）軸を考えよう。この軸は顧客対応水準を区分し測定するための尺度である。

　この尺度の重要な特質はファジイ（あいまい）尺度[19]という点にある。ファジイ尺度は量的差異だけでなく質的差異も同時に示す。この尺度には2つの両極がある。標準品の量産により完全にマス対応といえるモードと，特注により完全に個客対応といえるモードである。これらの間には多様な中間的な対応モードがある。市場細分化や大量個客対応などである。この様子は図1.5に示されている。

　市場細分化は細分数により，また大量個客対応はモジュール数により，トランスベクション・モード連続体上での一定の範囲をカバーしている。

図1.5　実物流通（トランスベクション）軸

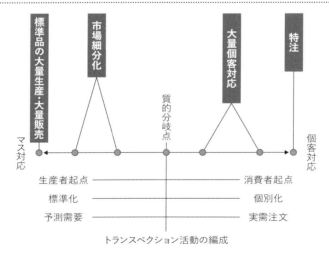

これらの中間モードでは，マス対応か個客対応かの程度には階調がある。いずれかに分類しようとしても，その帰属があいまいになるモード事例が発生する。ほとんどの企業事例は，トランスベクション・モードに関してファジイ集合の性格を帯びている。ファジイ集合とは，たとえばマス対応か個客対応かのカテゴリ帰属を確定的に言えない要素（企業事例）の集まりである。

　顧客対応度のどこに位置するかを示す成員スコアによって，モード間での顧客対応度水準の高低順序といった量的差異を判断できよう。成員スコアとは顧客対応度水準を「低い」，「中ぐらい」，「高い」と言った程度水準に区分して，それに1，2，3といった順序を示す数字を割り付けた場合の特定モードの数値である。しかし，ファジイ尺度の特質はこれらの数値のいずれかに，マス対応か個別対応かの質的差異を示す分岐点を設定する点にある。

　この質的分岐点は，トランスベクションが生産者と消費者のいずれを起点とするのか，製品効用形成に際して標準化か個別化のいずれを目指しているのか，その行動は予測情報と実需注文のいずれに基づくのかによって設定される。顧客対応度は温度のような尺度に似ている。温度は連続体であるけれども，零度と100度は，水の状態を氷，液体，水蒸気といった質的に区分する分岐点である。これと同じように，顧客対応度尺度は質的分岐点によって，対応モードの質的差異を示すのである。

5　取引流通活動の編成様式

▶ **編成様式を決める基本選択**

市場不確実性

　　◇　取引での合意……生産から消費に至るトランスベクションをだれ

がどのように活動分担しながら担うのか。その大綱は取引流通によって決まる。取引流通によって，取引の相手先が決まり，これによってトランスベクションでの変換を連結するソーティングの内容や方向が決まる。こうして，トランスベクションはこの相手先を標的にして形成されることになる。

　取引では少なくとも2人の当事者が向かい合う。売手と買手である。売手の目的は製品の販売である。買手の目的は商品の購買である。取引が成立し製品とその対価が交換されるかは，取引相手の意向にも依存している。売手も買手も目的実現の機会は相手方に握られているからである。取引は売手と買手それぞれの意思決定の結果として生まれる合意の産物である。この合意形成を目指して，取引相手への働きかけとそれへの相手の反応という過程の総体が取引と呼ばれるものである。

　取引は交換合意を目指した売手と買手の相互行為的な過程である。しかし，取引はかならずしも交換をもたらすとは限らない。取引の成立は売手の意思だけでなく，買手の意思にも依存している。交換には売手と買手の合意がいる。交換は売手と買手の共同意思決定の結果である。交換不確実性は取引の宿命である。

　実物流通と取引流通によって買手にとっての顧客価値を高めても，消費者への流通がかならずしも成功するわけではない。特定製品の顧客価値の評価は，市場で他の製品との競争にさらされている。市場では複数の売手と買手が相対して取引相手の獲得を狙っている。競争者が複数いるとき，特定売手の製品は買手側から見ると，その選択肢のひとつに過ぎない。高い顧客価値を持つ製品だけが消費者の手元にまで届く可能性がある。

　　◇　**市場創造の不確実性**……市場は売買取引で売手と買手が相対する場であるけれども，流通論やマーケティング論では，市場を買手（顧客）の集まりとして定義することもある。これは特定の売手を前提にした市場観である。同じような視点から，市場創造は十分な数の買手（顧客）を獲得することである。売手の取引流通にとって，市場創造は最大の課題であ

る。市場創造がなければ、その製品は生存できない。製品の生存にとって決定的に重要なのは、流通の最終段階、つまり消費者を取引の相手方とする小売段階での市場創造、つまり消費需要の創造である。中間段階での市場も最終的にはこの消費市場の動向によって決まる。

　製品の市場創造にはつねに不確実性をともなっている。製品が他者使用のための商品であるかぎり、市場創造はつねに企業の外部に位置する買手との関係性の構築業務である。

　買手がその製品を買ってくれるまで市場創造は実現しない。買手がその製品効用を評価してくれるかどうか、その価格に納得するかどうか。これらによって、どのくらいの数の消費者を買手として獲得できるかが決まる。つまり売手にとっては市場不確実性がある。この不確実性の大きさに応じて、売手は製品の市場危険を負担しなければならない。市場危険とは製品が売れなかった場合の売手の損害額である。それは製品在庫価値の評価額に売れない確率を乗じたものである。

　製品の生産や仕入にすでに資本投下をしているから、市場不確実性の下での投下資金回収は、あらゆる売手にとってまさに命がけの飛躍になる。この飛躍の成否を流通が握っているのである。製品の経済循環はそれが消費されるまで終わらない。このため、売手が命がけの飛躍に成功したかの最終判断は、最終段階での市場創造に成功するかどうかによって決まると言えよう。流通はこの市場創造を担うもっとも重要な企業活動である。

直接取引か間接取引か

　◇　**直間選択の規定因**……取引には交換型取引と関係型取引がある。交換型取引は市場での短期的な1回限りの取引である。しかし売手あるいは買手の関心はしばしば同じ相手との継続取引を望む。それによって取引相手の探索や交渉などが簡素化でき、取引効率性が高まるからである。

　継続取引では各取引が常規化して、ある取引過程が次の取引過程と接続される。こうして交換型取引は関係型取引へ発展する。関係型取引は長期

的な取引関係性をつくる。関係型取引の構築には取引条件など種々な契約がいる。しかし，ひとたび関係型取引ができるようになると，その構造内での製品取引はしばしば自動的に継続されることになる。

関係型取引はヨリ複雑な流通モードでの活動編成様式である。そこで取引活動の編成様式をまず交換型取引を前提にして検討しよう。交換型取引は多くの売手と買手が向かい合う市場を舞台に展開される。そこで，消費者を取引相手にする取引流通活動はどのように編成されるのか。それを決める基本的な選択は直接取引か間接取引かである。これを直間選択と呼ぼう。

取引流通での活動様式は売手，買手の直間選択によってその大枠が決まる。流通は売買取引についての生産者の直間選択から始まる。生産者が製品（完成品）の最初の所有者だからである。しかし，製品が商品であるかぎり買手を探さねばならい。そのさいの選択肢は，基本的には買手（消費者）との直接取引か，あるいは卸売商や小売商などの中間業者を経由する

図1.6　直間選択の規定因

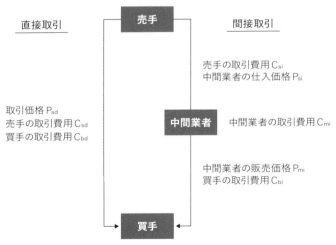

PとCの添え字：s＝売手，b＝買手，m＝中間業者，d＝直接取引，i＝間接取引

間接取引かである。図1.6はその規定因を示している。

いずれを選ぶかは，取引価格と取引費用に依存している。しかし，この選択で考慮せねばならない取引上の価格と費用は図1.6に示すように多くある。この図で売手は生産者，買手は消費者，そして中間業者は生産者から購買し，消費者に販売する小売商（再販売購買者）であると見なしている。

◇ **中間業者の介在条件**……間接取引は中間業者の介在によって初めて可能になる。だから直接取引か間接取引かの選択は，取引流通で中間業者が生産者と消費者の間に介在できるかどうかの問題である。この介在条件は基本的には2つある。第1に，中間業者は市場で存続するための利益獲得が必要である。第2に，売手にとっても買手にとっても，直接取引よりも間接取引が有利でなければならない。そうでなければ，かれらは中間業者と取引しないだろう。

図の価格と費用を使って式で表すと，第1の条件は，

$$(1) \quad \underbrace{(\underbrace{P_{mi}}_{\text{販売価格}} - \underbrace{P_{si}}_{\text{仕入価格}})}_{\text{中間業者の粗利益}} > \underbrace{C_{mi}}_{\text{中間業者の取引費用}}$$

になる。中間業者はその粗利益が取引費用を上回るかぎり利益を出すことができる。

同じように，第2の条件を式で書くと，

$$(2) \quad \underbrace{(\underbrace{C_{mi}}_{\substack{\text{中間業者の}\\\text{取引費用}}} + \underbrace{C_{si}}_{\substack{\text{売手の}\\\text{取引費用}}} + \underbrace{C_{bi}}_{\substack{\text{買手の}\\\text{取引費用}}})}_{\text{間接取引の総取引費用}} < \underbrace{(\underbrace{C_{sd}}_{\substack{\text{売手の}\\\text{取引費用}}} + \underbrace{C_{bd}}_{\substack{\text{買手の}\\\text{取引費用}}})}_{\text{直接取引の総取引費用}}$$

になる[20]。このような条件が存在すれば，間接流通が競争優位性を持ち，直接取引をする売手（生産者）は間接取引をする他の売手に競争で打ち勝

つことはできない。流通経路に添って集計された総取引費用は一般に流通費用と呼ばれている。流通費用ができるだけ低くなるように流通活動を編成することは，取引流通の基本的な編成原理である。

商業モード

中間業者はこのような条件をどのようにすれば実現できるのだろうか。それは商業によって取引流通活動を編成して介入することである。表1.5は取引流通における商業の基本的特徴を示したものである。

商業活動を行う企業は，製造加工など形態効用の創出には関与しない。あくまでも，多数の売手と多数の買手を媒介する再販売購入業務に専念する中間業者としての立ち現れることになる。この業務を通して，商業は買手に時間効用と場所効用を創り出している。この活動編成の重要な結果は，中間業者において社会的品揃えが形成される点にある。ここで「社会的」という形容詞は，その品揃えが複数の売手（生産者）の製品を含むという意味である。

いわばこの場合，中間業者は複数の売手（生産者）の製品の共同販売人になっている。また買手の観点から見ると，中間業者は多くの買手の共同購買人でもある。中間商による社会的品揃えの形成は，売買を行うためのミニチュア市場の形成[21]でもある。このミニチュア市場は中間商によりその活動を統制されるという意味で内部化されている。社会的品揃え形成はこのような内部化されたミニチュア市場を創り出す活動である。

表1.5　取引流通における商業モード

●取引対照	複数の生産者の製品からなる社会的品揃え
●取引相手	複数の生産者（売手）を取引相手として，その完成品を仕入れて，多数の消費者（買手）に再販売
●活動編成	競争市場での取引交渉による取引条件の決定

中間業者がこのような役割を担うとき，かれは商業者になり，中間商ともよばれる。具体的には卸売商や小売商である。商業は商業者の業務である。商業の本質は社会的な性格を持つ品揃え形成にある。この種の品揃えをとくに商的品揃えと呼ぶことにしよう[22]。アマゾン・ドット・コムの業務をマーケティングとは言わずに，電子型商業（Electronic-Commerce）と表現するのは，同社が巨大な社会的品揃えを形成しているからである。

▶ 商的品揃えによる取引費用の節減メカニズム

　商業者が生産者と消費者の間に介在できるのは，売手（生産者）と買手（消費者）の双方にとっての取引費用節減の機会を提供するからである。とくに高速輸送やインターネットなど，高度の通信・輸送技術が発達していない時代ではこの機会は大きい。この節減のカギは社会的性格を持つ品揃え形成にある。社会的品揃えが取引費用を節減する主要なメカニズムは情報縮約・整合の経済と多数連結の経済である。

情報縮約・整合の経済

　商業者による商的品揃えの形成は，買手と売手の市場情報条件を改善する。情報縮約・整合の経済とは，情報条件の改善にともなう取引の効率化により，平均取引費用が直接取引の場合よりも改善されることである。取引の過程は，(1) 取引相手の探索，(2) 取引条件の交渉，そして (3) 取引契約の履行から成り立っている。商業者が介在すれば，その商的品揃えを通じて，これらの過程を効率化する可能性がある。

　　◇　探索の効率化……取引では買手も売手もその相手を探さねばならない。買手にとってはどの売手の製品が品質・価格の点で優れているのか，その所在地はどこかなどの情報がいる。売手にとっては，その製品の顧客価値を認めてくれる買手がどこにいるかを知らねばならない。このために使われる通信費，交通費，さらに探索所要時間の機会費用などが探索

費用を構成することになる。商業者を介して間接取引すれば、これらの探索費用を大幅に削減できる可能性がある。

　商的品揃えは、商品展示場や小売店売場に実物展示されることが多い。これは実物による情報伝達である。しかも、商的品揃えの重要な特質は、複数生産者の製品情報を伝えていることである。これによって消費者の探索はきわめて効率化する。小売店など商業者と接触すれば、1店だけでもかなり多くの生産者の製品情報を収集できよう。同じように、売手の生産者も商業者と接触すれば、消費者の情報を効率的に得ることができる。

　同種製品の生産者は相互に競争関係にあり、他社とは取引しない。同じように消費者もインターネットが普及していない段階では、相互に取引することはない。しかし、商業者はその品揃え形成のために、多くの生産者や消費者と接触する。商業者は生産や消費の情報を幅広く収集できる立場にある。商的品揃えはそれらの情報を縮約している。

　◇　**交渉の効率化**……商業者の介在は交渉も効率化させる。ひとつは、商業者が一種のミニチュア市場として機能するからであり、他のひとつは商業者が製品の品質保証者となるからである。

　商業者が買手あるいは売手となる市場の全体を周囲市場と呼ぶことにしよう。商業者が生産者と消費者の間に介在するとすれば、生産者と商業者の取引、そして商業者と消費者の取引の場が周囲市場である。商的品揃えは、商業者の周囲市場の供給状態（生産者の取引条件）と需要状態（消費者の取引条件）を商業者の内部組織で整合した結果である。いわば商業者は組織的に内部化されたミニチュア市場でもある。

　商的品揃えの形成に際して、生産者との取引交渉で商業者は消費者の需要状態を踏まえた再販売の可能性を念頭に置くだろう。逆に消費者との取引交渉では商業者はその製品の供給可能性を念頭に置いている。商業者は生産者の販売代理人であるとともに、消費者の購買代理人でもある。商業者自体が一種のミニチュア市場として機能する理由はこの二重性による。

　ミニチュア市場は擬似的なミクロ競争市場でもある。生産者からの購買

価格や消費者への販売価格はこのミニチュア市場での需給を調整させる価格になる傾向がある。これによって生産者と消費者の価格探索は，直接取引の場合よりもはるかに円滑になり，両者の取引費用の削減に繋がることになる。

　価格探索だけではない。品質探索も商業者が品質保証者の機能を果たすことにより円滑化する。個々の生産者と消費者より，商業者の取引量が大きくなるかぎり，商業者は品質評価の専門知識や施設に投資できる。また商業者は売手や買手からの売買集中によって，各生産者の品質について多くの消費者の評判や苦情を収集できる立場にある。

　さらに，商業者には品質保証者となることへのインセンティブもある。品質保証者となることによって顧客信頼を獲得し，取引量を増やせるからである。商業者が品質保証者になれば，商業者や消費者の品質探索は直接取引の場合よりもさらに効率化することになろう。

　◇　**履行の効率化**……取引契約の履行ではとくに物流機能の遂行が重要問題になる。これによって，製品の場所効用や時間効用が大きく影響を受け，それを通じて取引量が変動し取引費用も影響を受ける。商的品揃えへの形成を通じて商業者は物的流通効率化の知識を効率的に蓄積できる立場にある。この知識は各輸送モードの物流能力（時間，費用，信頼性など），物流業者との輸送費交渉，さらに輸送速度や信頼性を支える製品保管地点やそのための施設などの知識である。輸送や通信の技術が未発達であったり，それが多様である場合にはこの種の知識はとくに重要になる。

多数連結の経済

　商的品揃えによる取引費用の節減は，多数連結の経済によっても生み出される。この経済の内容は，取引数単純化と不確実性プールである。

　◇　**取引数単純化**……一定数以上の売手と買手が直接取引をしている市場では，商業者が商的品揃えによって市場での取引数を節減できる機会がある[23]。商的品揃えの形成が売手と買手の取引を，商業者に社会的に

図1.7　商業者介在による取引数の節減

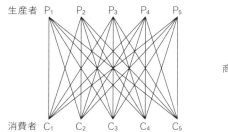
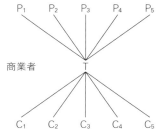

集中させるからである。図1.7はこのことの簡単な例示である。

　生産者と消費者がそれぞれ5人の場合には、直接取引での必要取引数は25であるのに対して、商業者に売買集中すれば、必要取引数は10にまで節減される。一般に、売手数をm、買手数をnとすれば、直接取引での必要数は（m×n）となるのに対して、間接取引では（m＋n）になる。取引数は（m×n）－（m＋n）だけ節減されることになる。必要取引数が減ると、取引に要する資源が少なくなり、それだけ取引費用が節減される。

　間接取引による節減は、売手か買手の数のいずれも2の時にはゼロになり、一方がそれを上回るとプラスになる。このような取引単純化の原理は、中間段階数を増やすという効果も持っている。上記の例では、商業者がもう1人介在できる。この場合に必要直接取引数は25になるが、2人の商業者を通じて間接取引すれば20で済むからである。さらにこのことは、生産者と商業者の間と、商業者と消費者の間にも別の段階の新しい商業者の介在できる機会を発生させることになる。前者はm＝5、n＝2となり、後者はm＝2、n＝5となるからである。いずれも一人の商業者が介在できる機会がある。

　このように取引数単純化の原理は、流通を多段階化させることも示唆している。それは現実の流通において、農産物流通によく見られるように、卸売段階が収集、仲継、分散などへ多段階化することの背景にある原理で

ある。取引数単純化による取引費用の節減は，多段階流通の形成によっても達成されることになる。こうして一定の条件の下では，流通は継起的に連鎖する多段階市場になり，製品は複数の商業者を経由する長い流通経路をたどることになる。

　◇　**危険分散**……商的品揃えによる取引費用の削減は，不確実性のプールによっても達成できる機会がある。商的品揃えを形成しようとすれば，商業者は売買取引により製品を買い取らねばならない。この買取により，生産者の製品が売れるかどうかわからないという不確実性は，流通システム内で分散されることになる。

　多くの製品の生産と消費は，その場所や時点に関して相互に異なっている。市場の範囲が地理的に拡大すればするほど，この懸隔（ギャップ）も拡大していくだろう。たとえば米などは全国に散在する農地で栽培される。しかも多くの場合，一毛作で収穫時点は年間の一時期である。ところが消費地点は全国に散在し，また消費は年間を通して行われている。地理空間と時間上での生産・消費の懸隔はきわめて大きい。工業品についても，この種の懸隔は多かれ少なかれ存在している。

　懸隔が大きくなればなるほど，生産と消費の間の流通時間は長くなる。その間，生産者は製品在庫を保有しなければならない。この在庫の市場不確実性は流通時間の長さに応じて拡大していく。それにともない売手の市場危険が拡大することはいうまでもない。しかし，商業者に所有権が移転すれば売手の市場危険はなくなる。流通時間が3ヵ月の製品の在庫を生産者，卸売商，小売商で等分すれば，市場不確実性にともなう危険は三者に分散されることになる。

　このような危険分散をしても，流通システムでの製品不確実性やそれにともなう市場危険が全体として削減されるわけではない。しかし，重要な点は，商業者への転売が同時に市場不確実性を減じるかたちで行われることである。商的品揃えが不確実性をプール化して，必要な流通在庫量を節減するからである[24]。不確実性のプール化とはどのようなものだろうか。

◇ **不確実性プール**……一定期間で売手が必要な在庫量は種々な要因の影響を受ける。その期間での平均需要率，平均在庫費用，注文当たり平均購買費用，発注ロットサイズ，発注リードタイム，許容在庫切れ水準などである。その中でもっとも重要な関係は，平均需要率と在庫量の関係である。

これについては平方根法則が作用することが知られている。平方根とは，数に対して，平方すると元の値に等しくなる数のことである。1〜5までの平方根は，それぞれ1，1.141，1.732，2，2.236であることは中学生でも知っている。数が増えるにつれて，その増分は0.414，0.318，0.268，0.236というように次第に減少していく。

平方根法則によれば，必要在庫量は需要量の平方根になる。そのさい，需要の増加に伴う必要在庫量の増分は逓減していく。つまり需要量が増えるにつれて，必要な在庫量の増分が減っていく。直接取引の場合には，生産者はその在庫を個別的に保有し，必要在庫量は下式の右辺のようになろう。しかし，生産後直ちに商業者に売却するとすれば，集中貯蔵によって商業者の必要在庫量は下式の左辺のようになる。左辺はつねに右辺よりも小さくなる。商的品揃えは不確実性をプール化して，取引費用のうち在庫費用を節減するのである。

$$\underset{\text{必要在庫量}}{\text{商業者への集中貯蔵による}} \qquad \underset{\text{必要在庫量}}{\text{生産者の個別貯蔵による}}$$

$$\sqrt{D_1 + D_2 + \cdots\cdots + D_p} \ < \ \sqrt{D_1} + \sqrt{D_2} + \cdots\cdots + \sqrt{D_p}$$

▶ マーケティングによる活動編成

流通活動の編成様式には，商業と並んでマーケティングがある。商業が間接取引を指向するのにたいして，マーケティングは消費者との直接取引を指向している。これらは取引流通における基本モードでもある。流通

表1.6　マーケティング・モードの特性

●取引対象	自らが製造・加工・開発し，差別化した独自ブランド
●取引相手	中間業者など直接の取引相手だけでなく消費者も同時に二元的に取引相手にする。
●活動編成	統治経路で取引条件の調整を目指す

モードとして見れば，マーケティングの特徴は表1.6のように要約することができよう[25]。商業モードと比較すれば，その特質は明らかである。

商業モードでの取引対象は単一の商品というよりも商的品揃えである。複数の生産者の製品が取引対象になる。商業者は複数の生産者のいわば共同販売人である。これにたいして，マーケティング・モードでは自らが製造・加工・開発したブランドである製品である。その製品は多くの場合，競争から差別化した独自製品である。マーケティング・モードでの売手は，複数メーカーの共同販売人ではなく，独自の差別化製品としてのブランドの独占販売人である。

商業モードでの取引相手は，その企業が位置する流通段階で直面する買手が取引相手であった。生産者は卸売商を，また卸売商は小売商を，取引相手とした。消費者を取引相手にするのは小売商だけであった。しかし，マーケティング・モードではこのような流通段階で直面する隣接の取引相手だけでなく，同時に消費者もつねに取引相手にしている。生産者が小売店舗を持たなくても，最終消費者に向けて広告を行うのはこの例である。

マーケティング・モードでの取引相手は二元的である。直接の取引相手だけでなく，つねに消費者も取引相手にしている。所有権移転を直接に行わなくても，それを促進する情報伝達を行っている。流通理論での取引概念は，交換だけでなく，その合意にいたる前過程の交渉も含んでいる。この意味で，広告活動は広告主と消費者との取引であると言えよう。マーケティング・モードでの取引は，売手と買手の二者間関係にとどまらず，そ

の買手の買手までも，つまり再販売相手までも含む複雑な構造を持っている。

　こうして活動編成も異なってくる。商業モードでの価格や取引条件は各流通段階での複数の売手・買手間の競争によって決定される。それは市場での競争による調整の結果である。一方でマーケティング・モードでは，トランスベクションに関連する取引連鎖の全過程をブランド開発者の統治による調整の射程内に収めようとする。取扱製品，販売地域，価格と再販売価格，手形サイト，引渡ロットや期日など，種々の取引条件を統治下に置こうとするのである。いわゆるマーケティング経路はこのような管理下に置かれた流通経路の部分である。

▶ 取引流通の活動編成

　取引流通の活動編成の全体像も，トランスベクションの場合と同じような性質を持っている。図1.8の取引流通軸で示すように，取引流通モードの両極には，理想型として概念化された商業モードとマーケティング・モードがある。そしてこれらの両極は，ファジイ尺度の性質を持つ連続体としての取引流通軸で結ばれている。

　この軸上でこれら2種のモードを含む度合いの階調が変化していく。マーケティング・モードに近づくほど，商業モードに対してマーケティング・モードの色彩が強くなる。軸上で商業モードともマーケティング・モードとも完全には言えないような両モードの交雑・融合が企業活動として行われている。

　複数生産者による完成品の再販売だけであれば，その企業は商業モードの理想型にある。また生産者がその全製品を直営小売店までの垂直統合経路を通じて流通させていれば，マーケティング・モードの理想型であると言えよう。しかし，現代の近代企業の中には，このようないずれかの理想型の取引流通モードだけを採用している企業はほとんどない。

図1.8 取引流通軸

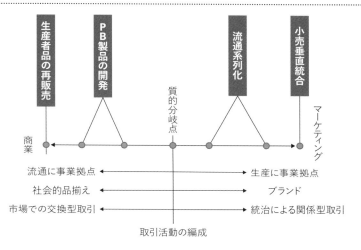

　商企業と見なされている近代企業でも，自主企画の製品をブランド化しその品揃えに加えている。この種の製品はプライベートブランド，ストアブランド，あるいは小売ブランドなどと呼ばれる。イオンやセブンイレブンなどにはこの種の商品が多くある。また製造直販小売と呼ばれる流通モードでは，その品揃えの大半は自主企画製品である。事例を挙げれば，ファーストリテイリング（ユニクロ），ニトリ，良品計画などである。この種の商品が品揃えに占める比率により，取引流通軸上で占める位置はある範囲に散らばるだろう。

　同じように，生産者についてみてもその取引流通編成には，商業に完全依存する場合とマーケティング完全依存との両極がある。前者はいわゆる売りっぱなしである。ひとたび売手に売却すれば，その製品がいかに再販売されるかについて生産者は一切関知しない。後者は直営の小売店を持ち，すべての製品をこの垂直統合経路を通じて流通させている場合である。この種の企業事例はきわめて数少ない。ただ自社製品ブランドの専売小売店までをフランチャイズ・システムで管理しているトヨタなど，自動

車メーカーはこの垂直統合経路に準じる取引流通モードである。

しかし、流通系列化といった取引流通モードになると、その位置は系列化の内容により商業モードの方向へ移行する。系列化の内容によって、中間業者の活動についての種々の統制がある。それは品揃え範囲、営業地域、仕入先、製品所有権移転の時点、再販売価格、流通マージン、販促活動など、中間業者の活動の全面に及んでいる。これによって中間業者は商業者として活動することを大幅に制約されることになる。とくに社会的品揃え機能や取引活動の自由が制約される。

これらの制度が流通システムにおける製品市場、地理空間市場、段階市場を調整していることは明らかである。流通系列化は流通システムの複合市場性を多様なかたちで溶解することになる。流通系列化がこれらの内容をどの程度に含むかによって、取引流通軸上での流通系列化の位置はある範囲内で変動するだろう。

取引流通軸には質的分岐点もある。商業モードかマーケティング・モードか、いずれとも判断できない点である。この点はその企業の事業拠点が商業にあるのか生産にあるのか、品揃えに自主企画製品がどの程度に含まれているのか、そして調整機構が競争によるのか統治によるのかなどに基づいている。

6 流通モードの適所

▶ モード適所とは

流通モードはそれぞれ顧客価値の創造を目指して、流通システム内で競争している。そこで、他モードの打倒やそれとの共生など多様な相互行為を繰り返している。ある流通モードが競争優位性を持つ領域がモード適所である。モード適所で重要なことは、各モードの顧客価値を評価する顧客

がどのくらいいるのかである。このモード適所は流通モードの売上貢献の基盤になる市場規模に密接に関連して，モード盛衰のカギを握っている。

　流通システムの複合市場性を反映して，モード適所の市場領域も多元的になる。その領域区画は少なくとも次のような次元に沿って行われるだろう。

- どの製品カテゴリか
- どの流通段階市場か
- どの空間市場領域か
- どの市場細分か

などである。これらによってモード適所は多元的に区分される。

　市場の一般的定義によると，それは特定製品をめぐって多数の売手と買手が向かい合い取引を行う場である。この市場観から見ると，流通システムは多くの市場の複合体からなる複合市場になる。食品，衣料品など個々の製品のカテゴリ市場があり，それが中間商の社会的品揃えを通じて融合している。流通経路に沿って，生産者市場，卸売市場，小売市場があり，これらの市場が各段階の売買取引を通じて連鎖している。

　小売など経路下流に近づいていくと，流通システムは小売商圏などますます多様な地理空間市場に分かれる。これらの市場は地理上で鎖状に連結している。さらに，各商圏市場でも消費者の年齢・所得・性差・ライフスタイルなどにより，多元的に定義される多様な市場細分に別れる。都市圏在住の高齢男性単身者などはその例である。

▶ **モード適所の区分**

　モード適所の区分はきわめて多様である。区分次元が複数あるだけでなく，各次元についても多くの区分がある。それらを組み合わせてできる論

理的区分はきわめて多様になる。

　まず製品カテゴリ区分は，まず食品，衣服，家具，日用雑貨といった産業区分に基づいている。この産業区分も大分類，中分類，小分類，細分類といった種々の集計水準で捉えることができる。また卸売商や小売商のモード適所は品揃えレベルで捉えることもできる。品揃えでは産業区分から見ると，複数の製品カテゴリが多様なかたちで組み合わされることになる。たとえば百貨店の品揃えは多様な産業区分にまたがる。コンビニのような小規模店でも，同様に複数の産業区分製品カテゴリにまたがる。

　製品カテゴリ区分はまたその製品の進化過程によっても区分される。市場に登場して間もない革新的新製品か，それともその製品属性についての知識が消費者に普及している成熟商品かの区分である。さらに贅沢品と必需品・汎用品に分ける区分，ブランドとコモディティに分ける区分がある。

　流通段階市場によるモード適所の区分では，部材供給，完成品生産，卸売，小売といった区分がある。しかし，現代の流通モードの中には，複数の流通段階にまたがるものも多い。たとえばトヨタ自動車のマーケティング経路ではトランスベクションの全過程がひとつの統治流通経路として動いている。セブンイレブンの弁当，惣菜などのサプライチェーンでは，加工食品メーカー，卸売業者，輸送業者が先端情報ネットワークによりひとつの行為システムとして統治されている。

　地理空間市場領域の区分についても多様である。日本国内に限っても，都道府県単位，首都圏と地方圏，都心と郊外，商業集積地とロードサイドなど，多様な区分がある。実店舗の場合，市場の地理領域は店舗の立地点カテゴリとその商圏である。総合小売でも百貨店は大都市都心に立地し，その都市圏商圏が地理領域になる。総合スーパーの場合には大都市の郊外都市や全国中小都市に立地している。

　電子型商業のネット通販は，流通における立地の重要性を風化させつつある。ネット通販の拠点立地は自由であり場所を選ばない。その商圏は広

大な地理的範囲に及ぶ。しかし，ネット通販の利用率から見ると，地理領域間でかなりの差異があるはずである。この差異はこのモードの利用技術に長けた消費者比率やネット通販が提供する引渡時間など，製品効用に地域間格差があるからである。

　モード適所を分析するには，以上のような次元と各次元での多くの区分の組み合わせから論理的に可能なすべての適所を検討する必要はない。論理的な可能な市場領域のほとんどは，流通モードの経験的実在事例がない領域となろう。流通モードの適所として問題になるのは，実在事例のある領域や戦略的に今後可能と見なしうる市場領域だけである。モード適所は各モード次元のどのような特質によって支えられているのかを検討すればそれで十分である。これによって各モードの顧客価値が評価される市場領域，いいかえればモード適所を明確にすることができよう。

▶ 競争優位性の変局

　モード適所は特定の流通モードが流通システム内で競争優位性を発揮できる多元的な領域である。この多元的な空間で，モード適所には中核と周辺がある。中核とはその流通モードがその顧客価値を評価されて圧倒的な競争優位を持つ領域である。かつて百貨店は大都市都心の贅沢品分野この中核を形成した。総合スーパーは高度成長期に都市郊外と日用必需品分野でこの中核をつくった。

　しかし，この中核から離れるにつれて，特定モードの競争優位性は低下していく。たとえば，都心からの距離が離れるにつれて百貨店の競争優位性は徐々に低下する。この低下は，他の流通モードの適所と部分的に重なり合ってくるからである。モード適所の周辺とは，このように他のモードの適所との重複が生じてくる領域である。この領域がどの程度の広がりを持つかは，流通モード間の適所の類似性に依存している。類似性が高まると周辺部分は大きくなる。

モード適所はそれぞれに時点での流通インフラの状態によってその大枠が決まる。しかし，それによってモード適所が固定的に決まるわけではなく，可変的なものである。その枠内で企業はまだ多くの選択肢を持っているからである。この選択肢の多さは流通システムの複合市場性にもとづくモード適所の多元性によって生じている。企業はその戦略により，いずれかの選択肢を選ぶ。モード適所は流通インフラだけでなく，企業戦略によっても決定される。

　この戦略決定で企業は，その流通モードにおける各形質の競争優位性の変局に留意しなければならない。競争優位性の変局とは，ある形質の優位性創出効果の傾きが転換することである。たとえば，日常生活品全般に及ぶ総合的品揃えは，ワンストップ・ショッピングを可能にし，巨大店舗に顧客吸引する決め手であった。だから百貨店や総合スーパーなどはバブル経済の崩壊までは，競って売場面積を拡大してきた。しかし，バブル崩壊後は総合店はすべて経営不振にあえいでいる。総合的品揃えの優位性創出効果はプラスからマイナスに転換したのである。

　このような転換は，流通インフラの激変にともなうモード適所の変化によって生み出されることが多い。各流通モードのモード適所を消費，生産，技術，規制など流通インフラとの関連で抑えておくことも流通モードの不可欠な分析視点である。この分析視点での詳細な議論は，以下の諸章での代表的な流通モードの検討に際して行うことにしよう。

第2章 マス・モード：現代流通の原点

　大衆消費社会に達した経済発展国で，マス・モードは最初に登場する流通モードである。マス・モードは2つの流通モードからなる。ひとつはメーカーによるマス・マーケティングであり，他のひとつは百貨店や総合スーパーなど総合小売である。現代流通はこのマス・モードから始まる。現代流通モードの中でマス・モードはもっとも長い歴史を持っているけれども，このモードは現在の多様なモードの中でも依然として大きいモード適所を持っている。

　流通の長い歴史から見れば，マス・モードの誕生は偉大な革新であった。まず，マス・モードによる革新の意味を明らかにするために，マス・モードに先行した伝統な流通モードを検討しよう。これは経済の発展途上で支配的な流通モードである。今でも発展途上国では散見される。伝統モードと対比すれば，マス・マーケティングと総合小売のモード特性がヨリ明確になろう。最後にこれら2つのマス・モードの絡み合いを検討することにする。

1　マス・モードに先行する伝統モード

　マス・モードは伝統モードの覇権を奪って流通システムの支配的なモードになった。この転換は流通システムでのモード革命であった。米国でこの革命は20世紀の前半に生じ，日本では高度成長期の1960年代から本格化した。マス・モードが取って代わった伝統モードとは，どのような流通

モードであったのか。伝統モードとの対比で見れば，マス・モードによる革命の内容がヨリ鮮明になろう。

▶ 伝統モードの特性

伝統モードとは

　伝統モードはマス・モードが出現する直前まで主要な流通モードである。伝統モードを担ったのは，中小の小売商や卸売商である。中小小売商は食品，衣服，日用雑貨など特定製品カテゴリーだけを扱う業種小売店であり，その多くは生業店であった。伝統モードの特性を要約すれば，表2.1のようになる。

　伝統モードは，商品経済に編入された一般の生活者（消費者）を対象にして，彼らへの衣食住にわたる必需品・汎用品を主要な取引対象とした[1]。いわゆるコモディティ（非ブランド品）である。コモディティと呼ばれる製品は機能や品質面で大差はない。経済学者はこの種の製品を同質製品として一括りにしてきた。少数の贅沢品を除けば，メーカー名が表面に出ることは少なく，その顧客価値は主として価格によって決まってきた。同種製品の中で価格が低いほど，顧客にとっての価値はそれだけ高くなった。

　伝統モードは経済の発展途上における商業モードの最高度の発展に基づいている。日本でいえば，その普及は1950年代の中頃までである。流通のほとんどの領域が中小の卸売や小売など商業者によって遂行された。生産者はその製品を卸売商に売り放した。多くの生産者はその製品の最終的な買手が誰であるかに関心はなく，卸売商の求めに応じて生産することに専念していた。

　食料品，衣料品，日用雑貨などの製品の場合には，日本全国など広範な地理的領域へ流通させる必要がある。この種の領域では卸売商も収集，仲継，分散の段階に分化した。収集卸は産地から製品を収集し，大都市に立

表 2.1　伝統モードの特性

- 取引対象 ｜ 必需品あるいは汎用品などのコモディティ
- 取引相手 ｜ 隣接流通段階の取引相手
- 活動編成 ｜ 流通システムでの商業モード

地する仲継卸に販売した。仲継卸は卸の中でもっとも大規模であり，全国の主要都市に立地する分散卸に転売した。分散卸はそれをさらにその地方圏での小売商に転売したのである。

　消費は世帯を単位として行われる。各世帯は地理的に広範囲に分散して居住している。工業化がそれほど進んでいない段階では，農業就業者比率がまだ高い。たとえば，高度成長が始まる直前の1955年，日本の人口の41％は農家であった。人口の都市集中もまだ低い，そして世帯所得が低いといった特徴がある。これらは経済発展途上国の共通した特徴である。これにより，各世帯の消費は小規模であり，また地理的に広域的に分散することになる。

　このような段階では，小売は中小小売店によって遂行される。そのほとんどは零細な生業店であった。生業店とは生活を維持できる収入の獲得だけで満足する個人商店である。それは家族就業者のみによって支えられている。大規模店は，大都市や地方中核都市などの百貨店だけであった。百貨店は中上流の都市住民を標的に，呉服や輸入品など贅沢品を販売していた[2]。地理的に区域的に分散立地する多数の中小小売店と生産者をつなぐために，多段階の卸売が発展したのである。この結果として，多くの製品は細く長くて複雑な経路を通じて消費者まで流通することになる。

商業モードによる複合市場化

　前章で検討したように，商業モードは取引費用を節減する。しかし，この効果はつねに働くわけではない。その働きの基本条件は，同質的な製品

カテゴリの流通の場合には，その製品の生産セクターと消費セクターの状態である。この状態でとくに重要な要因は，生産者，消費者の数と立地分散度である。これらが大きくなればなるほど，商的品揃えの形成によって情報縮約整合や多数連結の経済の取引費用節減の効果は大きくなる。経済発展によって，製品カテゴリの種類が増えたり，また同じカテゴリ内でも品目数が増加しても，生産者と消費者の数と立地に変化がなければ，商業モードによる取引費用の節減効果が大きくなろう。

取引費用の低い売手は競争で優位な立場に立っている。商業モードを通じてヨリ低い取引費用を実現する競争は，流通システムを独特な仕方で発展させる。それは流通システムが複合市場化するということである。

ひとつの製品カテゴリについて，複数の売手と買手が取引する場を単純市場と呼ぶとしよう。単純市場の特質は，取引商品が1種類であること，売手と買手が取引しているから流通段階が1段階であること，そして市場の地理的範囲は比較的に狭い地理空間に限られていることである。

複合市場化とは，いくつかの単純市場が連接してひとつの複合体へ組織化されるということである。ここでいう組織化とは企業が諸活動を内部化するということではない。諸企業間の競争が自律的に，秩序を持つ流通システムの構造を作り出すということである。市場複合化は競争による流通システムの自己組織化である。

商業モードによる流通システムの複合市場化は3つの側面を持っている。それらはまず製品市場，流通段階市場，そして地理空間市場のそれぞれの複合化である。流通システム全体はこれら3つをさらに複合化している。そこでこれら3つの側面はさらに複雑で入り組んだ構造を作り上げている。

製品市場の複合化

いくつかの製品市場が商的品揃え形成に際して複合化する。たとえば，百貨店や総合スーパーの売場では多様な製品が売られている。そこでは多

くの製品が売場に共同展示されることにより，製品単純市場が結節している。そこでの消費者の売場回遊は複数の製品市場の回遊でもある。これにより単純製品市場間での顧客交流が発生する。たとえば婦人服を買った客の何割が同時に食品を買ったか，この顧客波及はこの結節の強さを示している。このような結節はコンビニのような小規模店でもある。商的品揃えを形成するかぎり，多かれ少なかれ，単純製品市場の複合化が発生することになる。

　商業モードの取引費用優位性は多数連結や不確実性プールの経済で生まれる。生産セクターや消費セクター拡大により生産者数や消費者数が増えるほど，商業モードによる取引費用節約効果は増加する。生産セクターや消費セクターの拡大の基盤には，流通システムにおける市場範囲の拡大がある。市場範囲が拡大すれば，流通する製品が質量の両面において増加する。製品のカテゴリが増え，各カテゴリ内の製品数量も増える。流通の地理的範囲も拡大し，通信や輸送などの流通技術に変化がないとすれば，生産から消費への流通時間も増加する。

流通の多段階化

　流通システムの多段階化は，市場範囲の地理的拡大にともなう適応の結果である。それによって時間効用と場所効用をヨリ多くの消費者に提供しようとする。それとともに，取引流通の観点から見ると，在庫保有にともなう市場危険を流通担当者の間で分担する試みでもある。この過程で流通システム内での分業がおこる。

　流通システムはまず卸売と小売に分化し，卸売はさらに収集，仲継，そして分散の段階に分化する。商業者は再販売購入者として介在し，買手と売手の二重の役割を果たしている。製品の流通経路はこの取引連鎖の経路である。流通システムは継起的な段階市場の複合体になる。多段階市場ではいくつかの単純段階市場が取引連鎖を通じて連結して段階市場の複合体になる。

地理空間市場の複合化

　流通経路を地理空間という観点から見ると，消費セクターに近づくにつれて，この経路は流通製品数量の点でますます細い経路に分流し地理空間上で拡がって行く。経路が細流化する理由は，各流通段階で行為者の直面する地理空間市場，つまりその商圏がますます小さくなっていくからである。

　卸売商は大都市に立地して，その都市を越える広域市場で活動している。都市の小売販売額に対する卸売販売額の比率は，卸売商が多く立地して卸売中心地なっている都市ほど高い。東京都や大阪市などはその例である。一方で，小売商は消費者が居住して店舗を支える市場規模に達するところならどこにでも立地している。卸売商にくらべると，小売商が直面する商圏の地理的範囲はるかに狭い。

　商圏の広がりをみると，各商圏が独立して存在することが少なく，相互に部分的な地理的な重複を含み鎖状に連結している。たとえば，大阪梅田と神戸三宮のほぼ中間に位置する西宮市の消費者は地元以外にも梅田と三宮の両方を買物先として利用する。梅田の商圏と三宮の商圏は西宮周辺で重複している。この種の重複は地理空間上の小売集積間で網状に拡がっている。卸売段階でも東京と大阪の卸売商が競合する地理領域があり，商圏の鎖状連結がある。流通システムでの空間市場の特質は，地理上での以上のような鎖状連結による複合市場という点にある。

　流通システムの全体は，以上のような3種の複合市場をさらに複合化している。取引流通は競争を通じてこのような複合体を自己組織化する。一方で，各流通行為者はこの構造に制約されながら，その製品や品揃えの顧客価値の向上を目指すのである。

▶ 経済発展に伴う伝統モードの進化

市場範囲の拡大

　伝統モードは経済発展に伴う市場範囲の拡大とともに発展した。伝統モードは市場範囲の拡大への商業モードによる適応の結果である。市場範囲とは，企業や事業者の立場から見た市場の広がりである。市場範囲が拡大すると，その製品の産業需要が大きくなる。産業需要とは同種製品のすべての売手にとっての市場である。産業需要に市場シェアを乗じたものが企業売上になる。

　市場範囲には3つの主要な次元（側面）がある。取引対象になる製品の種類と数量，取引が行われる地理空間的な拡がり，そして流通時間である。流通時間とは，消費者が購買するまで生産者から小売店の間で製品が滞留する時間である。この流通時間が長くなるほど，流通での商業信用も大きくなる。商業信用は取引相手への信用供与であり，製品が売れるかどうかの市場危険を反映している。多段階からなる長い流通経路はこの市場危険を段階間で分担する試みである。

　したがって，市場範囲は

- 数量次元　流通対象製品の種類と数量
- 空間次元　流通の地理的範囲の広がり
- 時間次元　消費者にまでの流通に要する時間。言い換えれば，商業信用期間の長さ

という3つの次元（側面）を持つことになる。数量が大きくなり，空間が広がり，時間が長くなるほど，市場範囲は拡大する。

　市場範囲を最終的に決める条件は，その製品の生産領域と消費領域の状態である。生産領域を生産部門（セクター），消費領域を消費部門（セクター）と呼ぼう。生産部門の主要な状態は，

- 生産者数　　　　製品を生産する企業数
- 生産集中度　　　生産が大規模生産者に集中する程度
- 生産立地集中度　生産者（工場）立地の地理的集中度
- 製品の質・量　　生産される製品の種類と数量

である。一方，消費部門の主要な状態は，

- 消費者数　　　　その製品を需要する消費者数
- 消費者購買量　　各消費者の購買量
- 消費者位置集中度　消費者位置の地理的集中度
- 消費欲求の異質性　製品属性についての消費者欲求の異質性

である。

　市場範囲の数量次元は，生産部門での生産者数，生産集中度，製品の質量などと，消費部門での消費者数，消費者購買量，消費欲求の異質性で決まる。一方，空間次元や時間次元は，生産立地集中度と消費者位置集中度で決まる。生産立地集中度は，原材料生産の地域優位性，労働力供給，物流拠点性，さらには国際分業といった多様な要因の影響を受ける。消費者立地集中度にもっとも大きい影響を与える要因は，都市化による人口の都市集中である。

流通過程の分化

　伝統モードの発展は市場範囲の拡がりと流通技術水準の相互作用の結果である。要約的にいえば，一定の流通技術条件の下では，市場範囲の拡大はある水準に至るまで，伝統モードを発展させる。とくに市場範囲の拡大が，一方における生産者数や製品の質・量の増加，他方における消費者数や消費者購買量の増加を通じて進むときは，商業モードを通じての流通分

図2.1　市場範囲と流通過程の分化・統合

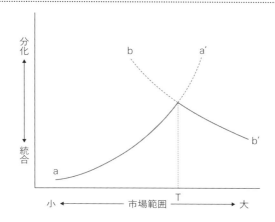

化が進む。流通分化とは流通過程が製品別，流通段階別，地理空間別に分業化されていくということである。図2.1のaa'の実線部分はこの過程を示している。

　市場範囲拡大の歴史事例としては，明治の後半から昭和初期にかけての日本での市場範囲の拡大過程がある。明治の中頃から日本は欧米の工業技術を導入して，大正の初期にかけて最初の産業革命を達成した。食品，衣料品，住関連用品などの分野でも，多くの会社が設立され工業品を生産するようになる。

　これらは輸入品の増加とも相まって，消費財の種類と数量を増加させた。他方で，産業の発展は俸給生活者を増やしただけでなく，農村を次第に商品経済化していった。この結果，集計量としての消費購買額も成長していく。しかし，一人あたりの消費購買額の成長率は低い。消費市場の成長は個人の消費購買額よりも人口の増加に大きく依存していた[3]。

　こうした市場範囲拡大は，商業による取引介在の機会を増やす。商的品揃えによる取引費用の節減メカニズムがヨリ有効に働くからである。前章で検討したように，節減メカニズムは情報縮約・整合や多数連結の経済で

ある。商業者が仲介する仕入先数や販売先数が大きくなるほど，商業者の介在による取引費用の節減は大きくなる。生産者数や消費者数が増えると，商業者の仕入先数や販売先数も増加する。

　流通の対象になる製品の種類の増加も，商業の介在機会に同じような影響を与える。たとえば医薬品，日用雑貨，加工食品，書籍など，製品の種類がきわめて多様な業界では，卸売商が現在でも依然としてモード適所を保持している。これは，多様な製品種類の存在が多数の生産者の存在を可能にし，相まって商業の存在機会を支えていることを示している。

流通技術の影響

　市場範囲が広くなると，流通の仕事，つまり流通課業が拡大する。それは生産と消費の間の時間，場所，所有権上の懸隔の架橋からなる。この課業をいかに効率的に遂行できるかは流通技術に依存している。流通課業が同じでも，技術進歩によってヨリ効率的に遂行できるようになり取引費用を削減できる。

　しかも重要な点は，流通技術によって，もっとも効率的な流通モードすら変化するという点である。流通技術の発展は流通モードの革新のきわめて重要なきっかけである。生産者数，消費者数，そして製品の質・量の増加によって市場範囲が拡大するとき，その商業介在機会に与える影響は流通技術の水準にも依存している。

　この水準は流通フローのパイプライン特性の観点から評価できよう。流通課業は生産から消費への流通フローを通じて遂行される。流通フローは商流，物流，情報流，資金流から構成されている。これらの流通フローには，そのパイプライン特性がある。それは流通フローの瞬間流量，速度，規則性，分岐性，双方向性などである。これらのパイプライン特性を定義すれば，次のようになろう。

- 瞬間流量　パイプラインの太さで決まる一時点での流量

- 速度　　　流れの速さ
- 規則性　　天候などの影響を受けることなく規則正しく流れる程度
- 分岐性　　パイプラインが細かく枝分かれしていく程度
- 双方向性　流れの方向が片方向か両方向か

　流通技術の進歩によって，これらのパイプライン特性が向上する。たとえば，輸送技術の進歩は荷車，馬車，船舶，鉄道，航空機，トラックなど自動車といった発展経路をたどった。それにつれて大量の製品を遠距離にわたって正確に迅速に安い費用で移動させることができるようになった。

　流通モードとの関連でいえば，この発展経路での分岐点は，まず鉄道網の拡大，次に高速道路の整備とあいまったトラック便やマイカー利用の普及である。鉄道網の拡大は時間的に正確な遠距離輸送を可能にし，トラック便は各店舗や消費者への迅速な個別配送を低費用で実現した。マイカーの普及は消費者の移動性を飛躍的に向上させて，小売商の商圏に革命的な変化をもたらした。

　情報技術の進歩は，手紙など郵便，電信，電報，新聞，ラジオ，テレビ，コンピュータ通信，インターネット，携帯情報端末などの経路をたどる。流通モードへの影響はまず電信，電報である。これにより遠距離間でも，取引を迅速に行えるようになる。新聞，ラジオ，テレビなどマス媒体の発展によって，製品情報を大衆に直接に広告することが可能になる。POSシステムやコンピュータによる電子データ交換は，流通経路での情報流の量，速度，正確性に革命的な変化をもたらす。インターネットや携帯情報端末は，流通経路での双方向伝達網を高度化し，移動体通信すら可能にしている。

　伝統モードの基本的特徴はいくつかの卸売段階と小売へと流通過程の分化が最高度に進むことである。その発展は，輸送技術については船舶や鉄道の発展に，また情報技術については電信，電報の発展に依存していた。これらの技術は流通フローの速度と規則性を著しく向上させた[4]。これら

の技術水準に生産者数,消費者数そして製品の質・量増加による市場範囲拡大が合わさって,伝統モードが最高度の発展をしたのである。

市場範囲の拡大にともなう,流通過程の分化は,アダム・スミスが神の「見えざる手」と評した市場調整機構の産物であった。その機構とは,競争による価格メカニズムの作用である。アダム・スミスの有名な命題[5]によれば,「分業の程度は市場範囲に依存する」。商業モードによる流通分化は流通システムにおけるこの具体例であった。図2.1の曲線aa'はこの過程を示している。

この分化の頂点は多くの製品分野での卸売商の流通覇権である。中世から近代の中頃に至るまで,かれらは本来の流通業務だけでなく,運輸,金融,保険など,広域流通に必要な関連業務にまで手を伸ばして,とくに市場範囲の地理的拡大に重要な貢献をした。

卸売商の流通覇権はその事実が消滅した後になっても,「そうは問屋が卸さない」という言語表現として残っている。伝統モードでは流通経路での商流,物流,情報流の最大の結節点は卸売段階である。その中でも仲継段階で取引の集中と分散がとくに大きくなる。これを押える卸売商がもっとも強い経路支配力を持っていた。

伝統モードの変局点

◇ **分化から統合へ**……しかし,市場範囲がさらに拡大すると,伝統モードの発展も変局点を迎える。市場範囲の拡大は流通過程の分化を進める代わりに,流通過程の統合を発展させる。

図2.1では変局点はTで示されている。この点を過ぎると,市場範囲の拡大と流通過程の分化・統合の関係はそれまでとは逆転するのである。長期間で観察すれば,市場範囲が流通過程の分化・統合に与える影響は図2.1で分岐点Tで屈折する実線ab'のようになる。この変局を生み出す主要な契機は2つある。ひとつは大量生産技術の発展であり,他のひとつは大衆消費の普及である。

大量生産は生産技術としてのアセンブリ・ラインに基づいている。いわゆる流れ作業である。作業の細分化により各工程を単純化，簡素化して組み立て工程，作業員の配置をラインに一連化する。これにより作業者のスキルに依存した部分を減らし，均一な品質の製品を大量に作ることが可能になる。また単純作業であるので安い人件費の未熟練作業員の雇用が可能になる。

　他方で，ラインの構築には多額の設備投資が必要になる。生産費用を引き下げるには量産による設備稼働率の向上が不可欠になる。大量生産は標準的な製品を量産により安価に生産するための方式である。欧米では19世紀から20世紀の初頭にかけて急速に発展した。

　大量生産が発展すると，生産規模の大きい企業がヨリ低費用で製品を生産できるから，競争優位に立つ。大量生産の発展は，生産集中度や生産立地集中度を増加させる。規模の経済性を実現するため，大規模な生産者に生産が集中した。また労働力の確保や物流拠点に広大な工場立地を求めたので工業地帯が形成され生産立地集中度が高まる。これらが市場範囲の拡大を新しく牽引することになる。

　大メーカーを登場させた経済発展は，他方で大衆消費社会の基盤を整備する。とくに社会の民主化が進むにつれ，所得分配によりこの傾向が強まる。工業の発展により農民層が分解され，ますます多くの人が俸給生活者になる。そして人口の都市化が進む。企業の成長につれて給与が上昇していけば，多くの人が必需消費から脱却して生活向上を求めるようになる。大衆消費の普及は消費者購買量，都市化による消費者位置集中度を増加し，これらが生産集中度の向上とともに，市場範囲拡大を新しく牽引することになる。

　◇　**マーケティングの誕生**……流通モードの進化にとって重要なことは，変局点Tを超える市場範囲の拡大とともに，市場の調整機構が質的に変化し始めることである。多数企業間の競争による「見えざる手」（価格メカニズム）の調整から，大企業の価格支配力による「見える手」による

調整への変化である。

　図2.1の変局点Tはこの調整機構の転換点である。流通モードという点から見ると，この転換点は商業モードからマーケティング・モードへの転換を意味する。この転換は一時にモード転換が行われるということではなく，マーケティング・モードの台頭によって，流通過程がさらなる分化から逆に，統合へと方向転換し始めるということである。

　このように市場範囲の拡大はある点を過ぎると，「見えざる手」に取って代わる新しい調整機構を生み出した。近代企業の「見える手」による調整である。市場範囲の拡大によって大量生産を可能にする市場基盤がうまれた。製造，輸送，通信での技術革新によって，生産・流通での規模の経済性の技術基盤ができた。これらの基盤は結合して生産集中を促進して近代企業を生み出した。

　近代企業は，経営者のリーダシップのもとに多くの事業単位を階層的な組織によって管理するいわゆる大企業である。近代企業は市場範囲の拡大につれて，流通過程をその管理を通じてますます統合しようとする。この意図は図2.1の曲線bb'で示されている。

　米国の指導的経営史家チャンドラーは，この調整機構を「見える手」と呼んだ[6]。それは市場を管理しようとする近代企業の意図とその下に行われる活動である。その実体はマーケティングである。それは商業に代替する新しい取引モードであり，大企業による市場管理を目指していた。

　マーケティングという言葉は，「市場に出す」を意味する動詞，"market"に"ing"をつけて動名詞化したものである。敢えて和訳すれば「市場創造活動」である。この用法は20世紀の初頭に米国で普及した。A・W・ショーはマーケティング理論の創始者である。かれは既存市場の集約的開拓をマーケティングの課題としてあげた[7]。集約的開拓とは，既存の国内市場を深耕することである。それまで多くの発展国が行ってきた戦争などによる市場拡張にくらべると，マーケティングは市場拡張の平和的な方法であった。

技術革新による生産力の飛躍的拡大が市場の壁にぶつかったとき，英仏独など欧州発展国は，いわゆる帝国主義による海外植民地の獲得や独占体の形成に活路を見いだしていた。しかし，産業革命に遅れた米国にとって，植民地獲得時代は幕を下ろしつつあり，独占体の形成は独占を禁止する法的規制によってできなくなっていた。米国の生産者に残された途は，その広大な国内市場を徹底的に開拓することであった。

　帝国主義時代が終わり，独占禁止法制が拡がるにつれ，マーケティングは欧州の発展国でも急速に拡がった。日本でマーケティングが産業界に普及し始めた時期は，高度成長が軌道に乗り始めた1960年代以降である。マーケティングに関わる完成品の近代企業は，まず生産段階に登場する。いわゆる大メーカーである。日本の例でいえば，自動車，家電，加工食品，薬品，化粧品，そして既製服の分野であった。

　かれらがマス・マーケティングによって目指したものは何か。それは伝統モードが創り出した複合市場としての流通領域を，自社製品の全国市場として自社統治の下に再編することであった。

2　マス・マーケティング・モード

▶ モード特性

　マス・マーケティングはマーケティングの最初のモードである。その中心的な推進者は，技術革新によって量産体制を確立した新産業の大メーカーである。かれらは技術革新により量産体制を確立した。製品分野としては，加工食品，日用雑貨，化粧品，医薬品，衣料品，家電，自動車などへと拡がる。これらにはそれまで伝統モードで生産・流通していた日用品，医薬品，衣料品もあれば，加工食品，家電，自動車のように製品カテ

表2.2　マス・マーケティングのモード特性

● 取引対象	自らが企画・開発したマス・ブランド（標準化製品のブランド）
● 取引相手	プルとプッシュの双対取引： 　　　大衆消費者へのマス広告によるプル 　　　販売業者への販促によるプッシュ
● 取引様式	経路の統治化，建値制による超市価の価格設定・維持

ゴリの革新をもたらした新製品もある。

　マーケティングという流通モードが誕生して以降から，米国では1950年代の終わりまで[8]，また日本では60年代の終わり頃まで[9]，マス・マーケティングがマーケティングの主要モードとして君臨した。現在では，そのモード適所はかなり制約されるようになったけれども，旧来の製品カテゴリの殻を破る画期的で革新的な新製品のマーケティングでは，依然として重要な役割を担っている。

　表2.2はマス・マーケティングの主要なモード特性である。マス・マーケティングを遂行するには，この行為準則に従わねばならない。この行為準則は，伝統モードとの比較におけるマス・マーケティングのモード特性を明確に示している。

　伝統モードの取引対象は必需品や汎用品である。これらの製品はメーカー間で製品差別化されていない同質的な無標商品である。マス・マーケティングでは，製品差別化を行い競合製品との差異を訴求しようとする。企業行為としての製品差別化は，品質，機能，デザイン付帯サービスなど製品の非価格属性に特徴を持たせることである。

　そのための出発点として，製品にブランド名やロゴマークを付け商標登録する。これにより製品の出所表示が可能になり，広告メッセージの基盤になる。消費者がその製品の特異性を認め，そのブランドを購買に際して意識するようになれば，製品差別化が市場で実現されたことになる。

　伝統モードではメーカーはその製品の最終顧客がだれであるかに関心を

持たない。卸売商や小売商に売り放して流通業務をかれらに完全に任せるから、その取引相手はこれらの直接的な販売業者になる。一方、マス・マーケティンではメーカーはそのブランドの最終顧客に至るまでの流通に関心を持つ。このために、その取引相手は2本立てになる。

　一方で、プル型取引では最終顧客（消費者）に広告で直接訴求する。これにより店舗訪問前での購買事前決定や店舗でのブランド指名などへと消費者を誘引する。他方で、プッシュ型取引では卸売商や小売商への販売促進により、かれらの販売努力をそのブランドの推奨販売などに向けるようにプッシュする。マス・マーケティングでの取引相手は最終顧客との関連で見ると、双対的であり2本立てである。

　取引の対象と相手のこのような特徴から、マス・マーケティングの取引様式が生まれる。メーカーはそのブランドの流通経路をマーケティング経路として編成しようとする。マーケティング経路とは、メーカー統治の下におかれた流通経路の部分である。マーケティング経路は最終顧客（消費者）を目的地にした、いわばメーカー・ブランドの流通ハイウェイを目指している。これによって、大量生産を大量販売に連結して規模の経済を実現しようとしたのである。

　メーカーの意図通りに流通させるため、販売業者にたいして取扱製品、販売地域、価格と再販売価格、手形サイト、引渡ロットや期日など、種々な取引条件を統制対象にする。とくにブランドの流通価格には強い関心を持つ。メーカーは販売業者の再販価格をできるかぎり統制しようとした。マス・マーケティングが登場した時期には、この支柱は建値制であった。それにより流通段階別の価格とマージンをメーカーが指定しようとした。建値制は伝統モードでの価格形成と対照的である。伝統モードでの価格形成は各流通段階での競争に委ねられていた。

▶ **トランスベクションでのマス対応**

マス・マーケティングの際だったモード特性は、トランスベクションでのマス対応にある。とくに製品の形態効用の企画・設計におけるマス対応が重要だ。マス対応とはどのようなものか。

多数の潜在的使用者が予想される製品では、トランスベクションの数は顧客の数だけあると言っても良い。この対応様式の両極には個客対応とマス対応がある。個客対応とは、個々の消費者に個別的に対応することである。一方、マス対応とは、市場でのすべての消費者を集計化した大衆（マス）として対応することである。この消費者への対応の仕方により、トランスベクション・モードが分かれる。この分岐のもっとも重要な決定因は消費者への対応様式である[10]。

<u>個客と大衆（マス）の違い</u>

個客も大衆もともに消費者である。個客は特定の個人であり、大衆は多くの個人の集まりからできる群集である。しかし、両者の相違はたんに頭数が違うという量的な相違だけではない。消費者を個客として扱うのか、あるいは大衆として扱うかによって、マーケターが想定する消費者像は大きく異なることになる。個客と大衆の間には量的な差異があるだけでなく、その個人消費者像について質的な差異もある。

個客対応でマーケターは、個人消費者に向き合っている。その消費者像は個性的な欲求や嗜好を持ち、製品効用を個性的に認知する個人消費者である。マス対応での消費者はこのような個人を多く集めた集団ではない。マス対応に際してマーケターは同質的な消費者集団を想定している。この点に関連して、P. コトラーはマス・マーケティングというコンセプトを最初に思い至ったかれの個人的体験を想起している[11]。

それは1980年代の日本への訪問であった。そのさい、かれは少数標本で新製品への消費者態度を調査しているマーケティング調査者に出会う。

一世帯の調査結果で市場全体が解るのかというコトラーの質問にたいして，その調査者は「われわれ日本人は同質的です。われわれはすべて似ています。もしこの世帯がこの製品を好むなら，だれでもこの製品を好むでしょう」と答えたと言う。この回答の背後には，国民の9割がその生活水準を「中の中」とする意識[12]が完全に定着するに至った80年代以降の日本社会があった。
　しかし，マス対応への古典的な事例は，P. コトラーが想起した1980年代の日本のマーケティングよりはるか以前に始まっている。その代表事例は自動車のフォードT型であろう。フォードは「顧客はどんな色でも選ぶことができる。もし彼が黒を好むならば」という発言で著名である。かれは製品の部品を徹底的に標準化して自動車の大量生産に成功した。どんな車でも良いから，車に乗りたいという大衆の共通した願いに応えようとした。わが国ではマイカー時代幕開けの1960年代初頭に登場したトヨタ・カローラも国民車になることを目指していた。
　マス対応の基礎には消費者欲求の同質性の想定がある。その内容については少し掘り下げて考える必要がある。具体的な製品となると，菓子の甘さといった属性への消費者の好みにはいくらかのバラツキはあるだろう。しかし全体として似ているという判断は，この好みの分布に基づいている。その分布の分散（バラツキ）は小さく，しかも特定の数値あるいは属性に集中する傾向がある。このさい好みの分布は平均値あるいは最頻値を中心にその両側に狭く散らばる釣り鐘型の単峰分布になろう。
　マス・マーケティングが支配的であった時代に，消費者情報を得る手段は質問票によるサーベイであり，その統計分析であった。多くのマーケターは消費者嗜好の平均値あるいは最頻値によって，消費者嗜好の内容を理解していた。分散の少ない単峰型の分布では，平均値や最頻値は消費者全体の嗜好の優れた代表値である。マス・マーケターの多くはこの平均値や最頻値によって大衆嗜好の同質性を捉えていた。
　マス対応でマスを構成する個人は，具体的な個人消費者ではない。マス

での個人は各消費者の個性的な欲求や嗜好をそぎ落とした，平均的あるいは最頻のいわば抽象的で無個性の消費者である[13]。その消費者像の重要な特質は消費者の平均像である。消費者を世帯単位で捉える時には，夫就業，妻専業主婦，子供2人といった標準世帯を対象にした。これらの世帯が共通して持つと考えられる欲求や嗜好がマス対応での消費者像になった。

　マス対応は，個客対応のように蟻の目ではなく，いわば鳥の眼を持って市場を鳥瞰的に見ている。マス対応は多くの個客のそれぞれの欲求への対応ではない。個々の消費者は集計した大衆として扱われ，多くの個客に共通する欲求への対応，いわば個客欲求の平均像や共通像への対応である。形態効用におけるマス対応の標準品はこの対応の結果である。

標準品の大量生産

　マス・マーケティングは大量生産のいわば申し子である。それは大量生産の夢を実現するメーカーの流通モードとして生まれ，トランスベクションでのマス対応を特徴にする。マス対応はトランスベクション形成に関して，大量生産の論理を貫徹させようとする。

　この論理とは，大量生産による規模の経済である。それは生産数量の増加に伴う平均費用の低下によって可能になる。このために，生産起点でトランスベクションを行い，生産品の標準化を図ることが不可欠であった。これにより，大量生産は標準品の在庫累積を急速に創り出すことになる。

　マス対応の標準品は，少なくとも生産者の市場観や市場認知においては，消費者の嗜好分布の平均値，最頻値，中央値などいわゆる代表値に対応している。たとえば，標準品候補が5つあり，市場調査により各候補を好む消費者の比率を推測したとしよう。よく行われる実務慣行では，もっとも比率の高い候補が標準品と決定される。これは嗜好分布の代表値近傍に標準品を設定することと同じである。

　標準品の大量生産には注意すべき重要な点がある。それは標準品設定の

情報基盤はあくまでも生産者の推測であるという点である。たとえそれが何らかの市場調査にもとづくにせよ，そのデータは消費者全体から抽出された何らかの標本である。それが母集団を代表しているのかという問題だけでなく，標本誤差をつねに含んでいる。製品が売れるかどうかという市場不確実性を除去できない。大量生産される標準品在庫はマーケターの市場予測にもとづく投機在庫である。

　一方で，大量生産には多額の設備投資が必要である。これは投機在庫と相まって，市場危険をつねに大きくする。市場危険とは，売れない確率に不売製品数量への投資額を乗じたものである。この大きい市場危険を吸収するために，マス対応は大量生産に続く大量流通が不可欠になる。

　それができなければ，生産過程で規模の経済を達成し製造費用を削減しても，企業利益には反映されない。この大量流通では，標準品在庫が流通過程で積み上がっているから実物流通は重要なマーケティング問題にならない。それよりもむしろ取引流通が主要問題になる。流通モードとしてのマス・マーケティングは，取引流通を主軸に展開されるのである。

▶ 取引流通でのマス対応

双対流通の取引構造

　マス・マーケティングでのメーカーの取引相手は，消費者と販売業者からなる。この意味で二本立てで双対的である。ひとつはプッシュ型取引であり，もうひとつはプル型取引である[14]。このため双対流通で取引に関わる活動は多様であり，その関連は複雑に錯綜している。この取引像の全体像は図2.2に示すようなものとなろう。全体はプッシュ型取引とプル型取引を軸として編成されている。

　プッシュ型でもプル型でも，メーカーの目線は最終顧客としての消費者に向けられている。消費者に至るマーケティング経路に沿って取引が展開される。プッシュ型の取引相手は伝統モードにおけるような直接の取引相

図2.2　双対流通の取引構造

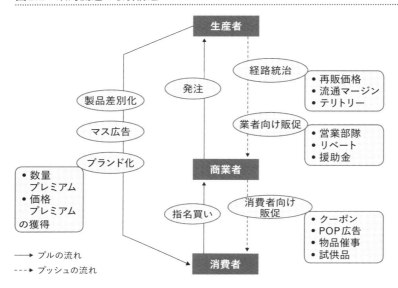

手だけではない。その取引相手の取引先にも逐次的に働きかける。たとえば，卸売段階の取引相手だけでなく，その取引先である小売段階の取引先にも働きかけるのである。

　量産化に成功した新興メーカーは，伝統流通経路の中でその新製品と類似した製品分野の商業者を自社ブランドの販売業者として開拓育成しようとした。その狙いはかれらを自社ブランドの消費者に至るマーケティング経路として構築することであった。この経路に沿って，メーカー・ブランドの販売促進をプッシュしていく。たとえば，高度成長期に松下電器産業（パナソニックの前身）は，卸売業者を統合しただけではない。数万店に及ぶ家電小売店をナショナル・ショップという系列店に編成して家電流通の覇者となった。

　プル型取引の特徴は，メーカーがマーケティング経路の末端，最終顧客である消費者に直接働きかける点にある。その主要な手段はマス広告で

あった。その媒体は当初は新聞やラジオであったが、やがてテレビや雑誌に移っていった。消費者のブランド認知率を高め、この消費者によるブランド指名を狙う。これをテコとして販売業者からメーカーへの発注を誘引しようとする。プルと呼ばれるのは、最終顧客の消費者を押さえ、そこを起点にしてマーケティング経路上の取引先を自社ブランドの販売業者として誘引するからである。

プッシュ型取引

◇ **経路統治**……プッシュ型取引の主要活動は経路統治と販促活動からなる。経路統治はメーカーによるマーケティング経路の構築作業である。取引先の商業者を自社ブランドの販売業者に転換させることに狙いがある。販売業者とは商業モードで活動することを多かれ少なかれ制約された中間商である。

経路統治の手段として、当初よく利用されたのは流通系列化である。流通系列化は、種々の関係型取引に基づいている。その具体的内容には次のようなものがある。

- 専売店制：中間業者の品揃えをその生産者製品に限定
- テリトリー制：中間業者の営業地域を生産者が限定
- 一店一帳合制：小売商の仕入先を一卸売商に限定する
- 店会制：以上の中間業者を地域ごとの編成し、販売促進活動などをさせる
- 委託販売制：中間業者の販売終了まで、製品所有権を生産者が留保
- 差別的取り扱い：自社製品の取り扱い比率に応じて中間業者へのリベートを調整

これらが中間商の自由な商業活動を制約する。社会的品揃え形成を目指す商業モードでの活動を制約するからである。

経路統治に際して，メーカーは卸売段階を垂直統合することが多い。これは業種といった集計度の高い製品分類では，卸売商の品揃え範囲とメーカーの品揃え範囲に相違がない場合が多いからである。たとえば日本標準産業分類の3桁業種の繊維，衣服，身の回り品，食料・飲料，自動車，電気・機械器具，医薬品・化粧品，家具・建具などでは生産段階と卸売段階で品揃えの相違はそれほど大きくはない。

これらの業種で衣服，身の回り品，食料・飲料，医薬・化粧品，書籍などのように製品カテゴリーがきわめて多様でないかぎり，生産集中が進み大メーカーが現れると卸売統合が行われる。メーカー自身が販社を設立して卸売商を排除したり，あるいは複数の卸売商を合併させ，メーカーも資本参加して系列卸にするというかたちで行われる。

しかし，小売段階まで垂直統合することは稀である。その品揃えは百貨店や総合スーパーなどのように大メーカーの品揃え範囲をはるかに超える。またマーケティング経路の主要な最終販路となった中小小売商でも，彼らの経営に必要な品揃えをすべて供給できるメーカーは少ない。そのため小売統治は小売商の全品揃えに及ぶことは少なく，メーカー製品に即した流通系列化など関係型取引にもとづき行われることになる。

小売統治の水準は製品種類により多様である。自動車ではフランチャイズにより垂直統合に近い統治をしている。一方で，加工食品，医薬品・化粧品，日用雑貨，アパレルなどの領域では，メーカーの小売統治は流通系列化の域にまで達していない。日本の事例で見ると，かつて家電は小売段階までの流通系列化に成功したが，現在では系列化による統治は弱化した。このように小売統治の水準が多様に異なるのはなぜだろうか。その主要因は，

- メーカー品揃えと小売品揃えの不一致
    メーカーは系列店品揃えの全品目を供給できるか
- 特定メーカー専売店の競争優位性

専売品揃えは小売店経営を維持できるか
- その製品種類での大手小売シェアの水準

の3つである。

　自動車のような高額品では，小売店は自動車だけしか扱わなくても，経営を維持できる。自動車メーカーは小売店が必要な品揃え品目のほぼすべてを供給できる。しかし，加工食品，医薬・化粧品，日用雑貨のような最寄り品では製品品目数はきわめて多い。この種の分野の小売店は競争優位性を維持するために，また一品単価が少額であるので多品目にわたる品揃えが必要である。1社だけで小売店が必要な全品目を供給できるメーカーはない。このような要因が存在すると，メーカーの小売統治を垂直統合で行うことはできず，また流通系列化を行う場合にもその統治水準は低くなる。

　その製品分野での大手小売シェアが高くなっても，小売統治をメーカーの意図通りに行うことは困難になる。後述するように，メーカーのマス・マーケティングの発展とほぼ並行して大手小売商が急速に発展した。日本でいえば，高度成長期における総合スーパーの急成長である。大手小売商は社会的品揃えによる商業モードで活動し，その販売力によって，取引に際してメーカーに対抗できる取引交渉力を持つからである。

　◇　**販売促進**……小売統治に垂直統合や高度の流通系列化を行えないときには，プッシュ型取引でのマーケティング経路構築は，中小の業種小売店を対象にした販売促進に頼らざるを得ない。その主要な道筋は図2.3に示されている。

　経路販売額とはマーケティング経路全体での販売額である。建値制などで流通段階別価格構成が設定されているときには，メーカーの売上高や営業利益を把握することができる。これに影響する小売の状況は，そのブランドの取扱店数，販促協力度，そして小売価格である。前の2つは経路販売額にプラスの影響を与える。市場で需要法則が働いているときには，小

図2.3 マーケティング経路での販売促進の狙い

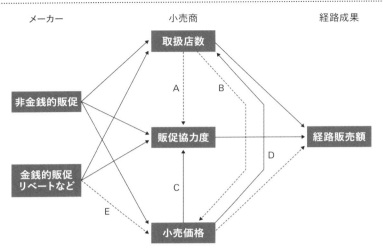

実線はプラス効果，破線はマイナス効果。A〜Eは小売商自律効果

売価格が高くなると販売数量が減少し，価格増加分を超えて経路販売額は減少させる傾向がある。

　メーカーの販売促進はこれら3つに影響することを狙っている。そのブランドの取扱店数を増やすこと，そのブランドの販促への影響度を高めること，そして小売価格をメーカーの希望水準で設定させることである。その効果は非金銭的な販促と金銭的な販促では異なる。

　主要な相違点はリベートが小売価格にマイナスの影響を与えることである。小売商がリベート分で利益確保し，その分だけ小売価格を引き下げて店舗の競争力を引き上げるという行動をしばしば取るからである。また卸売商も売上が低迷しているときには，リベートを獲得できれば，建値以下の価格で製品を総合スーパーなどに放出する行動にでる。

　販売促進によるマーケティング経路構築の難しさは，マーケティング経路にメーカー統治（見える手）だけでなく，小売段階での競争という見

えざる手の影響も混在することである。これは図2.3で線分Eだけでなく，線分A～Dによって示されている。

マーケティング経路内での小売店舗間競争は，メーカーにとって意図せざる結果を生み出すことになる。そのブランドの取扱店数が増えると，そのブランドを取り扱うことによる店舗差別化が減少するから，小売商の販促協力度が低下する（A）。またマーケティング経路内の販売業者間競争が激化してブランド小売価格を引き下げ（B），この影響経路を通じても販促協力度が低下する（C）。さらに小売価格が低下すると小売マージンが減少するので，取り扱い店舗数が減少するかもしれない（D）。

マーケティング経路のメーカー統治水準が低くなると，販促活動だけによる経路成果の向上は，そのブランドの小売販売業者間の競争激化により困難な作業になる。この困難な作業をメーカーが回避できるかどうか。これはプル型取引の成功に依存している。顧客の指名買いなどプル型取引の効果が強力に働けば，メーカーの販売促進はヨリ容易になろう。

プル型取引

プル型取引の成功のためのメーカーの行動準則は

- 製品の垂直的差別化
- マス広告
- 商標によるブランド化

である。これら3種の準則は密接に関連してマス・マーケティングの中核を構成している。

　◇　**垂直的差別化**……プル型取引で成功するためにもっとも重要な条件は，垂直的製品差別化で競争優位性を持つことである。製品差別化には基本的に2種のモードがある。垂直的差別化と水平的差別化である。概略的にいえば，垂直的差別化は製品属性の「良い‐悪い」を軸とする差別化

であり，水平的差別化は「好き‐嫌い」を軸とする差別化である[15]。

　ほとんどの製品には複数の属性がある。ノートパソコンでいえば，処理速度，メモリ，画面の解像度と広さ，筐体の重量やデザイン，電池保ち時間などである。これらによってノートパソコンの品質階層が決まる。品質階層とは品質の総合水準の段階である。上位の階層のパソコンは下位にくらべてすべての属性で優れている。垂直的差別化とは品質階層のより上位に位置づけることである。これにより下位階層の製品と差別化する。多くの場合，この差別化は技術革新にもとづく製品進化に対応している。

　一方で，使用者の個人嗜好により使用状況が異なり，これらすべての属性で優れることを消費者は望まないかもしれない。自宅での常時使用であれば，筐体の省スペースや重量，また電池保ち時間はそれほど重要な属性ではない。しかし，周辺家具との調和性からデザインは重要になる。またもっぱらゲームソフトにだけ使っているとすれば，処理速度や画像解像度も重要属性になる。

　水平的差別化とはこれらに対応して，特定属性に優れるが他の属性に関してはそうでないような差別化である。それは個人嗜好にもとづく使用状況は消費者欲求の多様性に対応している。

　マス・マーケティングは垂直的に差別化した製品を取引対象にするとき，成功する確率が高くなる。プル型取引がプッシュ型取引を支え，全体としての双対取引が容易になるからである。高度成長期における日本事例はこの点を示している。たとえば1960年代には，それまで日本人が日常生活で使ったことない多くの新製品が登場した。衣では種々の既製服やジーンズ，食では即席ラーメン，だしの素，種々な冷凍食品・レトルト食品，雑貨ではアンネ・ナプキン，サランラップ，台所用洗剤などである。しかし，生活を大きく変えたのは，自動車，カラーテレビ，クーラー，8ミリカメラなどの耐久消費財であった[16]。

　これらの製品は当時の所得上昇を背景に消費ユートピアの実現を目指した大衆の願望商品であった。この種の新製品カテゴリーを生活にいち早く

取り入れることが大衆の願いであった。だから標準品でも十分であったのである。消費ユートピアとは必需品だけによる生活を脱して，贅沢品も使いながらおくるヨリ快適な生活である。消費ユートピアの実現は，経済成長により急速発展する社会ではどこでも見られる現象である。それは贅沢民主化や豊かな社会という用語で表現される。第2次大戦後，欧米先進国に始まり，現在では中国を始め世界中の新興発展国にまで拡がった。

　垂直的差別化は製品を品質階層のヨリ上位の段階に位置づける。だから顧客にとっての製品効用はより高くなる。しかし，これによって顧客価値がかならず高くなるとは言えない。垂直差別化を行うにはヨリ良い原材料や熟練度の高い労働力が必要になる。このため価格がヨリ高くなる。製品価値と価格とのトレードオフにより，多くの製品カテゴリーで高級品から普通品，下級品まで種々な品質階層の製品が生まれる。

　垂直差別化品の量産はこのトレードオフ問題を解決した。規模の経済により品質階層の高い従来の製品をヨリ安価に供給できるようになるからである。量産と製品普及にともなう耐久消費財の価格低下などはこの典型事例であろう。高級品をつくるのに必要であった匠の技さえも，機械で代替されることになる。

　◇　**ブランド化**……大量生産による規模の経済を利益に反映するには，大量流通が必要である。ブランド化とマス広告がこれに貢献する。一般的に言えば，ブランド化は有標化，イメージ創造，顧客との関係性構築といった側面を持っている。後の2つの側面は贅沢ブランドではとくに重視される。それはまた後述するように消費多様化が進むと重要になる。しかし，マス・マーケティングでのブランド化は主として有標化に依存した[17]。ブランドの知名度を高め，いわゆるマス・ブランドを育てることであった。

　有標化とは，その製品にブランド名やロゴマークを付けて商標登録して有標品にすることである。有標品のメーカーはその商標を独占的に利用でき，その模倣を商標権によって防止できる。買手はそれによって売手を識

別できる。もし製品が垂直的に差別化されていれば，買手はその商標により同じ品質水準を期待できるようになる。商標は品質保証機能を持つようになるのである。

　こうして垂直差別化製品はその商標によって，無標品にたいして差別化されることになる。マス・マーケターは市場浸透のため量産によりその価格を引き下げる一方で，ブランド化によって無標品の市場価格を超える価格維持を行う。

　◇　**マス広告**……しかし大量流通のためには，垂直的差別化された新製品の顧客価値を消費者に知らせる必要がある。このために商標を繰り返し消費者大衆に広告するマス広告が絶大な効力を持った。日本の事例でいえば，当初マス広告は広域的に流布している新聞やラジオなどの媒体を利用した。第2次大戦後に民営放送が始まると，マス広告の主要媒体はラジオやテレビになる。これらはコマーシャル・ソングとともに，ブランド名を連呼してブランド認知率の向上を狙った。

　これらの新製品のマス広告が絶大な効力を持ったことは，高度成長期における広告費の驚くべき増加に端的に示されている。1955年から1975年にかけての日本の総広告費は前年比伸び率で平均18%を記録している[18]。このような急速な伸びはその後の期間では見られない。安定成長に移行し，画期的新製品の出現率も低下してくると，広告費の伸びも次第に鈍化するようになる。

　◇　**マス・マーケティングのモード適所**……マス・マーケティングの狙いは，大量生産が可能な標準品に，市場異質性を収束させることであった。この標準品は消費者にとって重要な製品属性に関して，通常製品（コモディティ）とは差別化した製品であるとともに，それを識別するために統一的なブランドが付けられた。このブランドは消費者嗜好の分布でいわば重心の位置を占めていた。この重心へ消費者嗜好を収束させるために，マーケターは大量の攻勢的な広告宣伝を使用したのである。

　マス・マーケティングのモード適所は，取引対象の製品が新製品として

垂直的差別性を維持している期間である。しかし，マス・マーケティングに成功すればするほど，その製品の模倣者が増え，技術的特許などで守られていないかぎり類似品が次々に現れる。これらによって製品の市場普及は急速に進む。この過程で垂直的差別性が退化して，差別化の基盤が製品の1次的機能から2次的・付加的な機能に移行していく。

　この過程でプル型取引よりもプッシュ型取引に重点が移行する。とくにトップメーカーへの挑戦者の多くは，プッシュ型取引でもリベートなど金銭的販売促進をとくに重視するようになる。多くの消費者の顧客価値は，製品効用よりも競合ブランド間での相対価格へ移行していくことになる。それとともに，マス・マーケティングはそのモード適所を次第に狭めていくのである。

3 総合小売モード

▶ 製品領域の交錯

　大量流通の担い手はマス・マーケティングだけではない。商業モードにもとづく総合小売もある。その担い手は大型小売商である。その発展は，各国の流通インフラ発展の相違を反映して若干の相違がある。米国では百貨店，チェーンストア，通信販売店，バラエティストアなどがある。欧州では百貨店，総合スーパー以外にも巨大な生協が登場した。日本で大規模小売商としてまず発展したのは百貨店と総合スーパーである。

　これらの国際比較は興味深いテーマであるけれども，以下では各国間で共通し，また日本でも中心となった百貨店と総合スーパーに焦点を合わせて総合小売モードを検討しよう。百貨店と総合スーパーは総合小売モードの主要な下位モードである。商業モードによって大量流通を担うという点では共通しているけれども，取引相手，対象製品，そして活動の編成方式

に関しては重要なモード差異がある。

　製品分野からみると，総合小売モードはマス・マーケティングとは異なる領域でまず誕生する。大型小売商はマス・マーケティングの取引対象である量産新製品の大量販売の担い手として登場したわけではない。むしろ大型小売商の主力商品は，農産物と消費者が伝統的に使ってきた必需品・汎用品である。具体的には，日常使用の衣料品・織物類，鞄・バッグなど身の回り品，家具や日用雑貨，食器，菓子や伝統的加工食品，医薬・化粧品などである。これらの製品の多くは，労働集約的な工程を使って，多くの中小メーカーにより生産されていた。

　時を経るにしたがい，マス・マーケティングと総合小売の取引製品には，交錯領域が次第に大きくなる。一方で，量産技術の進歩によりマス・マーケティングの対象領域が伝統的な必需品・汎用品にも拡がる。既製服や大衆ファッション・アパレル，鞄・靴，多様な加工食品・台所用品，大衆医薬・化粧品などはこの代表例である。他方で，総合小売モードもその取引製品を，マス・マーケティングの対象領域にも拡大した。その代表例は家電，加工食品，医薬・化粧品，大衆ファッション・アパレルなどである。

　これらの製品の多くは2種の供給源から大型小売商に流れ込む。ひとつはメーカー間競争の過程で差別性を退化させコモディティ化しつつあるブランド品である。売上低迷に悩むブランド販売業者などが換金を求めて大型小売商に向かって放出した。他のひとつはトップメーカーへの追随企業である。垂直的差別性で劣るこれらの2番手，3番手メーカーはその販路拡大を求めて大型小売商との関係性を強めようとした。これらのメーカーはマーケティング経路構築にさいして全国広告よりも，リベートなど金銭的な販売促進により大きく依存した。このリベートが卸売商などから大型小売商への製品流通の途を切り開くことになる。大型小売商の要求に応じて低価格で取引しても，リベートを利益源にできたからである。

表2.3　百貨店モードの特性

●取引対象	必需品・汎用品を超える贅沢品の総合的品揃え
●取引相手	大都市に参集する中上流消費者
●活動編成	製品カテゴリー別の分権管理

▶ 百貨店モード

　歴史的に見ると，このモードはマス・マーケティングよりも早く登場した。欧米発展国では，1852年にボン・マルシェがパリに登場したのを始めとして，19世紀後半にかけて，メーシー（1858，ニューヨーク），ホワイトリー（1863，ロンドン），エルトハイム（1870，ベルリン）など，大都市に次々に登場した。日本では三越（1904，東京）がわが国の始まりとされる。

　百貨店モードの特性は表2.3のように要約することができる。

贅沢品の総合的品添え

　百貨店の総合的品揃えは，その登場時点から整っていたわけではない。多くの消費財カテゴリに品揃え拡大するには，いずれの百貨店も設立後数年を要している[19]。三越を例に取れば，もともと呉服店であったが，米国での百貨店の発展を模倣して百貨店への脱皮を目指した。その品揃え追加過程は次のようになる[20]。

```
1905    化粧品，帽子，子供服飾品
1906    洋服
1907    鞄，靴，洋傘，ステッキ，櫛，旅行用品
1908    美術品，貴金属，煙草，文房具，ベール，児童用品
```

これらの品揃えを整えたとき，マス・モードとしての百貨店が成立したと

言えよう。大都市に立地し，品揃えを多様な製品カテゴリへ急速に拡大したのが特徴である。

　流通モードからいえば，百貨店の総合的品揃えは，その大都市での中心地立地や巨大店舗とともに，同じ根から咲き出た3つの花である。その根とは小売店舗の宿命であった商圏市場の地理的制約を克服することであった。

　メーカーのマス・マーケティングでは全国市場，さらには国民市場を超えるグローバル市場が対象である。しかし，小売店舗はその市場を地理空間的に狭く制約されている。いくらその店舗が消費者にとって魅力的であっても，その店舗からの距離が離れるにつれて，吸引できる消費者数は減少していく。各地点から吸引できる消費者比率は，店舗立地点の近傍域を頂点とする山形の形状を地理空間上に描く。

　大都市立地は小売商にとって商圏の地理的制約を克服する最初の活動様式である。大都市には巨大な人口集積があり，これが小売店への需要集積を生み出すからである。大都市内部の居住人口がダントツに多いだけではない。大都市には種々な事業所，教育機関，文化施設が集積しているから，これらが大都市郊外からの昼間人口を吸引する。さらに，国内の他地域や国際的な観光客にとっても，各国の大都市はその重要な目的地である。昼夜間人口比率が示すように，大都市は非居住者の流入によってもその流動人口を膨らませる。

　大都市内部では，この流動人口は中心市街地に集中する。いわゆる業務地区，繁華街，主要交通ターミナルである。中心市街地に立地することによって，百貨店は伝統モードとは異なる新しい流通モードを創造して小売市場の地理的制約を克服しようとした。そのための手段が総合的品添えと業種売場面積の拡大であった。前者は中心地での異業種集積を，また後者は同業種集積を内部化した。

　小売店には多様な業種[21]店がある。それはそれぞれの時代で消費者が使用する商品の集合，つまり商品世界を映し出している。小売店舗立地点

の地理領域を市町村などやメッシュ・データで1kmグリッドなどの地理単位で区画すれば、立地領域を利用する消費者数（商業人口）が増加するにつれて、まず異業種数が増加する。その後にたとえば商業人口が3万人以上など一定水準を超えると同業種集積が急速に進む[22]。中心地では異業種だけでなく、同業種の集積も高くなる。

異業種集積が進むほど、消費者は一箇所で種々な買物をでき、便利性が増加する。買物時間が節減できるだけでない。購買金額当たりの交通費も節減でき買物が効率化する。同業種集積が進む業種は、婦人服やファッション関連製品などである。これらの業種については消費者は買物出向前に購買製品を決めることは少ない。各店を比較購買しながら製品情報を集めその上で決定する。同業種集積が増加すれば、消費者はこの比較購買をヨリ容易に行うことができ、希望する製品を入手できる。

百貨店は中心地商業集積の内部化を、同業種集積の業種売場面積の拡大と、異業種集積の総合的品揃え化によって行う。このために店舗はますます大型化することになった。そこでの各商品売場は相互での顧客回遊を生み出して、売上増加へのシナジー効果を生み出した。いわゆる範囲の経済を生み出したのである[23]。

贅沢消費者を取り込む

どのような品種を追加しながら、総合的品揃えを目指すのか。その基軸になったのは百貨店が狙った市場標的である。それは大都市がその発展過程で創り出し、また地方から大都市へ参集してくる新興富裕層である。かれらは必需消費に必要な額を超える十分な自由裁量所得を持ち、生活向上による消費ユートピアの実現を目指している。百貨店はこの欲求に答えるため、消費ユートピアを彩る商品世界を一望できる消費の殿堂を提供した。

その具体的内容は時代によって異なるけれども、百貨店の品揃えは広い品種分類から見ると、高級・ファッション衣服、身装品、家具、室内装飾

品など，一口で言えば，他者への顕示効用を持つ贅沢品である。

　贅沢品は消費財の商品世界を必需品とで2分している。必需品は人間の生存や文化慣習上から生活上で必要不可欠な製品である。これ以外の製品は贅沢品と見なされてきた[24]。製品特性から見ると，贅沢品には卓越品質，審美性，記号性，稀少性，高価格といった特徴のいくつかがある。このため，贅沢品はその使用者の地位や嗜好を他者に向かって発信する手段になる。贅沢品使用の主要な効用は他者へのこの顕示機能である。

　贅沢品の顕示効用をもっとも重視する消費者は中上流の消費者である。どの国でもこの消費者層は大都市に集中する傾向がある。とくに急速な経済発展が生じるときには，新興の中上流層が大都市に参集する。明治維新後や高度経済成長期での大都市への人口集中はこの代表事例である。現在では中国など新興発展国でもこのような事態が生じている。

　経済発展が続くと，人口の都市化が進み，首都圏や京阪神など一大経済中心地以外にも各地にいくつかの大都市が出現する。日本の事例でいえば，札幌，仙台，名古屋，広島，博多などである。これらの都市での富裕層を目指して，百貨店はこれらの都市にも多店舗化した。また東京や大阪などでは人口の流入は郊外化を生み出した。これに対応するため，百貨店は大都市圏郊外にも多店舗化する。それらはジュニア百貨店と呼ばれる。

　多店舗展開をしても，百貨店は各店舗を統合的に管理したわけではない。各店舗はいわば独立国であった。各店長により，その地域の商圏特性に応じて個別的に管理された。各店の売上規模は大きかったけれども，各製品カテゴリの売上高をみると，多種多様な品揃えがあるためそれほど巨大にはならない。企業全体で商品本部を設置し，そこで集中仕入を行うことはない。店舗別の分権管理は次に述べる商品カテゴリ別の分権管理と密接な関連を持っている。

製品カテゴリ別の分権管理

　百貨店は巨大店舗に多様な製品カテゴリを集めた品揃えをする。贅沢品

を中心に品揃えをするといっても,製品カテゴリが異なると取引様式は大きく異なる。生産地,メーカー数,生産技術などの生産部門の相違や卸売商業の状態により,仕入取引様式が異なってくる。発注に要するリードタイム,発注ロット,発注頻度,手形サイトなどが異なり,取引交渉の仕方も変わってくるのである。

消費者への販売様式も同様に多様である。高級呉服,貴金属,美術工芸品など高額贅沢品の営業では,ヨリ密接な個客対応が必要になる。上得意客を戸別訪問する外商などはその例である。それは売場だけで販売されるその他の営業とは大きく異なっている。

多種多様な製品を品揃えに追加できた秘密は,百貨店の活動編成様式にある。その特徴は製品カテゴリ別の分権管理である。それによって各品種の流通活動を個別的に遂行した。高級呉服,婦人服,美術工芸品など,それぞれの品種管理者を決めて,仕入と販売業務権限の大半を委譲した。

百貨店の仕入と販売の業務は,各品種の売場で統合されることになる。百貨店はこれらによって製品カテゴリ別の取引業務における専門化の経済を追求したのである[25]。中枢部門による集権管理の対象は,各部門の仕入量や新部門の追加と,人事・経理などの間接業務である。

大都市中心地での立地により百貨店は,店全体として巨大な売上高を達成した。品揃えが多岐にわたるため,各製品カテゴリの売上高はそれほど巨大でなくても,対象顧客が贅沢消費者に限定されている専門品や買回店などのメーカーや卸売商にとっては,百貨店の売上高はきわめて魅力的であった。これらの品種については,百貨店はよく売れる小売立地を占有することにより強大な立地独占力を持つ。この立地独占により仕入先への百貨店の優越的な取引支配力が生じる。

これから仕入先との間に特殊な取引慣行が生まれた。その代表的なものは

(1) 消化仕入:売場在庫の内で売れたものだけを仕入れたものとして

処理する
　(2) 返品：売れ行きの悪い商品を仕入先に返品する
　(3) 派遣社員：仕入先にその社員を派遣させ，百貨店売場の販売員として使う

などである。

　仕入先から商品を買い取る場合には，売れなかった場合の在庫リスクは百貨店が負担する。しかし，上記(1)と(2)はこの在庫リスクを仕入先に移転している。また(3)は販売業務遂行とその人件費を仕入先に移転している。これらが行き過ぎるとき，優越的地位の乱用として，独禁法上の規制対象になった。

　商品を仕入れ，それを小売店頭に品揃えとして売れる商品にして配置する業務を，流通業界ではマーチャンダイジング（商品化）という。以上の取引慣行は，百貨店が自主マーチャンダイジングを行わずに，その業務を仕入先にスピン・オフしている。大都市中心地で売れる商品を片っ端から取り込むことによって，百貨店の品揃え形成における製品カテゴリ間の取引異質性は飛躍的に増加した。それはやがて百貨店における製品カテゴリの分権管理能力をも超えるものになる。

　この結果，いくつかの製品カテゴリについては，百貨店は自主マーチャンダイジングを放棄し，スピン・オフをますます進めることになる。現在の百貨店で多く見られるイン・ショップやテナント導入などはその代表例である。これらについては百貨店は流通業務を放棄して売場貸し業になっている。百貨店売場でインショップ面積が占める比率は，その百貨店の自主マーチャンダイジング能力を示し，自律的に担当できる流通業務の製品範囲を示すものと言えよう。

　贅沢指向が強くなると，消費者の価格感応度は低くなる。少々価格が高くても買ってしまう。贅沢品を中心にした百貨店の品揃え特性により，百貨店は粗利益率を重視する。企業全体あるいは店舗全体で計算すると，粗

利益率は粗利益（＝売上高−商品原価）が売上に占める比率である。

　粗利益からさらに営業費用を差し引いた残りが営業利益になる。地価の高い大都市中心地での立地，豪華な建物や内装，良質店員の高い人件費，また広告宣伝などで百貨店の営業費用は高くつく。粗利益率を重視することは，営業利益の確保のために百貨店に不可欠なビジネス・モデルであった。

▶ 総合スーパー・モード

流通革命の主役

　現在に至るまで，総合小売の中でもっとも代表的であり，また広汎なモード適所を誇ったのは総合スーパー・モードである。総合スーパーは総合量販店，ジェネラル・マーチャンダイジングストア（GMS），ハイパーマーケットなど多様な名称で呼ばれる。しかしその基本は総合的品揃えを扱うスーパーマーケットである。

　このモードで活躍してきた近年の代表的企業をあげると，外国ではウォルマート（米），カルフール（仏），テスコ（英）などがある。日本については，前世紀ではダイエー，西友ストア，ニチイなどがあったが独立企業としては今世紀に入り消滅した。現在ではイオンリテールとイトーヨーカ堂が2大企業である。

　単体ベースで見ると，これら2社は2016年時点でも日本小売売上高ランキングで1位と2位を占め，小売市場の覇権を握っている[26]。しかし，バブル経済が崩壊して以降，これら2社にとどまらず，総合スーパーの業績はさえない。それは世紀の変わり目に，それまで売上ランキングトップテンにランクされていたダイエー，西友ストア，ニチイの独立企業としての消滅さえも引き起こした。

　これらは総合スーパーのモード適所が発展から衰退へ変化したことを示している。以下ではまず発展の軌跡を確認しておこう。これによりモード

適所の基盤が明らかになろう。

　1970年代の前半には，ダイエー，西友ストア，ニチイチェーン，ジャスコ（イオンリテールの前身）などは，代表的百貨店の三越，大丸，高島屋，西武百貨店，松坂屋と肩を並べて，小売業売上高トップテンにランクされるようになった[27]。これらの総合スーパーにより，高度成長期の流通革命が起こる。

　それまでの伝統モードとはまったく異なる流通モードの革新を行い，流通システムでの中小小売商や卸売商の地位を奪った。総合小売モードの先行者である百貨店の地位さえ脅かすようになる。長い間売上高トップの地位に輝いていた三越に代わって，ダイエーが1971年に小売売上高トップの地位に就いたことは象徴的な事件であった。

　総合スーパーはやがてメーカーのマス・マーケティングにさえ挑戦し始める。メーカー・ブランドをディスカウントの対象にすることによって，ブランドの流通価格維持体制に風穴を空ける。松下電器産業や花王などマス・マーケティングのリーダー企業は，出荷停止などを行った。

　これにたいして総合スーパーは，プライベート・ブランドの開発によって対抗しようとした。トップ・メーカーの挑戦者である2番手，3番手メーカーや中小メーカーに生産させた製品に総合スーパーがブランド名を付けたのである。初期のプライベート・ブランドはメーカー・ブランドにくらべて品質は劣るが，格段に低い低価格で消費者に訴求した。

　総合スーパーの急成長は，他の流通モードを採る企業にとっては，その生存と成長への脅威であった。そのため，全国各地でその進出はいわゆる大型店紛争を巻き起こす[28]。破壊的競争力を持つ新流通モードの出現はその模倣者の増加によりモード内競争を激化させる。それはやがて異モードとの競争にも飛び火して，経済競争から政治紛争に転嫁することがある。この政治紛争で，衰退流通モードをとる企業が，様々な大義名分を用いて新興流通モードに法的規制の網をかけようとする。流通モードの進化過程で繰り返されてきたパターンである[29]。

表2.4　総合スーパーのモード特性

● 取引対象	食品, 医薬品, 日用雑貨, 日常衣料など生活必需品の低価格訴求
● 取引相手	チェーン展開による大都市郊外や全国中小都市の大衆消費者
● 活動編成	商品本部主導の仕入・販売の集権管理

　政治紛争に転化すると，モード間の競争は競争優位性など経営力ではなく，政治に関わる人々の頭数で決まる。従来モードに関わる人々の政治力により，新興モードに法規制の網がかけられる。70年代には総合スーパーの成長にも，大規模小売店舗法による規制の網がかけられ，それによる成長抑制は世紀末の規制緩和まで続くことになる。この間の総合スーパーの成長は急速に減速することになった[30]。

　総合スーパー・モードはなぜ従来モードにとって生存の脅威になるような破壊的競争力を持ったのだろうか。流通モードの進化に関してはこの点が重要問題である。それを解くカギは総合スーパーのモード特性にある。それは表2.4のように要約できよう。

総合的品揃えへの途

　総合スーパーの店舗フォーマットの基本型は，高度成長が始動する1950年代の終わりに登場した。その典型事例は1959年開店のダイエー新三宮店である。ダイエーの1号店は1957年に開業した大阪の千林店である。売場面積53平米の小型店であったけれども，化粧品，薬品，雑貨，バラ菓子などを破壊的な低価格で販売し話題の繁盛店であった。メーカーの価格統制をかいくぐり，売上の低迷した卸売商などから現金取引で商品を調達した。2号店は58年の三宮店である。1号店の品揃えに食品を追加した。これらの店舗では50年代初頭各地に登場し始めていたセルフサービス方式を取り入れる。

　新三宮店はダイエーにとって大きな飛躍であった。セルフサービス，

ディスカウントをヨリ多くの製品カテゴリーに拡大する。それはセルフサービス方式の小型廉売店から総合スーパーへの脱皮であった。売場面積は2442平米に一気に拡大する。ここに生鮮食品，加工食品，衣料品，電器製品などを数年で次々に追加した。とくに衣料品売場を充実する。来店客が求めそうな新しい製品カテゴリを短期間で追加し，同種少数の製品カテゴリを扱う業種専門店から総合的品揃えを目指していったのは創成期の百貨店と同じである。

　品揃え拡大方向を見ると，明確な指向が見て取れる。それはとりあえずマス・マーケティングや百貨店など先発モードとの正面衝突を避け，これらのモードの非主力商品分野での新モード開発を狙っているということである。新モード開発は先発モードが手を付けていないフロンティアで行われる。これは新モード開発の基本パターンのひとつである。

　マス・マーケティングの対象品種については，加工食品，洗剤，電器製品の少数品目で若干の重複を含む程度であった。また百貨店が大都市の贅沢市場を主要市場標的にしたのに対して，総合スーパーは全国各地に存在する日常生活のためのいわば必需品市場を狙った。このため，総合スーパーの潜在的市場範囲は，製品領域や地理空間市場から見ても，大都市の贅沢品市場を標的にした百貨店にくらべてはるかに広いものであった。

ロス・リーダー戦略

　総合スーパーの特質は，その総合的品揃えをできるかぎり低価格で提供する点にある。低価格の基盤は，まず低価格訴求による商品回転率（＝売上高／在庫高）の向上である。商品回転率が高ければ，低価格により粗利益（売上高－売上原価）の対売上比率が低くなっても，在庫投資に対する粗利益は確保できる。いわゆる低粗利・高回転ビジネスである。

　また店舗設備には百貨店のように金をかけず，セルフサービス導入により人件費を抑える。できるだけ現金による買取仕入を行い，その購買力により売上原価を抑えた。これらの仕組みが低価格の基盤である。

しかし低価格訴求はその全取扱品目について一律に行われたわけではない。総合スーパーの価格戦略の特徴は，いわゆるロス・リーダーの巧妙な設定と，それによる来店客増加が他品目の購買にも波及するという効果を巧妙に管理することである[31]。ロス・リーダーとは売上原価以下で廉売される品目（目玉商品，特売商品）である。その品目の取引に関するかぎり，損失を出すだけであるからこの名称がある。

　小売店がロス・リーダーの破壊的価格を新聞チラシやTVなどで広告すれば，店舗への来店客が増加する。もしその店舗の品揃えが広く多くの品目が一箇所で購買できるならば，消費者は買物時間や一品目当たりの交通費などを節約することができよう。つまり買物での多品目購買の経済が働く。

　一方で，小売店側から見ても同時購買される他品目に利益を生み出す価格設定がされていれば，それらへの買物客の波及により買物バスケット（購入した全品目）で見れば，利益が生じることになる。来店客増加と波及効果が大きくなると，ロス・リーダーはプロフィット・リーダーとしての役割を果たすことになる[32]。

　ロス・リーダーによるこの販促戦略の効果は，

- どのような品目をロス・リーダーに選択するのか
- 波及対象品目をどう設定するのか

に依存する。前者は来店数増加に影響し，後者は波及効果の大きさを決める。

　ロス・リーダー品目は購買頻度が高く，また家計予算で高い比率をしめ，価格弾力性が高い品目が選ばれる。たとえば，ダイエー新三宮店の評判のロス・リーダーは，砂糖，米，卵，牛肉，バナナ，リンゴなどの大安売りであった。

　砂糖，卵，米，肉については従来はばら売り商品であったが，消費者が

買いやすい数量単位に包装化するというマーチャンダイジングを行う[33]。これらの品目については、消費者は他店での小売価格を日常の買物を通じてよく知っている。またメーカーが価格維持しているブランド品もロス・リーダーの対象品目として効果的である。メーカーの維持価格はどのくらい安いかを消費者が判断できる基準価格として機能する。

波及効果は特定の品目の購買者が他の品目の購買者になる比率である。これは品目あるいは品種間の組み合わせによって異なる。新三宮店では粗利益率の高い衣料品売場を充実して、食品ロス・リーダーで動員した顧客の波及効果を期待した。

波及効果を大きくするため、各品種の店内配置は買物客の回遊動線に沿って配置される。高度成長期の総合スーパーの売場面積は数千平米であり、売場が低階層で各階が見渡せるほどの大きさであったから、買物客の店内回遊動線を日常の店内観察で把握することは困難ではない[34]。

品揃えの総合化を目指して、総合スーパーの店舗は、世紀末にかけて拡大の一途をたどる。また消費多様化のともなう品目数の増加もこの傾向に拍車をかけた。たしかに品揃えを総合化して品目を増やすほど波及対象は増える。それを効果的にするには、商品間の波及効果にもとづく売場配置だけでなく、POP（店頭広告）、陳列形式などを工夫して店内の買物客動線を巧妙に誘導する必要がある。

しかし、品揃え範囲が拡大すればするほど、波及効果は最初は上昇するがある限度を超えると逓減していく。あまりに広い売場では消費者は全売場を回遊しないからである。

店舗のチェーン展開

総合スーパーのもうひとつの重要なモード特性は店舗のチェーン展開である。総合スーパーは店舗商圏の地理的制約を百貨店とは異なる様式で解決する。百貨店は大都市など人口集中地域の需要集積を基盤にした少数地域への集中出店である。

一方，総合スーパーは全国各地に島のごとく飛び離れて立地する適度の人口集積地のそれぞれに分散出店する。それらをチェーン組織で連結して，企業にとっての必要な市場を創造する。多数の地域市場の組織的統合，これによる商圏市場の地理的制約の克服が総合スーパーの重要なモード特性である。

　総合スーパーのチェーン展開はきわめて急速である。たとえば，ダイエーの店舗数は1960年には3店舗に過ぎなかった。しかし，高度成長がほぼ終わった75年には130店舗に達していた。当時の総合スーパーのように破壊的な競争力を持つ店舗フォーマットの開発に成功すれば，それを一気に他地域にチェーン展開する。急速なチェーン展開，これは新流通モード企業が成功するための定石になる。以後，セブンイレブン，ローソン，ファミリーマートなどのコンビニ，またユニクロ，青山商事，ニトリ，しまむら，ヤマダ電機などの専門店チェーンでも踏襲されている。

　特定地域で産声を上げた新モード店が繁盛店になり，破壊的競争力が実証されると，マスコミ報道や業界人の口コミの対象になる。店舗観察は自由であるから，多くの業界人が視察に訪れる。

　有能な経営者ならば，展示商品やその価格，店舗の立地や店舗設備，店員の資質，店内の客層などから，その店舗の背後にあるバックヤード・システムも透かし見ることが可能である。また納入問屋や取引メーカーからも情報収集できる。メーカーやネット通販の流通モードをささえるバックヤード・システムにくらべると，店舗流通モードの模倣ははるかに容易である。

　しかも，いかに破壊的な新流通モードでも，少なくともその成長初期では，その店舗網は全国市場をカバーしていない。新流通モードのチェーン店網の圏外にあれば，模倣により同種モードの事業を立ちあげることができよう。新三宮店の大成功は全国各地に多くの模倣者を生んだ。外国で誕生した新流通モードについてもその模倣事情は同じである。流通人が毎年のごとく米国流通事情などの視察に大挙して出かける理由は模倣対象を探

すためである。

　新流通モードの開発者はそのチェーン展開をできるかぎり加速する必要がある。ダイエーなども新三宮店の大成功の直後の62年にすでにチェーン本部を立ち上げて，このようなチェーン展開の基盤を整えようとしていた。西宮に設置したチェーン本部は，物流センター，コンピュータ・センター，食肉加工センターなどを整備していた。

　急速なチェーン展開にはいくつかの必要条件がある。要約的にいえば，

- 同質的な商圏市場の多数存在
- 店舗管理の標準化：出店地での店舗要員リクルートの容易性
- チェーンの集権的管理機構

などである。

　◇　**同質的商圏市場**……高度成長期における総合スーパーの急速なチェーン展開は，同質的な商圏市場の出現に支えられている。それは全国各地で生じた人口の都市化によって生み出された。東京，大阪，名古屋などの大都市圏では，既存の都市域が人口流入を吸収しきれず急速な郊外化が生じていた。また地方の主要都市でも農村地域から都市部への人口流入が続いていた。都市の郊外や外縁部の人口は急増していた。折しも急速に普及しつつあったモータリゼーションにより，急増地帯は地理的にも拡大した。

　都市部への急増人口は，消費者としてみると同質的な大衆であった。彼らの多くは若年期に都市部に移住し結婚して家族を形成した。その多くは夫が世帯主，妻が専業主婦，そして子供二人の標準世帯を形成する。子供の成長につれより広い住空間を求めて郊外へ移住する。特定の地理範囲で見ると，同じような年齢層，所得層の消費者が，ニュータウンなど郊外の新市街地に移住した。ほぼ同じような地価の地域に，住宅ローン返済から見ると40歳前後の年齢層が集まった。

かれらのライフスタイルも似かよっていた。冷蔵庫，洗濯機，クーラー，カラーテレビ，車あるいはファッション衣服などの贅沢消費による向上意欲を強く持っていた。この意欲は所得階層と年齢層が同じ密集住宅地区では，他家観察や主婦間の口コミを通じたデモンストレーション効果によってさらに強められる。近所で新しい家電製品が導入されると，すぐ欲しくなる。

　しかし，郊外移住者の多くは，贅沢指向は強かったけれども，住宅ローン返済や子供養育・教育費の負担で贅沢欲求をすべて満たせない限界贅沢人[35]であった。小・中・高校生の子供は育ち盛り，食べ盛りで衣服はすぐに小さくなり，食費は年々上昇した。

　贅沢欲求の高まりとそれをみたすには不十分な所得水準によって，消費者の心理的葛藤は高まる。それを解決するために種々な方策がとられる。欲しい耐久消費財はローンを組み，将来所得を先取りする。主婦は家計を補助するためパート機会を探すなどである。

　このような消費者大衆にとって，総合スーパーによる生活必需品の低価格提供は強い訴求力を持った。家計の多くを占める食料品や軽衣料の価格低下は所得向上と同じような効果を持つからである。マス・マーケターによる新耐久消費財の提供と総合スーパーの低価格での必需品提供は，当時の消費者の心理的葛藤解決から見ると同じメダルの表裏の関係にある。

　総合スーパーは当初は大都市圏の衛星都市や地方都市の中心市街地の駅前や商店街隣接地に出店した。60年代の中頃から大都市圏郊外や地方都市の外縁部に立地するようになる。そして百貨店や商店街の商圏外縁部を奪う。このような立地は出店用地の確保が容易であり，また地価は中心部立地よりもはるかに安価であった。

　新興住宅地への商店進出は人口増につねに遅れる。総合スーパーの新規出店周辺は商業地として立地創造され地価が上昇した。ダイエーのように出店土地を自社物件とした企業は，土地値上がりによる含み益を得ることになる。これにより銀行融資などに際しての担保価値が上昇し，チェーン

展開を財務面で支えることになる。

　　◇　**店舗標準化**……チェーン展開を急速に行うには，店舗標準化が不可欠である。店舗標準化とは店舗設備だけでなく，その運営作業も規格化することである。大量生産が製品標準化を不可欠の前提とするのと同じく，総合スーパーの場合でも店舗標準化は必要である。

　百貨店は分権管理により地域商圏の特性を重視し，店舗展開をそれほど標準化しなかった。店内作業についても商品ごとの取引業務の特異性を考慮し，標準化の難しい対面接客を重視した。しかし，総合スーパーの場合には店舗の標準化は徹底していた。

　総合スーパーでの店舗標準化をまず支えたのはセルフサービスの導入である。百貨店の贅沢品品揃えと違い，総合スーパーは購買頻度の高く，製品属性も単純な生活必需品を扱っているから，消費者の製品知識は豊富である。このような品目についてセルフサービスも問題を生じさせない。

　店舗側から見ても，セルフサービスを導入すると，商品の搬入や陳列表示，発注業務，集中レジ，清掃など店舗作業が大幅に簡素化され，熟練労働を要しない。そのため，パート作業員によって多くの作業をまかなえる。さらに総合スーパーは作業を徹底的にマニュアル化して，パート作業員の交代に支障のないようにした。これらにより，出店地域で労働力の採用がきわめて容易になる。小売業は労働集約的であるから，総合スーパーはその人件費を百貨店にくらべて大幅に削減できた。

　　◇　**集権的管理機構**……百貨店と異なる総合スーパーのもっとも重要なモード特性は，その集権的管理機構にある。総合スーパーはその業務権限をチェーンの本部機構に集中した。人事，財務，企画だけではない。もっとも重要なのは，商品の調達，配送，店舗開発などライン業務に関しても集権化したことである。

　その中枢は商品本部である。商品本部は各店の可能売上高を集中させる。商品本部は仕入商品を計画的に各チェーン店に配送する。店長の業務はただこれらの商品をいかに売るかということだけであった。百貨店は仕

入と販売を各製品カテゴリの売場で統合していた。各製品の取引特殊性に対応するためであった。総合スーパーは逆に，仕入と販売を分離し，仕入を商品本部に統合した。ここからの指令の下に各店の販売業務がなされることになる。

　商品本部とチェーン店が行っている流通業務は，伝統的流通モードで分散卸売商と中小商店が市場取引という見えざる手を通じて担ってきた作業と同じである。総合量販店は商品本部の設置とそれによる流通業務の集権的管理機構により，分散卸売商の機能を統合する一方で，小売と分散卸売の関係を見えざる手から，商品本部からチェーン店への業務指令という見える手に変えることになる。

　実際に総合量販店の成長につれて，種々な製品カテゴリでの分散卸売商は衰退していくことになる。分散卸売商としてまだかなり残存している分野は，食品，日用雑貨，薬品，書籍など，その製品カテゴリの品目数がきわめて多く，きわめて複雑なソーティング業務を必要とする分野だけである。

　商品本部はチェーン店での期待売上高を一手に集中して，それを仕入先との取引交渉におけるバイイング・パワー（購買支配力）に転換した。つまり，大量仕入による有利な取引条件の獲得である。それは値引だけでなく，リベート，新製品導入の際の販促援助金など売手の金銭的販促資金や種々な店頭販促資材の提供，売場設営での手伝い要員の派遣などの要求を含んでいる。

　松下電器産業とダイエーの長期にわたる取引途絶に象徴されるように，マス・マーケティングを先導した有力メーカーは総合量販店のバイイング・パワー行使を拒絶したけども，有力メーカーを追う下位メーカーや卸売商は販路拡大のため，それを受け入れることになる。

4 総合小売の揺らぎ

　高度成長が終わり，安定成長への移行やさらには長期的停滞トレンドの中で短期的な好不況をくりかえすようになると，総合小売のモード適所は次第に縮小傾向に向かう。これを生み出している基本ドライバー（推進力）は，新流通モードとのモード適所をめぐる競争である。このモード間競争の中で，総合小売モードは従来の適所を奪われながら，その領域を狭めることになる。新流通モードは総合小売モードの支柱の揺らぎに中から次々に誕生してきた。

　高度成長期には，総合小売モードの支柱は経済発展が創り出した流通インフラを確固とした基盤としていた。モード支柱は取引対象としての標準化された製品，取引相手としての大衆消費者とその平均的で同質的な欲求，そして最終消費者に向かってできるだけ低い流通費用で至る経路であった。これらはそれぞれ，大量生産，所得上昇を背景に消費ユートピアの実現を目指す大衆の欲求，そして規模の経済の実現を目指した大量流通によって支えられていた。

　しかしこれらは流通モードの支柱としては揺らぎ始める。流通インフラの変化によって，支柱を支える基盤が変化し，この変化に対応するため新しい支柱候補が現れる。近年の流通インフラの変化を背景に，取引対象（製品），取引相手（消費者），そして活動編成にかんしてモード支柱の進化ベクトルは次のような方向に向かっている。

- 取引対象（製品）：少数の標準製品から多品種・多品目へ
- 取引相手（消費者）：顧客価値の多極化，同質的欲求から少衆異質的欲求へ
- 活動編成（取引流通と実物流通）：種々のモード形質の融合化

しかし，この進化ベクトルがいつどのような大きさで実現されてくるのかは不確実である。既存モードの採用企業は，業績の停滞を背景に，どのような形質を持つ支柱を選択したら良いかに迷いが生じる。新しいイノベータたちは，機会到来とばかりに，従来とは異なる形質を持つ支柱について試行錯誤を繰り返す。モード支柱の揺らぎは流通モード多様化の中での混沌であり，将来の流通秩序の支配的モードについての不確実性から生じている。

　新流通モードはこの揺らぎの中から，既存モード企業の適応や新興企業の革新から生まれる。これらは新しい時代における流通覇権を確立することによって流通秩序を再生することを狙っている。これらの進化ベクトルの揺らぎの中で，新流通モードは上記の成長ベクトルのいずれかを基軸として登場してくるのである。

第3章 新しい商品世界へのモード適応

　経済発展が進み，豊かな社会あるいは大衆消費社会と呼ばれる段階になると，消費者の欲求は必需から贅沢に向かう。そこを起点にして消費者欲求は急速に多様化し始める。必需とは衣食住を中心に，それぞれに時代で生活に必要不可欠なものへの欲求である。

　贅沢とは必需を超えて生活を向上させヨリ快適にしようとする欲求である。必需から贅沢への重点移行は，日本の事例で言えば，欧米発展国から少し遅れ，高度成長を達成した1970年代の中頃から始まる。重点移行の底流には，生活水準に関して国民の9割近くが中流意識を持つにいたったことがある。

　必需欲求にくらべると，贅沢欲求は際だった2つの特徴を持っている。ひとつは欲求の方向が多様化することである。この多様化は贅沢品の製品属性に反映されている。それは卓越品質，審美性，記号性，稀少性，高価格などである。卓越品質は機能的に優れていることであり，審美性は個人の趣味嗜好に適合した美的感覚を生み出す。記号性は個人嗜好をシンボルとして他者に発信する。稀少性や高価格はその人の財力を示している。同じく贅沢と言っても，その方向はどのような製品を使うかによって異なっている。

　もうひとつの特徴は，贅沢欲求の放縦性である。必需欲求は足るを知っている。贅沢欲求の追求には限りがない。ある贅沢欲求の充足自体がさらなる贅沢欲求を創り出す。糸の切れた凧のように，贅沢への希求水準は絶えず上昇している。これによってある生活分野での贅沢水準が上昇し続けるだけではない。追求する贅沢分野も食から衣・住へ，さらには遊の分野

へと拡大していく。

　贅沢欲求への重点移行は，消費者欲求の際限なき多様化を生み出す。どのような製品を取引対象として開発し，また品揃えの対象にすべきか。消費者欲求の多様化は，流通モードの支柱のひとつである取引対象に大きな揺らぎを生み出すことになる。マス流通は大衆消費者の平均像を標的に標準化された製品や品揃えを取引対象にした。しかし，贅沢欲求への重点移行が始まると，これでは対応しきれない市場分野が拡大する。本章ではこの揺らぎから形成される新流通モードを検討しよう。

1 新流通モードのインフラ基盤

　贅沢欲求への重点移行はどのように新流通モードを形成するに至るのか。その基盤になる流通インフラ変化をまず展望しておこう。それは

- 贅沢民主化
- 顧客価値の多極化
- 生産技術の変化
- 製品カテゴリの進化

である。

▶ 贅沢民主化

巨大化する贅沢ピラミッド

　贅沢欲求への重点移行によって，贅沢はほとんどの社会階層に及び，贅沢民主化を促進する。贅沢欲求の追求はもともと社会の最上層部に限られていた。その頭数はきわめて限られ社会のごく一部に過ぎない少衆であ

る。贅沢民主化[1]とは贅沢欲求がこの少衆を超えて、生活に困窮する最下層を除く大衆に拡大していくということである。家庭内でも街に出ても、かつては一部の人しか使わなかった贅沢品を多く眼にするようになった。最新の耐久消費財、高級ブランド品、ファッション品などである。

　贅沢する人数を所得水準など社会階層で区分するとピラミッド状になる。ピラミッドの上層には大企業幹部、新興事業家、知的職業、スポーツ、芸能の成功者が占める。かれらは一般人が驚愕するような贅沢を楽しむ。下層には大衆消費者がいる。かれらは一点豪華主義、瞬間リッチあるいはプチ贅沢とも呼べるささやかな贅沢を楽しむ。中間には上層からの零落や下層から一歩抜け出てヨリ上層を目指す過程の人がいる。

　贅沢民主化はこの贅沢ピラミッドをますます巨大化する。その頂点の所得水準はヨリ高くなり、その底辺はヨリ広くなって頭数が増える。贅沢民主化を支えているのはこの中下層の大衆消費者である。その中核を占めるのは40才未満の相対的に若い年齢層が多い。所得水準はそれほど高くなく、教育費、住宅費、車経費、そして交際費などが家計を圧迫する。そのため、かれらの贅沢は生活の全面には及ばない。贅沢は各人の趣味嗜好が強いごく一部に傾斜している。いわば限界贅沢人である。その贅沢局面は生活の時間、場所、機会により浮遊している。

限界贅沢人の心理的葛藤

　買える財力があるか否かにかかわらず、限界贅沢人としての大衆消費者の贅沢ドリームは膨らみ続けている。マスコミ、街頭でのウィンドウ観察、種々な雑誌、友人仲間との交流などを通じて贅沢情報は氾濫している。しかし、大衆消費者の所得水準は高くないから、膨らみ続ける贅沢ドリームとの狭間で心理的葛藤が絶えず生まれている。

　心理的葛藤とは消費者としての意思決定の行き詰まりである。一般的に言えば、いずれの製品も消費者の希求水準を満たさない、あるいはいずれの製品を選んだら良いか情報不足でわからないときに生じる。贅沢消費に

ついて言えば，前者の原因で生じることが多い。欲しいと思ういずれの製品も，その価格が予算制約の上限を超える場合である。心理的葛藤とその解決は，贅沢民主化時代の流通モード多様化を生み出す重要な源泉のひとつである。種々のディスカウント店，中古品の売買支援システム，あるいは多様な偽ブランドの登場はここに誕生の根を下ろしている。

▶ 顧客価値の多様化

消費インフラの変化

贅沢民主化にともない消費者葛藤が増加すると，消費者は生活周期（誕生から死亡まで個人の全生涯に及ぶ生活時間）や家族周期（家族形成から消滅に至る人生ステージ）のパターン選択を変える。周期パターンとは，新婚時代，子育て時代，子供巣立ち後などといった人生のステージにどの年齢層ではいるかということである。

適齢期が来れば，結婚して子供を2人ほどつくり，妻は専業主婦になる。子育てに邁進し，かれらの巣立ち後はまた夫婦2人だけの生活に戻ったり，子供世代との同居生活を始める。このかつての標準家族形成は急速に少なくなっている。少なくともマス・モードが支配的であった時代では，各年齢層でどのような周期段階にはいるかはきわめて似かよっていた。

それが贅沢民主化とともに多様化している。大衆消費社会が定着して以降から，晩婚化，共稼ぎ，少子化といった諸傾向が急速に現れてきたのは，このパターン選択と関連している。これらは世帯所得の余裕度を増やして，贅沢消費にともなう心理的葛藤を解決しようとする試みとも解することもできよう。

日本の事例でみると，大衆消費社会の定着した1975年を基準点とすれば，2015年に男の初婚年齢は27才から30.7才へ，女性のそれは24.7才から29.4才に上昇した。男性が35から39才になると未婚率は6.1％に過ぎ

なかったが，それが2010年には35.6％にまで急上昇した。中年の単身者もいまでは珍しくなくなった。これらは家族から個人への消費単位の推移が急速に進んだことを示している。

結婚しても共稼ぎが飛躍的に増加している。共稼ぎ世帯比率は1980年には35.5％であった。それが2015年には61.9％とほぼ倍増に近い。結婚しても子供はできるだけ少なくする。たとえば完結出産児数（結婚持続期間は15～19年の初婚どうしの夫婦の平均出生子供数）をみても，1975年には2.2人前後であったが，2015年には1.94人に低下した。子供を作らない最大の理由は，子育てや教育費に金がかかるからである。この回答者比率は34才未満では70％を超えている。

以上のような個人や家族の周期パターンのメガトレンドや同時に進行する高齢化によって，大衆消費者の世帯所得水準が変わるだけでない。生活時間構造も個人や家族の周期段階で大きく変わる。生活時間構造とは，1

図3.1 顧客価値の多様化構造

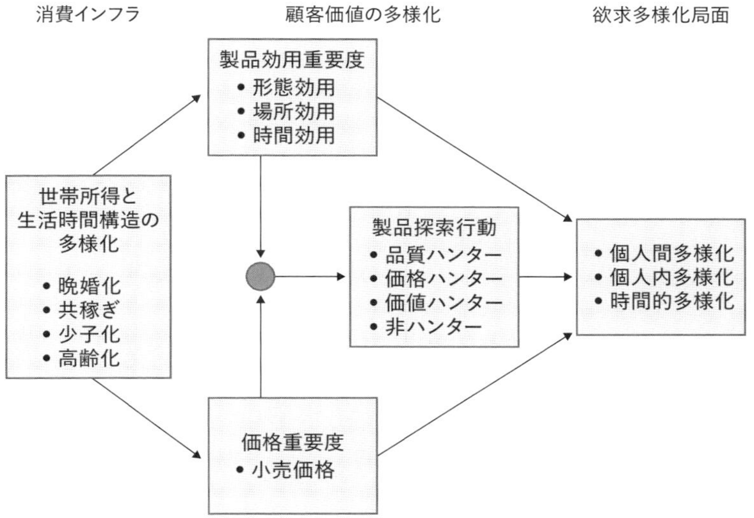

消費インフラ　　　　顧客価値の多様化　　　　欲求多様化局面

```
                  ┌─────────────┐
                  │ 製品効用重要度│
                  │ ・形態効用   │
                  │ ・場所効用   │
                  │ ・時間効用   │
                  └─────────────┘
┌─────────────┐                  ┌─────────────┐   ┌─────────────┐
│ 世帯所得と   │                  │ 製品探索行動 │   │ ・個人間多様化│
│ 生活時間構造の│        ●        │ ・品質ハンター│   │ ・個人内多様化│
│ 多様化       │                  │ ・価格ハンター│   │ ・時間的多様化│
│ ・晩婚化     │                  │ ・価値ハンター│   └─────────────┘
│ ・共稼ぎ     │                  │ ・非ハンター │
│ ・少子化     │                  └─────────────┘
│ ・高齢化     │
└─────────────┘
                  ┌─────────────┐
                  │ 価格重要度   │
                  │ ・小売価格   │
                  └─────────────┘
```

日の時間帯に, 睡眠, 食事, 労働, 学業, 家事, そして余暇利用といった生活活動をどのくらい割り当てているのかということである。

所得水準や生活時間構造は消費者が求める製品の顧客価値に大きく影響するから, それらの多様化は, 顧客価値の多極化に直結することになる。その全体像は図3.1のように要約できよう。

顧客価値多様化の構造

◇ **製品効用と価格** …… 世帯所得と生活時間構造が多様化すれば, 種々の顧客価値を求める消費者が現れる。消費者欲求から見ると, 同質的な大衆市場も異質的な断片化市場に変わる。その内実を顧客価値の観点から見てみよう。

顧客価値は顧客が流通に求める製品効用を, それを獲得するのに要する小売価格や消費者費用（交通費や所要時間など）に照らして評価したものである。顧客価値は, 消費者がどのような製品効用を重視するのか, またその価格をどの程度に重視するのかによって変わる。

製品効用には形態効用, 場所効用, 時間効用という3つの側面がある。まず各側面について言えば, 形態効用については, 高級ブランドや最新耐久消費財など垂直的差別化製品を求めるのか, それとも自分の趣味嗜好に合った水平的差別化製品を求めるのかが重要な区分である。経済的余裕のある中高年家族層や独身貴族と呼ばれる単身者, あるいは高い所得を得ている有職主婦などは, 垂直的差別化製品を求める傾向が強くなる。その他の消費者大衆はもっぱら水平的差別化製品を求める。

場所効用については距離アクセスの便利さなどの内容が大きく変わる。たとえば, 専業主婦についてはそれは自宅起点の距離の近さである。しかし, 有職主婦にとっては就業地起点からの近さになる。時間効用についても同じように差異がある。専業主婦にとっては店の営業時間の夜間延長や24時間営業はそれほどの効用を持たないけれども, 買物時間が十分にない有職主婦にとってはきわめて重宝である。

図3.2　価格－品質指向から見たハンター・タイプ

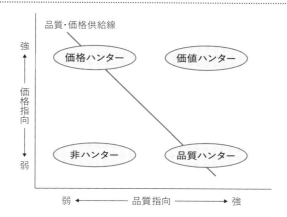

　製品効用は価格に照らして評価される。より正確に言えば，小売価格に交通費や時間費用を足し込んだその製品効用の獲得費用に照らして評価される。価格をどの程度に重視するかは，その消費者の所得水準だけでなく，製品効用のどの側面を重視するかの影響も受ける。たとえばコンビニ製品はかならずしも安いとは言えない。しかし，時間効用や場所効用を重視する消費者にとっては高い顧客価値を持っている。

　◇　**3種のハンター**……顧客価値の多様性は，消費者が求める製品効用（品質）と価格の多様な組み合わせの階調に現れる。それは製品カテゴリによっても，また年齢層，所得層など標的市場の特性によっても異なる。この階調を判断するには，図3.2に示すように，消費者の製品探索行動の基本タイプを設定しておくことが有用である。

　品質指向と価格指向のそれぞれの強弱を組み合わせると，次の4タイプができる。

- 品質ハンター：価格が少々高くても高品質製品を求め，価格探索を行わない

- 価格ハンター：価格の高くない通常品質製品を求め，それをできるだけ安く買おうとする
- 価値ハンター：価格が少々高くても高品質製品を求め，それをできるだけ安く買おうとする
- 非ハンター：価格の高くない通常品質製品を求め，価格探索を行わない

　特定の製品カテゴリについて，これら4タイプの割合などは製品効用と価格の多様な組み合わせの階調を表している。

　ハンター・タイプは贅沢民主化と密接に関連している。非ハンターは所得水準があまりにも低いか，あるいは高齢化によって贅沢民主化の圏外にいる人たちである。残りの3タイプは贅沢民主化にともなう心理的葛藤水準によって決まる。所得水準が贅沢民主化の境界域にある消費者は価格ハンターになる。逆に所得水準が高いか，あるいは特定製品カテゴリへの傾斜消費によりその製品カテゴリに関して経済的余裕のある人は品質ハンターとなる。

　マーケターから見ると，低価格指向にはコスト・リーダーシップの確立による低価格で，また高品質指向については垂直的差別化を通じた高品質開発で対応してきた。一般に供給条件からすると，品質が高くなると価格も高くなる。価格ハンターも品質ハンターも，この品質・価格供給線上に位置している。しかし，価値ハンターは高品質であると同時に低価格を求める消費者である。消費の成熟とともに，価値ハンターは多様な製品カテゴリに拡がっているだけでなく，各カテゴリでその比率がもっとも高いハンター・タイプになっている[2]。

　贅沢民主化がその発展ベクトルとして，より高品質の製品をヨリ低価格で流通させる革新過程を含んでいるとすれば，価値ハンターはこの成長ベクトルに位置している。価値ハンターの存在は既存流通モードについては市場の脅威となるが，新モード開発を狙う革新者にとってはまたとない市

場機会になろう。

　顧客価値の多様化は消費者欲望の多様化となって市場に現れる。まず，消費者内多様化がある。同じカテゴリでも個人消費者が購買するブランド・品目数が増加する。次に，消費者間多様化がある。同じ製品カテゴリについても，消費者間で品目嗜好が異なる。主要な消費単位である家族（世帯）内についてみても，親，子供など構成員の間で個人嗜好が異なり，これが使用する品目・ブランド差異となって現れる。最後に，時間的多様化がある。言い換えると，製品寿命の短サイクル化である。同じブランドや品目を使用し続ける期間がますます短くなる。これは嗜好の変化だけでなく，ファッション化や新製品の高頻度導入によっても促進される。

▶ 生産技術の革新

　80年代には情報技術は飛躍的な進歩を遂げ始める。情報制御を組み込んだ多様な製品革新が生まれた。さらに重要なことは，情報化が生産工程の革新をもたらし，多様な製品カテゴリの生産方式を生み出したことである。CAD（コンピュータ支援設計），CAM（コンピュータ支援製造），FMS（柔軟な生産システム）などと呼ばれる技術である。

　生産はヨリ柔軟にまた迅速に行えるようになる。量産効果を出せる生産量の最小効率単位がより小さくなり，多品目少量生産体制が構築され始める。グローバル化によって，モジュール（部品）の大量生産とその組立工程の分化が生じて生産費用を引き下げる。生産ラインでは生産製品を固定化する必要性が消え，一定の範囲内で複数製品を需要の変動に応じて混流生産できるようになった。

　製品の単位費用を低下させる原理として，規模の経済だけでなく範囲の経済が加わった。大量生産での規模の経済は，生産品目をひとつに固定したアセンブリ・ラインに基づいている。そこで産出量を増加させていけば，単位費用は低下していく。情報化による製造技術の革新は，生産品目

を固定せず多品目を同じ工程で生産しても，単位費用を低下させる仕組みを実現した。この範囲の経済は，同じ工程を多品目生産に同時に適用することである。情報技術による自動化により，多品目生産の自動生産ラインが可能になった。その適応分野は消費財については衣服，食品，家電，住宅，コンピュータ，自動車などに広がった。

▶ 製品カテゴリの進化

混沌から秩序へ

生産と需要の変化は相互行為しながら，製品カテゴリの市場を進化させる。この市場進化の過程は，初期の混沌段階から最終的な秩序段階に至る過程である[3]。

混沌状態はパソコンの登場と言った革新的な製品の導入よって始まる。その新製品の技術基盤の詳細はまだ確定的に決まらず，消費者の製品効用を決める属性次元も流動的である。最終的な秩序段階になると，生産技術の多様性は標準化に向かう。製品効用についての消費者の評価体系も定まり，特定の製品デザインが支配的になる。各段階で導入される新製品は，革新的な新製品から，改良品としての新製品に変わっていく。

このような市場進化を動かす動因は不確実性である。混沌状態では，製品技術についてはいくつかの開発方向があるが，どの技術が消費者の欲求を満たすかわからない。消費者側についても，使用経験の不足により，どのような製品属性が製品効用を高めるのかわからない。このような混沌状態を秩序状態に向かわせる動因は，売手と買手の双方における不確実性の削減努力である。種々の製品フォーマット開発と使用，その経験から情報を集め学習していく。

品揃えの拡大

この市場進化によって，多くの企業の品揃えは拡大の一途をたどった。

品揃えの拡大は品揃えの各集計水準で進む。製品ラインの水準では多角化により企業の事業範囲が拡大した。しかし，流通問題に絞ると，より低い集計水準での拡大が重要である。すなわち，品揃えの広さと深さの両面での拡大である。広さとは品揃えにおける製品カテゴリ数である，深さとは製品カテゴリに含まれる品目数である。品揃えの集計水準から言えば，品揃えの拡大は製品カテゴリや品目レベルでの多様化である。

マス・マーケティングをこれまで展開してきたメーカーには，品揃えの拡大により，消費多様化に対応できるという企業側の想定があった[4]。たとえ消費が多様化しても，品揃えを拡げておけば，消費者は自分の嗜好に合った品目を選択するだろうと考えたのである。

この想定は一方で，生産技術の革新によっても支えられていた。新しい生産システムは，生産における柔軟性（多品目生産）と単位費用とのトレードオフ関係を解消したからである。大量生産システムでは単一の標準品を生産しなければ単位費用が増加するけれども，新しい生産システムでは多品目化しても，単位費用が飛躍的に増加するということはなくなりつつあった。

実際に1970年代初期から世紀末にかけて，品目数は飛躍的に拡大したというデータは多い。その一例を米国についてみれば，シリアルの数は160から340へ，ソフトドリンク数は20から87へ，運動靴スタイルは5から285に増加した[5]。このような品目多様化は日本でも同じ事情にあり現在に至るまで続いている。

消費成熟に達した1980年代の中頃に行われた日経調査[6]がそれを端的に示している。その時点より過去の10年間と比較すれば，主力商品の種類は過半数の企業で2倍以上5倍未満に達し，4分の1の企業では10倍以上になっていた。1980年頃から眠りにつき，近年に目覚めた人が仮にいるとすれば，スーパー売場に行くとこの数十年間での品目多様化に目を見張るだろう。

しかし，多品目化はそれが進めば進むほど，消費者に複雑な選択問題を

課すことになる。トイザらスのような巨大な玩具売場におかれた幼児のように，どれを選んで良いかわからないという状況におかれる。結果としてみると，各品種・品目が均等に売れたわけではない。各品種・品目の売上高をABC分析しパレート図を描くと，売上高は特定品種・品目に集中する傾向が生じた。たとえば，トヨタでは品種の20％が売上の80％を占めていた[7]。同じような事態は多くの製品カテゴリで生じた。

売上は流通システムを経由して実現される。生産ラインが多品目化を費用面で実現できても，その流通面では多品目化した品揃え全体について，収益性を確保できる売上高を達成できなかったのである。この問題解決のため，まずメーカーがマーケティング・モードを取引対象の製品面で進化させ始める。市場細分化と大量・個客対応は代表的な新流通モードである。市場細分化は市場の異質性を再編することを目指し，大量個客対応は市場異質性に個別的に対応しようとする。

2 市場細分化

▶ モード転機としての市場細分化

市場細分化とは

消費者がヨリ豊かになるにつれて，贅沢指向が強まり，ますます個人的な嗜好を追求するようになる。消費者が重視する新しい製品属性が出現するとともに，製品評価の体系が多様化する。これにつれて，マス市場が多様に細分化していく。これに対応する流通モードとして市場細分化が生まれた。市場細分化は現在でも多くのマーケターの思考様式に影響を与え続けている。

歴史的に見ると，市場細分化の出現はマーケティング・モード内での重要な転機であった。それはマス対応から少衆対応へと，マーケティング・

表3.1　市場細分化のモード特性

● 取引対象	その市場細分の標準的欲求に適合した製品
● 取引相手	全体市場の各細分における標準的・平均的な消費者
● 活動編成	その細分に到達できる販路と情報媒体を選択

モードの遷移を促す最初のきっかけとなった。市場細分化はとくにマーケティングにとって，市場異質性への新しい適応様式であったからである。流通モードとしての市場細分化の特性は表3.1のようになる。

　市場の異質性は供給側と需要側の両側での多様性として存在している。同じ製品カテゴリであっても，供給側にはつねに多様性がある。それらはまず生産者間で製造設備・方法は異なり，また生産立地により利用できる原材料や労働資源が相違することによって生じる。製品開発・改良の進捗も生産者間で不均等である。品質管理を徹底しても統制し得ない差異が生じることもあるだろう。さらにどのような製品属性が重要かについても，生産者の技術や需要の認識も異なっている。

　同じように，これらの製品差異についての消費者の嗜好も多様である。この多様性は各消費者の個人的な嗜好や生活慣習，さらには生活様式によって生み出されてきた。さらに，経済発展によって消費者の自由裁量所得が増え，贅沢指向が強まると，消費はさらに多様化する。所得の高い人は，品質の高い高級ラインや流行の先端を行く製品を求め始める。このような垂直的多様化だけでなく，水平的にも多様化が拡がる。個人の好み・嗜好を消費で表現しようとするからである。製品は良い・悪いだけでなく，好き・嫌いでも評価されるようになる。

マス・マーケティングからの転換

　市場細分化は市場異質性に対してマス・マーケティングとは異なるモードで適応しようとした。これにより，市場細分化の登場はマーケティング

の重要なモード転機になった。市場の供給側の論理ではなく，需要側の論理にもとづきモード設計をしたからである。

　市場細分化の存在は，1950年代の後半にW. スミスによって初めて明確に認識された[8]。それは学会のみならず産業界にも多大の影響を与えた。その範囲は米国だけでなく，ただちに欧州や日本にも広がる。それ以降，市場細分化は標準的なマーケティング教科書にかならず含まれるテーマとなった。

　マス・マーケティングの狙いは，大量生産が可能な標準品に，市場異質性を収束させることであった。この標準品は消費者にとって重要な製品属性に関して，通常製品（コモディティ）とは差別化した製品であるとともに，それを識別するために統一的なブランドが付けられた。このブランドは消費者嗜好の分布でいわば重心の位置を占めていた。この重心へ消費者嗜好を収束させるために，マーケターは大量の攻勢的な広告宣伝を使用した。

　市場細分化は市場異質性への適応様式の転機である。マス・マーケティングはブランド化を目指す製品差別化によって供給異質性を標準化し，また需要異質性を広告宣伝によって，その標準品へと収束させることを目指す。それは需要異質性を供給側の意思へ屈服させることに関心がある。

　一方，市場細分化は需要異質性にたいして製品やマーケティングのやり方をヨリ密接に適合させようとする試みである。その適合の特質は，それまでただひとつの市場として認識されていたマス市場を，いくつかの細分に分割する点にある。各細分内には同質的な消費者がいると見なされるけれども，少なくとも細分間では消費者欲求は異質的であると見なし，この異質性への適応を目指すのである。この点で市場細分化は需要側の論理に基づいているといえよう。

▶ 属性空間，理想点そしてポジショニング

属性空間とは

マス・マーケティングと市場細分化のモード上の相違は，製品属性の選好空間によってヨリ明確に示すことができる[9]。特定の製品カテゴリが消費者の間に普及して，カテゴリとして成熟してくると，消費者が製品効用を評価する際に用いる製品属性が明確になるとともに，新しい属性軸も現れてくる。これらの軸により，消費者が知覚する製品属性の空間を定義することができよう。この空間を言及の便宜上から，属性空間と呼ぶことにしよう。

図3.3は自動車における仮説的な属性空間を示している。この属性空間は2種の製品属性で定義されている。ひとつは馬力感であり，自動車のエンジンの性能についての消費者知覚である。それは最高速度，加速性，積

図3.3 製品属性の知覚空間 自動車事例

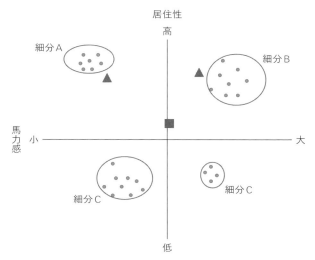

●は個人消費者の理想点，■はマス対応製品，▲は市場細分化製品

載重量能力などについての消費者の印象である。他のひとつは居住性である。それはシートや内装，車内の広さ，静粛性などが創り出す車内空間の居心地の良さについての消費者の知覚である。

　馬が不要な馬車，これが自動車について抱いた消費者の最初の製品カテゴリ感であった。だからエンジン性能にもとづく馬力感が自動車の最初の重要な製品属性になった。その後に消費者の贅沢指向が強まると居住性という新しい製品属性軸が登場した。図3.3は製品カテゴリとしては成熟した時期での属性空間である。

理想点とポジショニング

　この図上で，個人消費者の理想点の位置は●で示されている。理想点は属性に関して消費者の選好を示している。その位置は属性空間上で散らばっている。マス・マーケティングは■の位置に製品のポジショニング（位置どり）を行う。その位置の特徴は理想点分布の重心にあり，需要異質性を集約した標準品であることを狙っている。大量の広告宣伝により，マス・マーケティングはこの標準品に向かって需要異質性の集約を狙う。

　居住性という新しい属性軸が出現すると，マス市場から細分A～Dのようないくつかの細分市場へ分解する可能性がある。各細分内での消費者理想点は近接している。この意味で各細分市場は同質市場である。しかし，異なる細分に属する理想点間では距離が大きく隔たっている。この意味でこれらの異なる細分は異質市場となっている。しかも重要な点はこれらの細分とマス対応製品との距離は拡大している。消費者の満足度はこの距離に比例して大きくなるだろう。マス対応製品では市場細分が生み出す異質性を収束できなくなるかもしれない。

　実際に大衆消費社会で製品カテゴリが成熟してくると，新しい流通モードとしての市場細分化への期待は実務面でも広がった。この背景は，生産，消費，競争といった要因に分けて整理できよう。

　生産面ではいくつかの製品カテゴリで規模の経済を実現するのに必要な

最小生産数量が生産技術進歩によって低下した。消費では所得上昇により消費者の比較購買が現れた。マス・マーケティングによって開拓した中核市場が飽和し始め、広告効果が以前ほどでなくなり、マーケティング経路の維持にも多額の経費がかかるようになる。その中で、競争環境では技術革新により新旧製品の交代が激しくなる。

市場細分化によって、新しく現れた細分のどれかを狙う必要が出てくる。ターゲッティングと呼ばれる市場標的設定である。図3.3ではたとえば▲によって示されている位置に製品のポジショニングを行う。これらの製品は、標準品にくらべると、特定細分での消費者理想点にはるかに近接した位置にある。

市場細分化では、特定細分を明確な市場標的として設定し、その細分の消費者欲求を満たそうとする製品開発が主活動になる。それは広告宣伝を主核にして標準品へ市場異質性を収束させようとするマス・マーケティングと、形態効用の創造の仕方で著しい対照をなしている。

市場指向の誕生

流通モードとしての市場細分化の新しさは、消費者、顧客あるいは買手など需要側の声を聞いて、マーケティング活動を展開しようとする点にある。この動きは時を同じくして登場した事業哲学としての消費者指向あるいは顧客指向とも共鳴していた。その主張によれば、顧客欲求に焦点を合わせることが、競争優位を生み出す源泉になる。これらの哲学はマーケティングとは何かについて、その基本的な考え方にすら変革を迫るものとして受け入れられた[10]。

その後、顧客指向は概念的により拡張されて、市場指向というコンセプトになった[11]。企業組織全体を市場指向的にするため、どのような組織装置が必要か、市場指向は経営成果を向上させるかに関心が向かう。ここでも顧客指向はその中心的な構成要素として生き残る。しかし、顧客指向とは一体何なのか。市場調査、顧客との対話などを通じて市場の声を集め

るという以外に，その活動内容に関して概念的な発展はない。

　市場細分化における顧客指向は，消費者の生の声を情報源とした。それらの多くは，消費者サーベイやフォーカス・グループから収集された。そのさい，声の相違に焦点が集まる。消費者の声に差異があれば，それは市場細分化の機会を意味した。市場細分を識別することは，市場調査の重要な課題であった。

　データ分析では，消費者嗜好の差異を創り出す要因が注目された。性差，年齢，所得，地域など社会経済属性だけでなく，態度といった心理学的要因やライフスタイルなどである。消費者の嗜好差異が細分内は小さく，細分間では大きくなるような細分化基準はなにか。またその細分ではどのような製品属性が重視されるのか。これらを識別するため，因子分析，判別分析，クラスター分析，多次元尺度法など，多変量解析と総称される調査技法が駆使された[12]。

　この結果として，異質な市場細分が発見されれば，それに適応する製品開発が推奨された。現在の顧客が表明する声に基づいていたから，それらの多くは，既存製品の漸進的なあるいは些細な改良であった[13]。それらは現在の消費者の満足向上には貢献した。市場細分化は標的市場の消費者にとってはより高い顧客価値を提供したからである。しかし，他方でその標的以外の細分市場の消費者にとっては顧客価値が低下する。市場細分化は標的市場への訴求力を増加させるが，それと同時に標的市場に焦点を絞ることによって製品の市場範囲を限定することになる。

　このため市場細分化による消費多様化への対応は，その製品カテゴリ市場での企業の市場地位により大きく2つに分かれる。市場リーダーでない企業はニッチャー戦略をとり，その企業の経営資源に適合した少数の細分に焦点を定めた。

　一方，リーダー企業はあらゆる細分への製品を開発しようとした。消費多様化に製品ラインの多様化によって対応しようとした。市場の細分構造について完全情報がなくても，製品ラインを拡大しておけば，消費者がそ

のいずれかを選択するだろうと見なしたのである。いわば下手な鉄砲も数打てば当たるといったやり方である。

▶ 市場細分化のモード適所

モード適所の要件

　しかし，市場細分化による製品ラインの拡大は，事業収益性の観点から見ると消費多様化への対応の万能薬ではない。現在市場での消費者満足を向上させるにしても，市場細分化はあらゆる製品カテゴリに適用できるわけではない。その適用が制約されるいくつかの製品カテゴリがある[14]。

　まず重要な点の第1は，その製品カテゴリの市場規模が十分に大きいことである。そうでなければ，それをいくつかの細分に分割すれば，各細分には十分な数の消費者がいなくなり，最小効率規模の生産量さえ確保できないかもしれない。また市場規模が大きくても，その購買がヘビー・ユーザーに集中しているさいには，彼らが標的であってそれをあえて他の細分化基準で分割する必要はない。

　次に，モード適所はどのような基準によって細分を識別するかにも依存している。いくつかの製品カテゴリでは市場がすでに細分されている場合がある。たとえば，衣服，化粧品，時計，自動車，家電などのカテゴリでは，伝統的な価格帯が十分に発展していて，高級，中級，大衆などの価格ラインに分かれている。

　また製品カテゴリによっては，製品の使用情況（時間，場所，機会など）の相違により，形態効用が明確に分かれている場合がある。たとえば，シーズンごとの衣服・身の回り品などはその代表例であろう。この種の市場では価格帯や使用状況はマーケティングの大前提であり，それをさらに細分化するかどうかに関しては，細分の市場規模も含めて慎重な考慮が必要にある。

　最後に，市場細分化のモード適所は，マーケティング活動の内でとくに

製品開発が決め手になるような製品カテゴリに限られている。その理由は広告や経路に関して市場細分化を履行することがきわめて難しいからである。特定細分を市場標的に設定したとしても、広告やマーケティング経路の焦点をそれに合わせることは難しく、かならずしも効率的なマーケティング活動を展開することができない。

広告について言えば、各媒体により到達できる消費者の情報は限られている。テレビ番組、ラジオ、新聞、雑誌などの視聴者・閲読者情報は社会経済属性しか提供していないからである。他の市場細分化基準を用いた場合には、それを社会経済属性に合わせて媒体選択しなければならない。その調整は情報不足により不完全であり広告活動の不効率を生むことになる[15]。

細分化商品を品揃えとしておく小売業態の選択にさいしても同じような不効率が生じる。ほとんどの小売業態は商業モードで活動している。メーカーが直営店や専売制の系列店によってマーケティング経路を構築していないかぎり、標的細分市場に向かって小売販路を選択することは完全にはできない。

長期指向の必要性

成熟した製品カテゴリでの市場細分化は、しばしば短期的な現象である。特定細分の消費者嗜好に合わせて、従来のマス製品の属性のいくつかを改良したものが多いせいであろう。しかし長期的な視点で取り組むべき市場細分化もある。それは急速な技術革新により製品進化の激しい製品カテゴリの領域である。この種の市場細分化は元の製品の市場さえ再定義し、その製品カテゴリを飛躍的に拡大する可能性がある。

その代表は携帯電話からフィチャーフォンをへてスマートフォンへと進化した事例である。製品カテゴリとしての携帯電話の時代に、高度のメッセージ手段を加味したフィチャーフォンは、消費イノベータからなる小さい市場細分であった。しかし、それがモバイル・コンピューティングの技

術と融合してスマートフォンへ進化すると、インターネットの普及もあって、一気に携帯電話に取って代わる市場となった。この種の製品カテゴリでは、技術進歩の先端を走る市場細分は長期的に見ても戦略的にきわめて重要な市場細分になる。

しかし、この種の市場細分はたんなる消費者指向だけでは発見できない。革新的な新製品が出てから、消費者が「このような製品が欲しかったのだ」と叫んでも、消費者が事前にそのコンセプトを明確に表明することはまれである。ウォークマンが出る前にそれを欲しいといった消費者はいなかった。スマートフォンが出る前も同様である。市場の潜在的欲求の多くは、海の塩のようなかたちをとって存在しているに過ぎない。それを結晶して新製品に実現するのは、むしろ技術進歩や競争動向も見据えた企業家精神にもとづく長期的な企業努力である[16]。

3 大量・個客対応

▶ 大量・個客対応の出現

MCのモード特性

大量・個客対応は、市場細分化よりさらに個客対応へ傾斜した流通モードである。それはモジュールの大量生産と、組立における個客対応を両立させようとするものである。市場細分化でも、また製品ラインの多品目化でも、消費多様化に対応できない。90年代になると、これを打破できる新しい流通（マーケティング）モードとして大量・個客対応（mass customization、以下でMCと略称する）が登場する。

それは製造システムとして言及されることが多いけれども、製造をはるかに超えてトランスベクション全域にわたる全体的なシステムである[17]。個客対応製品を大量生産し流通させる仕組みであるという点で、その全体

表3.2　大量・個客対応のモード特性

● 取引対象	モジュールによる製品群とそのアーキテクチャ
● 取引相手	各人独自の嗜好を持つ個人消費者, つまり個客
● 活動編成	個客起点のトランスベクションと取引ネットワーク

像を流通モードとして捉えれば，よりよく理解できよう。MCのモード特性を要約すると，表3.2のようになる。

　流通モードとしてのMCのウリは製品の個客対応である。個客対応度と言っても，その程度には幅がある。マス・マーケティングによる標準品は個客対応度がまったくない状態である。一方，特注は顧客の欲求提案を全面的に受け入れる。それは100％の個客対応度であろう。MCでの個客対応度はこの両端から隔たった中間地帯にある。この中間地帯で製品効用を設定しようとするのである。それらによって創造される顧客価値が競争優位を生み出すのか，これが問題である。

　製品効用のうち場所効用の創造については，それほど大きい問題はない。多くの人が居住する都市地域では多くの店舗があるし，農村地区でもネット通販を利用できる。時間効用についても，店頭在庫があればその引渡時間は即時である。しかし，MCに関して言えば，欲求伝達にかかる所要時間や発注後の引渡時間が問題になる。これはトランスベクションのシステムがMCにどう組まれているかに依存している。個客対応の水準でその範囲がもっとも拡がるのは製品形態についてである。

　製品形態の個客対応は，それを広義に解すれば，MCの登場以前でも行われてきた。たとえば，洋服を買った場合の袖丈のサイズ直し，スマートフォン購買におけるカバーのデザインや色の選択はその例である。これらをMCのタイプとして捉えることもあるが，本書で言うMCではない。製品の主要属性に関しては顧客がほとんど選択できないからである。本書でいうMCは，製品の基本属性のいくつかについても，顧客との対話により

決定するような，いわば共創型の個客対応である。

　MCの最終的な取引相手は，マス・マーケティングや市場細分化のように，消費者の平均像ではなく，個々の消費者である。個客の嗜好に適合する製品効用を創造することにより，顧客価値の向上を狙う。一般的に言えば，個人個人の嗜好に合う製品を作ろうとすればその価格は高くなる。しかし，MCはそれを消費者が納得できる価格で提供しようとするのである。

モジュール型製品設計

　MCでは製品の形態効用をどのように個客対応させるのか。そのカギはモジュール型製品設計にある。この設計では製品は一組の標準化された部品から組み立てられる。この種の部品はモジュールと呼ばれる。モジュールとは代替可能な標準部品である。モジュールの組み合わせを変えれば多様な最終製品ができあがる。モジュール型製品設計の特徴は，部品の標準化と最終製品の多様性を結合している点にある[18]。

　MCでの個客対応のカギは，製品のモジュール化にある。MC製品のモジュール性はきわめて高い。一方，マス・マーケティングでは製品のモジュール性はきわめて低い。製品は完成品として量産されている。製品をモジュール化すれば，製品は各モジュールに分解可能であると同時に再結合できる。

　たとえば図3.4に示すように，パソコンのモジュールを例にとれば，プロセッサー，ディスプレイ，メモリ，スクリーン，画面解像度，ビデオカード，ハードディスクなどがある。これらは分離して独立に生産できると同時に，それらを組み合わせることにより最終品としてのパソコンになる。モジュールの組み合わせの多様性により，ソフト属性についての個客欲求の多様性に対応しようとしている。

　伝統的なマス・マーケティングでは，モジュール性の低い製品を取引対象にしたので，顧客欲求の充足と量産による低価格の達成は，二律背反的な目標であった。顧客欲求の充足を目指せば，高価格にならざる得なかっ

図3.4 大量・個客対応の概念図 ノートパソコン事例

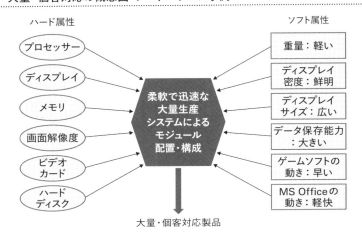

大量・個客対応製品

たからである。しかし，MCでは，トレードオフ関係にあった2種の目標を同時に達成しようとする。標準的モジュールの大量生産によって価格削減を目指す一方で，モジュールの組み合わせにより個客欲求の充足を目指す。

MCでの個客対応

◇ **モジュール・オプション**……MCでの個客対応は，モジュール・オプションの提供によってなされる。個客はその欲求に基づくオプション選択を通じて，嗜好に適合した製品を自ら構成するのである。

ノートパソコンの場合，個客は図3.4に示すような製品属性についてその嗜好を表明する。具体的には，メーカーの公式サイトにアクセスして，型番選択をしたのちに，製品属性の各次元についてスペック変更のオプション・ボタンをクリックすることになる。このクリック・ストリームが個客欲求の表明データとなる。売手が個客欲求を推測する代わりに，個客による欲求表明をトランスベクションの起点にする。個客欲求への対応は

これによって保証されることになる。

　構成できる最終製品（品目）数は，モジュールでのオプション数をモジュールの数だけ掛け合わせたものになる。たとえば，モジュールの数が5つあり，各モジュールでのオプション数が3であるとすると可能な構成品目数は$5^3＝125$になる。多品目化対応との相違は，選択品目数が増えるというだけではない。最終品への構成を個客が自ら行っている点が重要である。

　MCのトランスベクションは個客起点である。設定されているモジュールの制約内ではあるが，個客対応度は飛躍的に高まっている。これによりMCは範囲の経済の達成を狙っている。範囲の経済とは，多様な製品を一企業が作ることによる収益性の向上である。

　◇　**サプライヤー・ネットワーク**……他方で，MCは個客対応製品を標準品にできるかぎり近い費用で量産する仕組みでもある。これによりMCは規模の経済の達成を狙っている。大量・個客対応と言う名称はこれに由来する。MCの狙いは製品効用を個客の欲求に合わせながら，それを量産してできるだけ安価に提供することにある。個客起点のトランスベクションをできるだけ低費用で行うため，MCは2種の生産モードを導入している。

　ひとつはモジュールの大量生産である。製品をモジュール化し，必要なモジュールを量産する。モジュールの量産は内製化される場合もあれば，その量産化に成功した外部サプライヤーに外注する場合もある。一般に，モジュール化の水準が高くなればなるほど，モジュール生産を外注することが容易になる[19]。またグローバル化により生産の国際分業が進むにつれて発展途上国の低廉な労働力を利用できるから，外注比率は増加する傾向にある。

　他のひとつは，柔軟で迅速な量産システムによってモジュールを個客が求める最終品に組み立てることである。生産の柔軟性は，製品を固定化しなくても多品目を生産できる生産ラインで可能になる。生産の迅速性とは

短い生産期間で行えることである。迅速な生産システムでは，生産に必要な原材料・部品・人員が必要な量で，必要な時に，必要な順序で供給されている。これによって加工，検査，運搬と言った工程が同期化され停滞が減少する。柔軟性や迅速性は情報技術に基づいている。また，モジュールの外注が増えるにつれ，サプライヤー・ネットワークとその参加者との関係性の構築が不可欠になる。

多品目の量産は，規模の経済にもとづく伝統的な量産体制から見れば，ひとつのパラドックスであった。MCによるその解決を，デイビス[20]が80年代の後半に提唱して以来，MCは次世代のトランスベクション・モードとして脚光を浴びることになる。たとえば，コトラー[21]はMCを市場細分化からさらに一歩前進した流通モードとして捉える。パイン2世ら[22]は，量産体制，カイゼン体制（トヨタ）からさらに進んだ生産システムとして捉えた。いずれにせよ，MCは従来モードに代替するモードとして捉えている点に特徴がある。

個別品目とブランドの分離

MCについての議論は今まで主として活動管理や生産工学の領域で，製造に焦点を合わせて行われてきた。MCにより製造活動はどう変わりどう管理すべきか，製造工程を念頭に製品をどうモジュール化すれば良いのか，部品は内製すべきか外注か，外注とすればその調達ネットワークをどう構築するのか，これら全体の組織はどう編成すれば良いのか，これらが主要テーマである。これらは最終的に，個人嗜好に対応するきわめて多様な品目を量産できる製造工程のデザインを探っていた[23]。

しかし，MCはたんに製造の問題ではない。MCは全体としてみると，消費多様化の時代に適合した顧客価値を創造し，競争優位を確保しようとする流通モードである。この観点から見ると，とくにMCが流通モードとして，多様な顧客価値に，つまり需要異質性にどのように適応しようとしているのかを問う必要がある。たんにできるだけ低い費用で多品目を量産

するということであれば，多品目化戦略と変わらないからである。
　MCと多品目化戦略の最大の相違は，製品のモジュラー性にある。製品のモジュラー性は製品を量産可能なモジュールに分解するということだけではない。モジュラー性を持てば，最終品の姿は，多様な形態効用を持つ多くの品目として表れる。この品目のすべての集まりをそのMCの製品族（製品ファミリー）と呼ぼう。どのような製品族を創造するのか。それはそのMCのアーキテクチャ（設計思想）によって異なる。それはそのMC製品の多品目創造を統括するいわばグランド・デザインである。
　こうしてMCの導入は，マス・マーケティングの根幹に大きい修正を迫るものになる。それはブランドと個別品目の分離である。MCを導入すると多様な品目が登場する。これらの品目にブランドが付与されているにしても，それはマス・マーケティングでのブランドと同じではない。マス・マーケティングではブランドは個別品目に1対1の対応をしていた。
　しかし，MCでのブランドで個々の品目に対応しているのは製品族アーキテクチャである。ブランドについての消費者の信頼，愛着，信仰が個別製品から製品群を生み出す企業組織へと移行する。これによって，ブランド構築の仕方やマーケティング・コミュニケーションは大きく変化せざるを得ない。ブランド・アイデンティティがますます重要になり，ブランド体系の構築がますます複雑になる[24]。

▶ MCの機能要件

　MCでは個客の製品提案を起点としてトランスベクションを行い，しかもそれをできるだけ量産品に近い価格で提供しようとする。この仕組みはうまく動くのか。MCの機能要件はどのようなものだろうか。少なくとも次のような側面が解決すべき問題となろう。

- 顧客との1対1対応：これは場所効用の問題ではないのか

- 発注から納品までのトランスベクションに要する時間，つまりMC引渡時間
- トランスベクションの費用効率化
  マス・マーケティングとの連動

これらのいずれにおいても，製品のモジュール構成が影響を与える。

顧客との1対1対応

　MCを機能させるには個客との1対1対応が必要だ。まず，個客との接点となるインターフェースがある。そこで顧客がその嗜好を表明する。注文住宅のような複雑な製品の場合，そのモジュールはきわめて多様になる。したがって，営業マンなどによる対話型のインターフェースが必要になる。間取り，内装，照明，外装などに関して，営業マンは何度も顧客訪問して顧客の欲求を聞き，その最終品イメージを伝えねばならない。

　これほど複雑でない場合には，顧客とのインターフェースはインターネットのウェブ基盤になる。顧客はMC用のウェブを訪問し，製品の基本デザインを選んだ後に，モジュール・オプションをクリックするだけである。そのクリック・ストリームが個客欲求の表明となる。このウェブが顧客にとって操作が容易なように設計されている必要がある。

　ウェブ基盤の場合には，顧客の欲求伝達はかならずしも円滑に進まないかもしれない。売手側はモジュール・オプションの選択によって個客欲求を把握しようとする。パソコンなどハイテク商品の場合にはとくに，オプションは製品のハード属性の選択になる。たとえば，メモリのオプションではギガバイトの選択になる。

　一方，顧客の感じている欲求は，ゲームソフトを円滑なスピードで楽しみたいといった，いわば製品のソフト属性の形で表明される。ウェブではメモリのギガ数値がどのような用途に向いているかの説明はあるが，顧客が望むソフト属性とハード属性が一致する保証はない。顧客が正しいオプ

ション選択をできるかどうか。それは顧客がその製品カテゴリについて持つ知識や経験に依存している。顧客との対話を円滑にするウェブ基盤の設計には，売手が提供するハード属性と顧客欲求のソフト属性がどのように対応しているかの情報蓄積が必要である。

　さらに，個客が自分の欲求を正確に知り，モジュールから，あるいは少なくともソフト属性から，最終製品を構想するデザイン能力を持っていなければならない。個客が自身の欲求を表明できないとMCは立ち上がらない。

　1対1対応は個客対応品が製造された後のロジスティクスでも必要になる。個客対応品はそれを発注した個客の元に正確に配送されなければならない。このことはサプライチェーンの全過程で個客のアイデンティティ情報の管理が必要になることを示している。この管理は受注や商品のコード設定をベースとして行われる。マス・マーケティングとくらべれば，MCのサプライチェーンははるかに高度な情報システムを完備していなければならない。

個客の注文介入点で決まる引渡時間

　MCの引渡時間は，企業がトランスベクションにどのように関与するか，そして顧客注文がトランスベクションのどの段階で介入してくるかに依存している。トランスベクションへの企業の関与は，まずモジュールの調達について言えば，モジュールを内製するのか外注するのか，また外注する場合には部品サプライヤーとどのような関係性にあるのかということである。モジュールを外注したり，またその取引先との関係性が長期契約などによりサプライ・ネットワークとして統合されていなければ，モジュールの調達時間は長くなろう。

　顧客への下流のトランスベクションについては，それを専売ルートや系列店などの統合経路で行うのか，また物流業者などサービス・プロバイダーとどのような関係性にあるのかにより，下流での配送時間は異なって

くる。統合経路を使わず，またサービス・プロバイダーとの間に長期契約などがなければ，顧客への配送時間は長くなる。

　MCは個客注文を起点に始まる。この注文での個客欲求情報はトランスベクションの多様な段階に介入し，その流れを分離する。この点を個客の注文介入点[25]と呼ぼう。この点がトランスベクションのどこに位置するかによっても，引渡時間は異なってくる。

　個客対応度が高くなるほど，個客注文介入点はトランスベクションのヨリ上流段階で生じる。たとえば，製品が完全なモジュール品であり，そのすべてや重要なモジュールに関して顧客オプションがあるならば，個客の注文介入点はMC製品の設計段階から生じる。このさい，トランスベクション全体が個客欲求によるプル（牽引）過程として進行することになろう。

　逆に製品の基本属性デザインが決まっており，顧客オプションが周辺属性に選択にとどまる場合，あるいは流通段階での加工が可能なオプションであれば，注文介入点は顧客に近いトランスベクションのヨリ下流で行われる。このさい，トランスベクションは個客の注文介入点を境にして，プッシュ過程とプル過程に分かれる。

　注文介入点より前の段階は売手主導によるプッシュ過程である。この過程の特徴は量産を目指す標準工程となる。しかし，注文介入点以降は顧客の嗜好にしたがって最終品へと組み立てられていくプル過程になる。個客対応度が高くなり製品の形態効用は高くなるけれども，トランスベクションに占めるプル過程の割合が高くなり，それだけ引渡時間は長くなり時間効用が減少する傾向がある。

　通常の実店舗流通では小売店頭に在庫があれば即時に，ネット通販では通販サイトの倉庫に在庫があれば遅くとも数日で，顧客は注文品を受け取ることができる。しかし，MCの場合には引渡時間ははるかに長くなる。たとえばアディダスのMCでは1ヵ月程度かかる。その時間効用は低い。

トランスベクションの費用効率化

　MCはその個客対応により，通常の量産品を上回る価格プレミアムをとろうとする。プレミアムとは非MC製品との価格差である。売手も高い個客対応度を基盤に標準品よりも高い価格を設定しようとする。これはマス・マーケティングで広告により差別化した有標（ブランド）品に，標準品よりも高い価格を設定したのと同じである。

　この価格政策は別にしても，MC製品の小売価格には，製造原価の増加により上昇圧力がある。先端情報技術への投資を必要とするため間接費が増加し，作業が複雑化して労働生産性も落ちるから変動費も高くなる。また，たしかに顧客注文をトランスベクション起点にするから，その完成品については，在庫維持費，在庫切れによる機会損失，陳腐化による評価損などは生じないけれども，MC生産に必要な部品については，それを内製している場合には，在庫費用は減少するとは限らない。

　それにもかかわらず，全面的な特注品と比較すれば，はるかに低い価格での提供を目指している。このような課題を達成するのに，とくに重要な課題は形態効用の創造，つまりMC品の製造である。その費用をできるかぎり低く抑えねばならない。製造工程の柔軟性と迅速性の確保は，情報技術の進歩によって可能になった。しかし，それをMCのためにどう使うのか。

　MC品の製造費用を安く上げる方法として，一般に指摘されてきたことは製品のモジュール化である。それによって最終品はモジュールの組み合わせによって多様な品目として生産される。この多様品目の全体がそのMC品の製品族である。この製品族をどのように製造するかをモジュール化の様式と呼ぼう。モジュール化の様式はどのようなタイプのモジュールをつくるかによって決まる。生産工学では種々な基準でタイプ分けを行っている。

　その中で製造費用にとくに関連するのは，部品（モジュール）に割り付ける機能が一定であるのかという基準がある。このさい，モジュールは共

通モジュール，特別モジュール，適応モジュールなどにタイプ分けされる。共通モジュールは製品族全体に共通して使われるモジュールである。特別モジュールは製品族のすべてに使う必要はなく，特別の機能を追加するために追加される。適応モジュールは他製品カテゴリとの関連性を付ける必要などから利用されるモジュールである。

　少なくともMCの売手は製品族の品目多様性によって個客対応をしようとしている。売手が考えるこの個客対応度は，モジュール・タイプが増え，モジュール数とそこでのオプション数が増えるにつれて増加する。そのさい製造費用ととくに関連する要因は，製品族での共通モジュールの比率である。この比率が高まると，量産できるモジュール数が増える。また，トランスベクションでプル過程に対するプッシュ過程の比率が高まり，サプライチェーンでのマス活動が可能になり，配送費や在庫費を引き下げるだろう。

　顧客価値は製品効用だけでは決まらない。顧客価値はその製品効用を獲得するのに消費者が負担する交通や時間の費用にも依存している[26]からである。MCは個客対応品を，特注品よりもはるかに安く，またできるかぎり量販品に近い価格で提供しようとする。しかし，個客対応度を上げれば，実物流通費用が増加して価格上昇の圧力となる。個客対応と費用増加の二律背反性，このトレーオフによって，従来は量産か特注か，あるいは標準品か別注品かの二者択一の選択しかなかった。MCはこのトレードオフをモジュール構成により克服し止揚しようとするモードである。

▶ MCのモード適所

　実際に，MCがうまく機能するかどうか。競争優位性を生み出す新モードとして，MCを高く評価する意見がある一方で，その限界を指摘する意見[27]もある。MCに必要な技術が揃い，かつ多様性への市場需要がなければ，MCは成功しないというのである。この賛否両論の問題は，MCのモー

ド適所を明確にすることによって解決できよう。つまり，MCが有効に機能すると考えられる領域を明確にすることである。

そのさい，モード適所の中核と周辺を区分して検討する必要がある。周辺ではMCに代替する他モードとの競合が発生して，MCのモード適所であると確定的に言えないファジィ領域になる。このようなMCのモード適所は，

- 個客対応度，つまりは製品多様性が重要になる領域
- 製品のモジュール化ができる製品カテゴリ
- MCの機能要件が整備されている制度体

の3点から評価することができよう。

個客対応の重要性

MCの価格水準は，特注品よりもはるかに低いけれども，マス・マーケティングの標準品よりは幾分か高くなる傾向がある。この価格水準に照らしても，MCの個客対応は高く評価されて顧客価値を高めるだろうか。

MCの個客対応度は，モジュール構成と各モジュールでの顧客の選択幅によって決まる。モジュールは完成品の特定部位であり，他の部位と取り替えることもできる。モジュール構成とは，顧客の選択できない標準モジュールと顧客選択が可能なモジュールの組み合わせである。

多くのMC商品ではまず基本的な型番が提示され，それを選択した後にいくつかのモジュールについてオプションを選ぶという構成を取っている。顧客が重要と考える製品属性に関わるヨリ多くのモジュールが選択できるほど，また各モジュールについてオプションの数が多くなればなるほど，個客対応度は高まる。

たとえば，アディダスのMCサイト，「Mi-Adidas」のカスタマイズ・シューズを例にとってみよう。106のシルエット・デザインをまず選ぶと，

次に種々なモジュールでオプションがある。オプション数を以下，括弧内数字で示すと，バンプで素材（2）とカラー（5），ライニング（9），クロージャーでシューレース（2）とカラー（7），ヒールタップで素材（2），色（7），予備シューレース（9）などである[28]。モジュール・オプションの選択パターン数だけで158760になる。これにシルエット・パターン数を考慮すれば，顧客は実に多様な選択肢の中からその嗜好に合うシューズを選んでいることになる。

　MC製品の個客対応は，製品効用つまり消費者にとってのベネフィットをどのように高めるのだろうか。その代表的な研究[29]によれば，まず，MC製品がそれ自体として生み出す製品効用がある。それは

- 実利価値：個人嗜好への高い適合度が生み出すベネフィット
- 独自価値：他者がほとんど持っていないことから生じる価値
- 自我表現価値：個人のパーソナリティを表現できる価値

などである。

　さらにMC製品の個客対応は，それが顧客との共創でなされるさい，その過程で独特の価値を顧客に生み出すことがある。それは売手と買手との製品共創過程で生み出す価値である。この価値の内容は

- 快楽価値：共創経験自体の喜びや楽しさ
- 創造達成価値：共創によって創造できたことから生じる達成価値

である。

　しかし，MCの製品効用はつねに量産品を上回るとは限らない。MCのトランスベクションを支える製造技術やサプライチェーンの状態によっては，量産品を下回るかもしれない。品質信頼性が低下するかもしれない。個客への引渡時間（注文してからその納品までの時間）は，小売店頭在庫

品を買う場合にくらべてはるかに長くなろう。さらに共創過程への個客関与は消費者によっては喜びや楽しみを感じる代わりに，負担を感じるかもしれない。共創に必要な時間や期待した最終品ができるかどうかの不安などである。

　以上のことを念頭に置けば，MCのモード適所は何よりもまず市場進化が著しい製品カテゴリにあるといえよう。具体例として，アパレル，スポーツ用品，住宅内装，自動車，情報端末機器，食品，個人栄養剤などをあげることができよう。この種のカテゴリでは，供給側の変化が著しく，新製品が次々に登場する。それを生み出している要因は技術革新とファッション化などである。

　一方，需要側の変化も激しい。消費者は他者との差異化を目指して，ユニークな製品を求める。それによって自己表現，プライド，あるいは生活美学を追求しようとするからである。今日，世界的なトレンドとなりつつある贅沢民主化がその背景にある。この種の製品カテゴリでは多様性への消費需要は強い。とくに個人嗜好に合う製品には高い価格プレミアムを支払う傾向がある。

　ファッション，ゲーム機器，スポーツ用品，情報端末などの事例に見られるように，とくに若者世代は所得水準がそれほど高くなくても，その収入の多くを傾斜的に投入する傾向すらある。とくに，製品進化とともに消費者の知識が増えるにつれて，多様性への欲求は果てしなく舞い上がっていくことになる。

　ここで注意すべきは，多様性の分布様式である。色彩を例にとろう。個人嗜好が多様な色彩の間で一様に分布していれば，個人好みの色彩に対応したMCの製品効用はきわめて高くなる。しかし，いくつかの主要な色彩にたいして消費者嗜好のクラスターが存在すれば，嗜好の分布はいくつかの色彩に集中する多峰型になる。このさいには，顧客価値はMCに頼らなくても高めることができる。市場細分化を行い，それを計画同期生産など先進製造技術で大量生産できるからである。製造ロットははるかに大きく

なり低費用を実現できる。

製品モジュラー化の機会

　MCは製品のモジュラー化を基盤にしている。モジュールの多様な組み合わせがつくり出す製品多様性により個客欲求に対応しようとしている。しかしモジュラー化は需要多様性に対応する唯一の方法ではない。モジュラー化しなくても，製品それ自体にあらかじめ多様性への対応を組み込むことも可能だからだ。この種の製品は調整可能品[30]と呼ぶことができよう。

　たとえば，日本の伝統的呉服はこの種の製品の代表例である。それは帯の締め方によりかなりの身体サイズの多様性に調整できる。仕立て直せばこの調整範囲はさらに拡がる。ベルトの複数の止め穴はウェスト・サイズへの調整を目指している。止め穴を必要としないベルトも出現している。加工食品用の調理材には，多様性に柔軟に対応できる素材が多い。小麦粉から多様な料理を創り出すことができる。種々なコーヒー豆からカスタムブレンド・コーヒーを作れる。この種の調整可能品は，初めから単一の製品として量産できる。だから調整可能品はモジュール化の必要性自体をなくして，MCのモード適所の製品カテゴリ範囲を制約することになる。

　MCのモード適所は，モジュラー化しなければ多様性を創り出せない製品カテゴリに限定されよう。パソコンなどはその代表である。しかし，モジュラー化による多様性追求には制約がある。MCは個客対応の量産を狙うモードだからだ。量産はモジュールの量産を通じて行われる。量産を可能にするには，そのモジュールがMC品で多く使用されねばならない。

　それを保証するために，モジュール構成を慎重に設定する必要がある。モジュール構成とは，最終品の内でモジュール化する部分の割合や製品族で共通使用されるモジュールの比率である。そのさい，多品目製造技術が確立した特定部位のオプションだけで，消費者の嗜好の多様性に対応できれば理想的だろう。

この種の部位は消費者にとって重要であり，多製品との差別化ポイントになっていなければならない。いわば個客対応部位である。女性ジーンズでのリーバイスの個客対応はこの好例であろう。そのカスタマイズは裁断技術で処理できるレングス，シルエット，センタープリーツやイニシアルに集中している。しかし布地の染色などの個客対応は行っていない。技術がまだ確立されていないからである。

MCの制度的適所

　◇　**MCの導入条件**……競争優位性を強化するために，MCはどのような企業でも導入できるというわけではない。すでに柔軟で迅速な製造技術を持っているというだけではない。それ以外にも次のような条件を備えていなければならない。

- 拡張された価値連鎖ネットワークを整備している
- ネットワークを効率化する情報システムを整備している
- 市場での先発者になる行為能力を持っている
- マス・マーケティングとの連動体制を組める

　MCはトランスベクションのほぼ全域に及ぶ活動である。そのため，その範囲はしばしば単一企業の境界を越える。これを機能させるには，単独企業の境界を越えた拡張された価値連鎖が必要になる。制度的には，原料・部品のサプライヤー，卸・小売の中間業者，配送や情報面でのサービス提供者などをパートナーとする関係性の構築が不可欠になる。MCはしばしばトランスベクション全域に拡張された価値連鎖を基盤にしている。この種の拡張価値連鎖はトランスベクション・ネットワークである。
　このネットワークを効率的に動かすには，そのための情報システムがいる。先端情報技術やデータベースの整備だけでなく，パートナー間で情報を共有したり，必要な知識を創造できる組織文化もこの情報システムに含

まれる。

　MCによる個客対応への消費需要は、消費者の間で水平的差別化指向が強く、またそれに対応しようとする新製品が技術革新、ファッション化、贅沢民主化などで次々に登場している市場で強くなろう。この種の市場で競争優位を確立する不可欠な条件は市場先発者になることである。MC品はその発売のタイミングが重要である。先発者であれば製品差別性が高くなり、消費者の間に革新者イメージをつくることができる。MCマーケターは市場動向を鋭敏に読み取るマーケティング・センスを備えていなければならない。

　しかし、この種の市場では個々のMC品目が急速にコモディティ化する危険が高い。したがって、MC新製品を継続的に投入できねばならない。このために不可欠な条件は、製品族アーキテクチャが市場のメガトレンドを的確に捉えていることである。このメガトレンドとは、たとえば贅沢民主化、衣服のカジュアル化、グルメ指向、情報端末のモバイル化、個人趣味への傾斜消費、旅など非日常生活指向など、消費者行動の底流にあって行動の長期的流れを方向づけている消費者の基本指向である。

　製品族アーキテクチャは多様なMC品目を発想し生み出す母体である。目先の消費変化ではなく、それらを包括している消費時流に製品族アーキテクチャを適合させる必要がある。それとともにそのアーキテクチャを実現する製品プラットフォームの構築も不可欠である。製品プラットフォームとはアーキテクチャの実現に必要な人、物、金、情報、組織など経営資源の集まりである。製品族アーキテクチャは市場メガトレンドに対応し、製品プラットフォームで支えられていなければならない。

　◇　**マス・マーケティングとの共用**……MCはマス・マーケティングを淘汰する流通モードとして議論されてきた。この議論によれば、今までマス・マーケティングを追求してきた企業は、MCにその流通モードを転換しなければならないということになる。

　しかし、この見解はMCとマス・マーケティングの間での共生が生み出

す肥沃な領域を無視している。同一企業の中で，これら2つのモードを同時追求することに成功すれば，新しい競争優位を生み出せる可能性がある。それはMC実践の市場経験をマス・マーケティング，市場細分化，あるいは多品目化対応の市場情報基盤に利用することから生まれている。

MCは市場での消費者嗜好の分布をマーケターが事前に予見できないことを前提にしている。製品が多くの属性次元を持ち，しかも属性状態が多様であるとき，この種の不確実性は大きくなる。たとえば，ファッションはシルエット，素材，色，柄，装飾，サイズなどに次元を持ち，各次元の状態は多様である。だからファッション指向の予見は難しい。ファッションだけでなく，技術革新による新製品カテゴリの場合にも，とくに登場初期には，その形態効用がどのような属性の組み合わせで高まるかの市場不確実性は同じ事情にある。

MCではトランスベクションの起点は消費者提案である。しかもそれは直ちにデータベース化することが可能である。MC取引が増加し，データ蓄積が進むと市場異質性の真の姿が次第に明らかになる。MCは消費者の嗜好情報を的確に，また迅速に収集蓄積できるシステムでもある。多くの製品カテゴリについて，市場異質性は多数の消費者の嗜好を代表する標準パターンや，あるいはいくつかの細分嗜好の形をとってクラスター化する場合がある。MCを導入していると，このような情報を競争者よりも早く得る機会は多い。

この情報にもとづき，MC製品を標準品や細分品に集約して，マス・マーケティングや市場細分化にモード移行することが可能になる。的確な市場情報に基づくかぎり，これらのモードはMCよりもヨリ効率的である。しかし情報だけではこの移行はできない。製造工程の組み替えの柔軟性だけでなく，作業内容変化に柔軟に対応できる組織がいる[31]。それは管理組織，作業チーム編成，選別と訓練，人事体系などに依存している。

▶ **ブランド拡張とその帰結**

ブランド拡張の狙い

　少衆対応を目指した市場細分化や大量・個客対応は，製品カテゴリでの品目数を飛躍的に増大させる。このことがマス・マーケティングでの支柱のひとつであったブランドを大きく進化させることになる。つまりブランド拡張によるブランドの性格変化である。ブランド拡張とは，既存ブランド名のもとに新しい品目を追加していくことである。たとえば，Diet Cokeなどがその例である。Cokeというブランドの下に含まれる品目が増加していくことになる。

　ブランド拡張は既存ブランドのブランド・エクイティを新品目に利用しようとする試みである。それは親の七光りを利用する子供に似ている。ブランド・エクイティは既存ブランドが長年にわたるマーケティング活動を通じて蓄積してきた無形資産である。財務会計では，M&Aにさいして，被合併会社の資産・負債を再評価して合併会社と合算する。そのさい，買収価格と被合併会社の純資産の差額が暖簾勘定として無形資産に計上される。ブランド・エクイティはこの無形資産の中核を形成している。

　ブランド拡張は既存の成功ブランドのエクイティをテコとして活用して，新品目のマーケティング効率を高めようとする狙いがある。一般に，新ブランドを構築するには多額の初期投資が必要になる。広告宣伝，市場調査費，製品開発費などである。

　これらのうちで広告宣伝費などは，ブランド拡張によって大きく削減することができる。既存の成功ブランドでは，消費者の間でブランド認知率は高く，ブランド名が高い製品効用を連想させている。同じブランド名を使えば，これらを新品目のマーケティングに活用できると，マーケターは期待するのである。

　この期待は不況になり，マーケターのコスト意識が高まると，より強くなる傾向がある。成熟経済の下では，ブランド拡張による新製品導入が多

くなる。たとえば，80年代の米国では新製品導入の半分前後がブランド拡張として導入されていた[32]。90年代での日本でのブランド論の盛行も，同じ事情を伺わせる。その中心テーマがブランドのエクイティやパーソナリティなど，ブランド拡張にともない浮かび出るテーマだからである。

　ブランド資産を持つ有名ブランドは，製品カテゴリでのトップ・ブランドであることが多い。それはその製品カテゴリ自体を創造した革新者としての歴史を持っている。製品カテゴリの先発者であるから競争者はなく，消費者嗜好分布の重心などもっとも優位な位置にポジショニングした。有名ブランドの多くはマス・マーケティングや富裕層など特定市場へのフォーカス・マーケティングの成功者であった。その知名度やイメージはこの歴史と不可分である。

　ブランド拡張に成功するなら，それはきわめて有効な新製品戦略になろう。しかしそれはつねに有効な戦略であるとは限らない。拡張品目が売れずに不成功に終わるならば，それは拡張のもとになった親ブランドの価値を減じる危険がある。いわゆるブランド希薄化と呼ばれる事態である。希薄化を親ブランドの売上高変化で判断するかぎり，希薄化は生じないという実験結果[33]もあるけれども，他方でブランド属性への消費者の連想（信念）については希薄化が生じるという実験結果[34]もある。

ブランド拡張の成功条件

　ブランド拡張の成功・失敗を分ける重要な要因は，親ブランドと拡張品目との間に，属性についての消費者連想の共通性がどの程度あるかである。たとえば，シャネルは高級ブランドとして著名であるが，低価格品目へブランド拡張すれば，高級というシャネル属性は希薄化するだろう。ブランド拡張はいずれの製品カテゴリ内でも，限りなく行えるというわけではない[35]。ブランドはその製品カテゴリについて消費者が重視する製品属性やそれを創り出す技術と結びついている。ブランド拡張の機会は，これらの点についての親ブランドと拡張品目の共通性に大きく依存してい

る。

　ブランド拡張を種々な品目に行っていけば，親ブランドのエクイティは次第に摩滅していく。各拡張品目はますます多様な属性を含み，元の親ブランドが持っていた属性との間で不一致が増加するからである。拡張品目の製品差別性は，親ブランドにくらべて低くなる傾向がある。ブランド拡張が親ブランドと同じカテゴリ内で行われるとき，新市場細分に対応するための改良品であることが多い。また，隣接カテゴリに向かって行われることもある。有名ブティック・ブランドはこの種の拡張の代表事例であろう。しかし，この種の拡張品目は拡張先のカテゴリ市場では後発ブランドである。

　ブランド拡張はブランドの製品差別性の基盤自体も変化させる。マス・マーケティングでは，ブランド化は特定製品に付与されるブランド名に基づいていた。いわゆる個別ブランド戦略である。そこでは企業アイデンティティはブランドから切り離されていた。しかし，ブランド拡張が進むにつれて，ブランド名は特定製品カテゴリの総称になり，ブランド名はファミリー・ブランドになる。

　さらには親ブランドの製品カテゴリを超えて新しい製品ラインへ拡張していくと，ブランドは企業名をベースにした企業ブランドにかわってゆく。たとえば，ブランドとしてのパナソニック，ソニー，トヨタなどである。

　ブランドへの消費者期待の基盤は個別製品をはなれて企業そのものに移行する。それとともに，具体的な製品効用からこの企業の製品なら良いだろうという抽象的な期待になる。企業について消費者の絶対的信頼がないかぎり，会社ブランドによる製品差別力は製品ブランドの場合よりも低下するだろう。つまり，個別品目についてのブランドによる差別力は低下傾向にある。

4 製品多品目化への商業モード進化

　消費多様化に対応した製品多品目化は，メーカーのマーケティング・モードよりも商業モードにヨリ大きい影響を与える。商業モードの基本形質である社会的品揃え活動を直撃するからである。社会的品揃えはメーカーの品揃え（製品ライン）よりもカテゴリ数が多く，各カテゴリについても複数メーカーの製品を含む。各カテゴリでの品目数増加は社会的品揃えでは倍加して現れることになる。

　この影響の2大領域は2つある。ひとつは社会的品揃えの消費者への訴求力であり，他のひとつは社会的品揃えの拡大が生み出す在庫危険問題である。後者の検討は次章で行い，本章では前者を検討することにしよう。そのさいの焦点は，総合的品揃えを前提した既存モードの適応型進化と，新流通モードの成長である。

▶ 総合小売モードの適応型進化

店舗大型化とチェーン展開

　百貨店や総合スーパーなどの総合小売モードは，製品多品目化にたいして，まず店舗の大型化で適応しようとした。1980年から2000年にかけて，ほとんどの百貨店や総合スーパーの店舗売場面積は増加の一途をたどった。たとえば，直営売場面積の店舗平均は三越は1.47倍に，大丸は1.33倍になった。この結果，2万平米程度の売場面積が3万平米を超えるようになった。同じ期間で総合スーパーの平均直営売場面積の動きは，ダイエー1.25倍，イトーヨーカ堂1.50倍，イオン1.81倍である。この結果，総合スーパーの売場面積は1万平米に迫り始める。

　さらに出店形式も大きく変わる。単独出店からショッピング・センター形式での出店が増える。ショッピング・センターでは百貨店や総合スー

パーが核店舗として出店し，そのまわりに多様な専門店，飲食店，レジャー施設を配置する。これらのテナントはダイエーのように子会社であることもあれば，イオンなどのように他企業をテナントとして誘致する場合もある。いずれにしても，総合小売モードの出店規模はますます大規模になる。

　総合小売モードを採る企業の成長は，店舗規模だけでなく，店舗数にも依存している。しかしその成長率に関しては，百貨店と総合スーパーでは大きい差異がある。1980年から2000年にかけての百貨店の店舗成長倍率は三越が0.85，大丸は1.00である。主要百貨店の店舗数はほとんど増えていない。

　これは百貨店のモード適所が地理的に大都市中心街に限られているせいである。贅沢品を中心にした総合的品揃えと巨大な店舗規模，つまり百貨店の流通モード特性によって，立地適所が縛られている。百貨店の巨大化はこの拘束をますます強くする。このような立地適所で新しい出店用地の確保や店舗増床さえもますます困難である。残された途は高い費用をかけた立て替えしかない。

　これにたいして，総合スーパーの店舗成長率ははるかに高い。1980年から2000年の間で店舗数成長の倍数はダイエーが1.99，イトーヨーカ堂が2.10，そしてイオンが2.93倍である。80年代には大型店規制で出店を抑制されていたが，90年代になると規制が緩和された。食料品と日用品を中心にした総合スーパーの出店適地は全国に拡がっていた。その中心は大都市圏郊外や中小都市外縁部である。

　そこには住空間の広さを求めて移住した標準世帯の消費者が多くいた。また新興住宅街などには，住宅価格水準やローン返済の関係上で同じ年齢層，同じ所得層が住宅取得するため，その欲求はかなり同質的であった。この地帯には伝統的な商業集積はほとんどなく，出店適地を確保することは百貨店にくらべてはるかに容易であった。しかも，60年代以降のモータリゼーションの普及により広い駐車場を整備しさえすれば，かなりの距

離範囲にまで商圏を拡大し，人口密度の低さを補うことができた。これは都心商業に大きな影響を与えた。

　このように，店舗規模の拡大とチェーン店数の増加により，小売業売上高ランキング・トップ10の上位は総合スーパーで占められる。総合スーパーは流通での覇権を握る支配モードになり，現在まで続いている。総合スーパーは有力メーカーなどマス・マーケターにとってもますます重要な小売販路になる。

　総合スーパーの売上高が増大したというだけではない。総合的品揃え拡大の過程で総合スーパーの品揃えはマス・マーケターの製品カテゴリ分野にまで急速に拡大した。また，総合スーパーはその成長過程で中小小売商などを廃業に追い込み，マス・マーケターの経路基盤を弱化させた。総合スーパーとの取引関係構築なしに，マス・マーケターはその十分な小売販路を確保できない状況に追い込まれる。

小売パワーの増大

　商業での経済集中は，メーカーへの小売パワーをヨリ強大にする。小売パワーとは小売商が持つ取引交渉力である。これはしばしば小売商へのパワー・シフトとも呼ばれてきた。

　メーカーのマーケティング・モードでは，もともと経路統制はその不可欠な支柱のひとつである。優良な中小販売店を選別して，それを自社ブランドの販路にするため，種々の統制を通じて，流通経路での紛争を軽減し協調を引き出す努力を行ってきた。マーケティング管理で経路管理と呼ばれる領域である。しかし事態は変わる。商業での経済集中により，メーカーの販路はますます少数になる。それに連れて，多数の中小販路への伝統的な経路管理は，営業を通じた少数の大規模小売商との関係性構築に移行する。

　大手小売商販路を通じてのブランド販売量がますます多くなり，それへの依存性が強まる。とくに小売販路はもはや経路選択の問題ではなくな

る。大手小売商販路の確保は，選択よりも必修の問題になる。大手小売商との関係性をいかに築くのか，この関係性管理が経路問題になる。これにともない，それらの販路への得意先営業がメーカーの課題になる。その営業内容は，かっての中小販路への営業とは，質的にまったく異なるものに変貌する。

　かつてメーカーの販路営業担当者は，自社ブランドの販売方法について中小の販売業者を指導していた。その主要な市場情報基盤は，全国の販路から集めた販売実績データであり，とりわけ新製品の場合にはブランド企画に利用された消費者サーベイであった。それは標本調査に基づき全国市場でのそのブランドの標的市場での代表的消費者像を示していた。

　しかし，情報技術革新により大手小売商は，メーカーとはまったく異なる市場情報基盤を入手するようになる。いわゆるPOSシステムである。それは売り場のPOSレジを中央のコンピュータに連結し，売れ筋情報のビッグデータを創り出した。

　POSシステムにより，小売商はますます詳細な市場情報を蓄積できるようになる。メーカーの市場サーベイ情報が鳥の目で市場を鳥瞰的に捉えていたのに対して，POSシステムは蟻の目で市場のミクロ情報を捉える。POSの利用技術が進むにつれて，その情報はますます詳細になった。地域別，店舗別，POSレジ担当売り場別，製品カテゴリ別，品目別，季節別，時間帯別，気温別の売上情報が利用できるようになった。さらにその入手リードタイムが短くなる。また店舗での広告や特売など販促活動が店舗や品目の売上にどう影響するかの情報も入手できるようになる。

　このような情報武装はとくに，必需品品目での小売パワーの基盤になった。具体的には，食品，アパレル，日用雑貨，生活家電などのカテゴリであり，総合スーパー品揃えの中核製品である。これらの製品カテゴリは

- 多品目化し，SKUを詳細化しなければならない
- 購買頻度が高い

• 景気変動，季節変動，地域差などによる消費需要の変動（バラツキ）が大きい

といった特徴を持つ。だから，各店舗の商圏（空間）市場は多様に速いスピードで時間的に変化する。

POSシステムは，大規模小売商に全国市場の動きを多様な製品・空間市場に分解して詳細かつ即時に捉えるマーケットレーダーを与えた。この情報力が強化されるにつれ，メーカーは小売店レベルでのブランド・キャンペーンを指導する情報基盤を失った。大規模小売商の巨大な購買力はこの情報基盤と相まって，小売パワーを拡大しメーカーとの取引交渉力を強めることになる。メーカーへの要求範囲が拡大し，各要求がますます強くなる。

総合的品揃えの落とし穴

大手小売商は長期間にわたって総合的品揃えを主要なモード形質として成長してきた。多品目化にたいしても，この形質をますます進化させることによって対応しようとした。しかし，同じようなモードでの成長は，経路依存的で成長を加速し，過去の成功物語を将来に向かってもますます膨らませる過程でもある[36]。それは企業リーダーや幹部の思考硬直化を招きやすく，同時に衰退の転機を潜在的に創り出す過程でもある。この過程は百貨店よりも総合スーパーでより強く働いた。要約的に言えば，その内容は次のようである。

◇ **ロス・リーダー戦略の機能不全**……ロス・リーダー戦略は総合スーパーの初期の急成長を促進した。目玉商品の価格破壊イメージによって来店客を多く吸引し，その店内波及効果によって利益を確保した。しかし，目玉商品の低価格訴求も，来店客の他製品波及効果もともに，商品本部での集権的な大量仕入体制の下での総合的品揃えの拡大と店舗大型化によって，次第に機能不全に陥り始める。

品目数と店舗数が飛躍的に拡大するにつれて，商品本部のソーティング作業はますます難しくなる。各品目の市場動向情報の把握，チェーン店への商品供給に必要な品目別数量確保，各店舗への品目販売数量の割当や配送作業もますます難しくなる。これらに必要な人員確保が販管費を押し上げる[37]。また，企業全体の売上高が増えても，品目数が同時に増えていったので，各品目の売上成長は抑えられていた。

　仕入先への取引交渉力は製品カテゴリ品目別の売上高が基盤である。取引交渉力がそれほど伸びなかったので，商品原価を大幅に引き下げることはできなかった。こうして利益確保のために粗利益率を次第に上げざるを得ず，スーパーの価格はそれほど安くないという消費者の声が次第に拡がる。また店舗面積が拡大し，展示品目数が増えるにつれて波及効果も平均的に減少していく。消費者の店内買い回りがすべての品目へ及ばなくなるからである。

　ロス・リーダー戦略の機能不全を補うために，総合スーパーはトレーディング・アップ（品揃えの格上げ）に走る。その売場は次第に疑似百貨店化した。とくにその重点領域は粗利益率の高いアパレルであった。

　アパレルの製品属性はきわめて多い。とくに軽衣料からの脱皮を図ろうとすると，デザイン，色彩，素材などがますます多様化するだけでなく，その需要には季節変動があり，しかもファッションによりトレンドとしても変動する。それらについての消費者の嗜好は個性的で多様に拡がっている。マニュアルにもとづく集権的な商品本部では，このような需要動向を的確には把握してマーチャンダイジングを行うことは，とくにその情報処理能力に限界があった。

　このような状況で主要総合スーパーの取った行動は主要な競争相手の売場などの動きを定期的に監視し模倣することであった。大型店の出店適地が少なく，主要地点で競争相手が相互に近接立地するようになると，この傾向にますます拍車がかかる。こうして店内を巡回しただけでは，その売場がイオンかイトーヨーカ堂かさえもわからなくなるほど類似する。

総合スーパーは市場動向については競争相手しか見ないといういわば近視眼に落ちいり，その企業個性を主張する売場を展開できなくなる[38]。近年まで続く総合スーパーの衣料売場不振はここに根がある。しかも，総合スーパーのトレーディングアップは，価格ハンターに対応する流通モードの不在という競争上の真空地帯を創り出すことになった。

　　◇　**店舗の地域適応の困難**……店舗大型化と品揃え品目増加は，店舗の地域適応も難しくする。地域適応とは店舗ごとの商圏の特異性に合わせて品揃えをすることである。店舗ローカリゼーションとも呼ばれる。消費成熟化につれて，消費者が追求する顧客価値について，価格，品質，価値のいずれのハンターであるのか，そのタイプもヨリ鮮明になる。各商圏の特異性はハンター・タイプの割合に表れる。

　所得水準の低い地域や，それが高い地区でも形成後間もない新興住宅地では，価格ハンターが多い。魚でも鯛，ヒラメ，ウナギなど高級魚は売れない。売れ筋はサンマ，鯖など大衆魚である。その他の商品でも低価格品が店舗探索の目的になる。大都市郊外の成熟地では品質ハンターが増える。また若年世代が多いところでは，価値ハンターが多くを占めるだろう。

　しかし，総合スーパーは地域商圏適応に立ち後れる。店舗を大型化すれば商圏拡大による多様な消費者・顧客が来店する。巨大店舗を支える売上を確保するために，そのうちの特定タイプに絞り込むことはますます難しくなる。鉄道駅ターミナルでの商売と同じである。

　また商品本部のマーチャンダイザーにとっても，仕入権限を集中しているかぎり，各店舗の顧客特性に応じた品揃え品目を供給することは，品目と店舗の増加によってますます難しくなる。品揃えと店舗のマッチングはきわめて複雑なソーティング作業を含むからである。

イノベーション・ベンチマークとしての総合スーパー

　百貨店を押さえ小売覇権を握った総合スーパーも，消費者への訴求力を喪失するにつれて，次世代流通モードの競争標的になる。総合スーパーの

やり方を基準にして，それを超える消費者訴求力を創り出せば，それがイノベーションになる。

　イノベーションの方向を発見するには真空の中で構想するのではなく，現実の支配モードをベンチマーク（基準）にして，どうすればそれを超えられるかを考える方が効率的だ。そのさい支配モードの弱点はイノベーション構想の起点になる。

　食品についてみると，全国各地に総合スーパーを超える品揃えを消費者に提供する地方食品スーパーが数多く台頭した。彼らは地場の優良農家などと取引関係性を強化し，地方商圏の特性に応じた品揃え形成に成功した。かれらの多くは品揃えカテゴリを食品に絞り，その店舗も数少なく特定地域に展開していたから，そのソーティング作業は総合スーパーにくらべてはるかに容易であった。この地方食品スーパーの台頭は，総合スーパーの食品での競争力低下の傍証のひとつである。

　生鮮食品に強い地方食品スーパーだけではない。加工食品分野ではコンビニが都市圏を中心に急速に成長し始める。コンビニの当初の構想は大型店規制を受けずに自由に出店できる小型店による流通モードを目指した。すでに60年代後半に産声を上げたコンビニは，セブンイレブンの大成功もあって多くの模倣者を生み，70年代から80年代にかけて日本全土を覆うようになる。

　しかし，コンビニはその店舗規模を拡大しようとはしなかった。百貨店や総合量販店が巨大店舗によってその地点に消費者を吸引しようとする商業集積を展開したのとは対照的に，消費者により密接に立地する多数の小型店展開による商圏の面的支配を目指す。

　衣・住などその他の製品カテゴリについても，新流通モードが80年代から急速に台頭する。その代表的な急成長企業をあげると，ファーストリテイリング（ユニクロ，軽衣料），しまむら（婦人カジュアル），青山商事（紳士服），ニトリ（家具），良品計画（日用雑貨）などである。

　これらの企業は品揃えを狭く特定製品カテゴリに絞り，そこで価値ハン

ターを標的に高い機能品質の商品を低価格で提供した。バブル崩壊により長期の経済不況に入った90年代でも2桁の年成長率を維持し続けることになる。以上のような諸企業の躍進は総合スーパーの伝統的品揃えの中核領域を侵略することになる。

　それだけではない。総合スーパーによる流通革命の駆動力となったディスカウント領域でも，トレーディングアップで生じた真空地帯を埋めるディスカウンターが登場する。総合ディスカウンターの登場である。80年代から90年代の中頃まではダイクマがトップをはしり，その後はドン・キホーテがトップ企業の位置につく。その売上は1兆円に迫りつつある。100円ショップを展開する大創産業も価格ハンターを市場標的にした疑似ディスカウンターであろう。これらのディスカウンターの品揃えは多様な製品カテゴリにまたがるが，その店舗規模はそれほど大きくはない。

　90年代から21世紀初頭にかけて，日本の小売業の売上ランキングの上位を占めてきた百貨店や総合スーパーの代表的企業のいくつかが姿を消すことになる。ダイエー，西友ストア，マイカル，西武百貨店，そごうなどである。生き残ったイオンやイトーヨーカ堂は企業としては持株会社に編入され，そこで存命を図る。そこでの生き残り戦略の主柱は小売ブランドの開発による商品力強化である。それは流通モードから見ると，マーケティングと商業の融合であるという点で新モードである。

　新流通モードの商企業の多くはそのイノベーションの起点を総合スーパーの消費者訴求力の低下においている。しかし，重要な点はその新流通モードにおける活動編成様式は総合スーパーとはまったく異なっている。かれらの革新の心臓部は新時代の流通インフラに対応した流通活動の多様な編成様式にある。同じように，情報革命に対応したメーカーの新流通モードも現れる。そこで商業とマーケティングの融合化による流通活動様式の再編を狙っている。次章でそれらを検討しよう。

乱流市場でのモード進化

　前世紀末から21世紀の現在にかけて、流通市場の性格は一変した。定流市場から乱流市場への変化である。

　定流市場とは、それまでのマス・モードが形成していた市場である。この市場での流通は大河のごとく、平均的な消費者を目指した標準製品を大量に一定方向に流していた。この定流市場も贅沢民主化などによって揺らぎ始める。必需品欲求を満たした大衆が、次第に贅沢指向を強めてヨリ多様で質の高い製品を求め始めるからである。流通の大河は市場細分などを目指して分流し始め、個客対応を目指してさらに細流化する。

　20世紀末にはこの基本トレンドに、新しい流通インフラ変化が重なる。インターネットなどの情報技術革新と、発展途上国への生産基地移転などの経済のグローバル化である。情報技術革新は製品開発や流通活動の編成様式に多様な変化を生み出す。スマホなどに代表されるように、旧来製品機能を融合した新製品が登場する。

　インターネットやEDI（電子データ交換）を通じて、POS、RFID（物品タグ一括読み取り）、GPS（全地球測位システム）などのデータがビッグデータとして統合され、トランスベクション活動の連動に影響する。生産費用の低廉化のために、発展国から途上国へ生産基地の移転が始まる。これによって、途上国経済が急速に発展する。それは途上国にも贅沢民主化を広げ、発展国企業を脅かす新興企業を輩出させる。

　これらのメガトレンドにより、流通の大河は流れを加速させながら細流に分岐する一方で、多様に合流することになる。それらが創り出す流れや渦はまさに乱流と呼ぶにふさわしい。乱流市場がほとんどの製品カテゴリ

のマーケターを取り囲むようになる。

　乱流市場の特質はマーケターにとっての市場不確実性の増大にある。その製品が売れるかどうかの需要不確実性だけではない。販売製品の供給を確保できるかどうかの供給不確実性も増加する。市場不確実性が生み出す主要な流通問題は，流通在庫の統制問題である。

　この問題を解決するため，新流通モードが現れる。それは部材調達から完成品の最終消費にいたるトランスベクション編成原理の転換を目指すのである。機動的なサプライチェーンの構築，これは乱流市場で勝ち抜くために備えるべき流通活動編成の優良形質になる。これを軸にその他のモード形質との融合が生じる。これに対応して，取引活動も大きく再編されることになる。

1　乱流市場での流通モード進化ベクトル

▶ 市場乱流化にともなう変化

　市場の乱流化は，流通活動の編成方式に重要な影響を与えるいくつかの変化をともなっている。その主要なものをあげると，

- 供給パイプラインの多様化
- 市場標的の流動化
- 新製品の高頻度導入と短サイクル化

などである。これらによって製品の多品目化がますます進行するだけでなく，その内容が激しく入れ替わる。

　マーケターが直面する市場不確実性は飛躍的に増加する。不確実性は供給側にも需要側にも現れる。供給不確実性とは，企業の営業製品の調達・

確保にかかわる不確実性である。部材や製品を，希望する時点や場所で必要額だけ確保できるのかどうかについての不確実性である。需要不確実性とは，企業の営業製品が希望価格で計画数量を販売でき，企業内部で創造した潜在価値を実現できるかどうかの不確実性である。供給と需要の不確実性は相互作用しながら市場不確実性を生み出している。

供給パイプラインの多様化

生産グローバル化によって，種々な製品カテゴリの生産部門が変化した。部材や完成品の生産者数やその産業立地がグローバルに拡がった。90年代以降，多くの発展国を襲った成長経済の停滞によって，企業間競争が激化して利潤圧縮への圧力が強まった。大幅な値上げができないのに，費用は徐々に上昇したからである。

これを打開するため発展国のメーカーは，低生産費用を求めて生産基地の海外移転を促進した。移転先は中近東や東アジアの発展途上国であるが，日本企業の場合は東アジア諸国が中心である。この海外移転は途上国の経済を成長させて，そこでの贅沢民主化を拡大しただけでなく，多くの新興企業に事業機会を与えることになる。彼らは急成長によって，日本企業の強力な競争相手としても台頭した。

このような生産のグローバル化は企業にとっての供給不確実性を増加させる。増加要因は，供給先の地理的範囲の拡大とその立地移動である。部材や完成品の供給先が国際的に拡大し，製品をヨリ長距離間で移動させねばならなくなる。生産地の経済成長にともない人件費が高騰すると，より低い生産費用を求めて生産拠点の地理的移動が生じる。

部材生産や製造工程の段階ごとに，その拠点が国際的に多極化すると，供給ラインは国際的に広がる供給ネットワークになる。地震，台風，火災，ストライキ，政治的混乱など，何かの原因で特定生産拠点での生産停止，あるいは輸送路の遮断などが生じると，全体としての供給ネットワークが動かなくなる。

生産グローバル化の対象になった製品の性格も供給不確実性に大きく影響している。生産を海外移転した製品の多くは，バリュー製品である。特定の機能品質では優れ競争力を持つが，低価格の製品である。特定の部材や生産工程に，開発企画力，特異な製造ノウハウ，熟練労働を要する場合には，発展国はその生産を国内に残し，最終的な組立工程を海外へ移転した。しかし，生産委託先や下請け工場の中から，発展国の先進技術を吸収して，バリュー製品の新興企業が登場する。彼らは発展国の国内市場に新しい競争者として参入する。

　さらに，部材調達，製造拠点が多くの発展途上国に分散し，供給パイプラインが多国間にまたがると，供給パイプラインの想定外の破損危険も高まる。ここ数十年のマスコミ報道が示すように，そのうちの一国で，自然災害，財政破綻，政変，労働ストライキ，伝染病の蔓延，戦争，テロ，あるいはコンピュータ・ウィルスの侵入など，不測事態が生じる可能性はつねにある。重要な点は，それらの発生により完成品生産に不可欠な特定部材の供給が止まっただけでも，グローバルな供給パイプライン全体の円滑で迅速な維持ができなくなるということである。

市場標的の流動化

　乱流市場では消費がますます流動的になる。マーケターの視点から見ると，最終消費市場でいままでの静止標的が，ムービング・ターゲットに変化する。市場標的が消費者行動の時間，場所，機会で変わるのである。新ターゲットが次々に出現しては消滅する。各ターゲットは高速度で動いている。特定のカテゴリと品目が，だれに，どこで，どれだけ，いつまで売れるのか。これらを事前予測することはますます難しくなる。

　市場標的の流動化を促進している最大の要因は，生活行動の多様化である。消費ユートピアの実現を目指して贅沢民主化への渇望はますます強まったが，それを支える所得基盤はとくに大衆層ではそれほど強くなっていない。この結果，贅沢欲求とともに消費者の心理的葛藤も強まった。

それを解決するため，とくに若者世代では世帯サイクルの選択にまで手を付ける。単身化，晩婚化，少子化，共稼ぎ，離婚率上昇などが一貫して上昇する。子育て期に入っても女性は働き続ける。大学生になると，親の教育費負担を軽減するため，アルバイトが勉学・部活と同じぐらい重要な生活活動になる。これらは大衆消費者各人が個人消費者として贅沢生活をおくりたいという欲求の表れとも解することができる。

このような世帯サイクルの変動によって，消費者の生活時間が多様化し，消費は時間，場所，機会に関して大きく変動するようになる。食事を例に取っても，外食と内食に分かれ，内食も家族との会食と一人で食べる個食に分かれる。家族の生活時間の差異を反映して，朝食，昼食，夕食，中食，夜食など食事機会も，曜日によって多様化する。それぞれの時間，場所，機会により，どのような食品を消費するかも異なってくるだろう。こうして，食品のマーケターから見ると，市場標的は時間，場所，機会にわたって動く標的になるのである。

傾斜消費の広がりも市場標的の移動を促進する要因だ。大衆消費者は衣食住遊の全面にわたる贅沢消費はできない。このため大衆消費者は贅沢消費の分野を特定局面に限定する。特定分野では贅沢しても，他の分野では節約に心がける傾斜消費である。

資金を重点的に振り向ける傾斜消費の対象は，ファッション，社会的交友，旅行，車，外食，スウィーツ，ゲーム，情報機器，スポーツ用品など，個人の趣味嗜好に依存して多様に拡がる。しかも，その時々の流行によっても変動する。消費者は贅沢分野では品質ハンターとして，節約分野では価格ハンターとして登場する。ヨリ多くの分野で贅沢指向を持つ消費者は価値ハンターを目指すだろう。

消費者が追求する顧客価値タイプは，消費者間でも特定消費者内でも異なり，それらはさらに時間的にも変動していく。一人の消費者がジキル博士とハイド氏のように，多重タイプの消費者として行動する。製品カテゴリにより価格ハンター，品質ハンターあるいは価値ハンターとして現れ

る。こうして，特定製品カテゴリについてみても，品質ハンター，価格ハンター，価値ハンターとして登場する消費者の年齢層，性差，所得階層，居住地域，あるいはライフスタイルが変動することになる。マーケターはこのような動く標的を追跡しなければならない。

新製品の高頻度導入と短サイクル化

　乱流市場では新製品が高頻度で導入される。乱流市場の商品世界は革新品と機能品に二分される。革新品は製品差別性を持つブランドや新製品に多い。製品差別性が競争優位の主要基盤である。この種の製品は消費者のライフスタイルや生活価値に関して旧来製品が持たない新しい訴求点を持っている。ファッション・アパレルやハイテクの情報機器などがその代表である。

　革新品はまったく新しい製品カテゴリとして登場することもあれば，マーケターの創意により在来品から生まれ変わるものもある。その市場登場時点で見れば，ウォークマン，スマホ，電気自動車などは前者の例であり，ジーンズ，スターバックス・コーヒーなどは後者の例である。

　機能品にはその製品カテゴリの基本機能の充足をめざす必需品ないし汎用品が多い。車ならば人を乗せて走れる，テレビなら映像が見れる。鉛筆なら文字が書ける，ライターなら火がつく，衣類なら暑さ寒さをしのげる，食品なら空腹や渇きを満たすといった標準機能である。ブランドでも，差別性を退化させコモディティ化した製品も機能品に入るだろう。

　贅沢民主化によって多くのブランドは短期間で必需品化する。アパレルや身の回り品では，ちょっとしたファッションセンスも必需化している。加工食品でも旨さや飲み心地は標準機能になった。いずれにせよ機能品は，その標準的な機能のみがウリになる製品である。乱流市場での新製品の高頻度導入の裏面は，このようなコモディティ（汎用品）化した機能品ブランドの累積である。機能品では低価格が競争優位基盤になる。

　経済のグローバル化が進むと，これらにバリュー製品が付け加わるこ

とになる。バリュー製品とは，いくつかの点で優れた形態効用（品質，機能）を持ちながらも，圧倒的に低価格で提供される品目である。ユニクロ，ニトリ，あるいはアジア新興企業の製品はその代表だ。バリュー製品は発展途上国への技術移転と低人件費の結合を背景に誕生した。バリュー商品は怒濤のごとく発展国市場に参入して，贅沢民主化を目指す大衆消費者を引きつけることになる。

乱流市場での新製品の大半は，消費多様化や技術の漸次的発展に対応したものである。このため，次世代品目や模倣品との競争により，新製品品目のライフサイクルは短く，短サイクル化している。その需要は急速に成長するかと思えば，短期間で成熟・停滞していく。ブランドの希薄化やコモディティ化が短サイクルで進行する。新製品あるいはブランドを開発しても，その潜在的価値を市場で実現できる期間はますます短くなっている。市場機会は機動的に掴まねばならなくなる。

▶ 流通在庫の増加圧力

乱流市場の出現は在来のマス・モードによる流通の中核を直撃する。中核とは各流通段階に形成される流通在庫である。流通在庫は将来の売上を期待して現時点で形成される。それは将来の市場機会を期待して行われる投機である。

生産や仕入のリードタイムがあっても，十分な投機在庫があれば需要変動に対応できる。マス・モードの投機在庫は企業にとって市場不確実性へのバッファ（緩衝装置）である。市場乱流化はこの在庫を増加させる潜在的圧力になる。在庫が投機であるかぎり，その増加によって企業が負担せねばならない危険負担費用が大きくなる。

多品目化の影響

まず，市場乱流化による多品目化それ自体が在庫量を増やすことにな

図4.1　多品目化による必要在庫量の増加

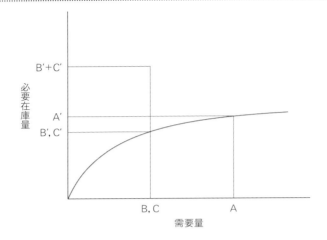

る。これは必要在庫量の平方根法則によるものである。図4.1に示すように，必要在庫量は，需要量が増加するにつれて逓減していく傾向がある。

　もともとAという需要量のあった品目がさらに多品目化してB，Cの水準に少量化すれば，必要在庫量はA'からB'＋C'に移行して，ヨリ大きくなる。必要在庫の増加はメーカーよりも商企業（卸売商，小売商）で倍加して現れる。商企業は複数メーカー製品の社会的品揃えを中核モードにしているからである。いずれにせよ，必要在庫量の増加によって，企業の市場危険負担は増加することになる。

市場乱流化の影響

　◇　**必要在庫量の規定因**……多品目化すること自体が全体として流通在庫を増加させるだけではない。各品目の流通在庫も市場乱流化により増加する傾向がある。そのメカニズムは市場乱流化を引き起こす諸要因と関連がある。主要な要因は需要変動性の増加と供給パイプラインの地理的拡大である。これらがどのように投機在庫の必要量増加の圧力になるのか。

図4.2 投機在庫必要量の主要規定因

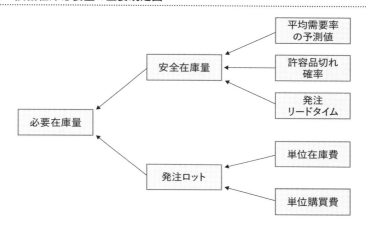

図4.2に示す必要在庫量の規定因がそれを示している。

　企業における一定期間での必要在庫量は，その品目の安全在庫量と発注ロットサイズで決まる。これらが大きくなると，必要在庫量も増える。安全在庫量とはこの期間中に品切れを起こさないように維持される在庫量である。発注ロットは発注当たりの数量である。

　安全在庫量は，

- その期間での平均需要率（たとえば1週間の平均需要量）の予測値
- 企業が許容する品切れ（機会損失）確率
- 発注リードタイム（発注後納品までの期間）

などで決まる。

　予測平均需要率と発注リードタイムが大きくなると，より大きい安全在庫量が必要になる。一方，許容品切れ確率が大きくなると，安全在庫量はより少なくても良い。発注ロットを決めるに際して，企業は各自，計画期間での需要予測値を前提に，数量当たり在庫費や注文当たり購買費をでき

るだけ削減しようとして行動する。発注ロットは，在庫費が高くなれば小さくなり，購買費が高くなれば大きくなる。

　◇　**需要変動性の影響**……乱流市場では，各品目についても需要予測値の変動は大きくなる。いくらの数量が売れるのかについて，各数量の予想割合を確率分布のかたちで表示すれば，企業の主観確率分布が得られる。需要変動性とはこの主観確率分布の分散が大きくなるということ，言い換えると需要予測値の不確実性が大きくなるということである。企業現場などでは，複数人に独立に需要予測させてみると良い。各数量を予測する人の割合は企業の主観確率分布に近似しているだろう。

　新製品が売れるかどうかについてはとくに不確実性が大きい。主観確率分布の分散は大きくなる。新製品が高頻度で導入されると，在来製品が急激に需要減になるなど不連続な変化が生じる。新製品それ自体も，ファッション・トレンド，技術革新により短サイクル化してブランドの希薄化，コモディティ化が急速に進む。また機能品分野では発展途上国からのバリュー製品の参入は同じような需要変動を生み出すだろう。だから乱流市場では，新製品だけでなく在来製品についても予測値の変動性は大きくなる。

　◇　**経済のグローバル化の影響**……経済のグローバル化も必要在庫量を増加させる重要な潜在要因である。グローバル化によって，多くの企業の製造工程で国際分業が進行した。その内容は経済発展国では基礎技術の研究開発，次世代製品開発，先端技術を要する部材生産など，いわば製造工程の前半は国内生産で行い，量産品の組み立てなどいわば後半工程は発展途上国で行うというものである。その狙いは発展途上国の低人件費を利用して費用優位性を生み出すことにあった。また発展途上国での市場成長が進むにつれて，その市場を狙うという目的もあった。

　このような国際分業の結果として，完成品の生産拠点はグローバルに分散立地し，物流ネットワークは地理的に広域化した。最終消費者へのトランスベクションにおける物流が長距離化して時間と費用がかかるものに

なった。発注リードタイムが長くなり，物流費削減のための大量輸送などで発注ロットも大きくなる，さらにこの広域化したネットワークは為替変動，地政学的リスクによる供給切断や燃料費急変などのリスクを抱え込むことになる。このような市場リスクへの対応も必要在庫量増大の増加圧力になる。

▶ 在庫削減モードの進化

多様な削減モード

　乱流市場では必要在庫量を削減しながら，同時にそれを適正水準に保たねばならない。前者は費用削減に連なり，後者は引渡時間の短縮など顧客サービスの維持に必要だ。在庫適正水準の維持は，企業レベルでも各製品カテゴリの流通経路全体でも解決しなければならない課題である。

　しかしこの課題は難しい。両側が深い谷に挟まれるアルプスの狭い稜線を走るようなものだからだ。一方の谷は売れ残りによる過剰在庫危険であり，他方の谷は品切れによる機会損失の危険がある。市場の乱流化により稜線は曲がりくねり，谷は深くなる。そこで必要在庫量を削減するということは，この稜線がますます細くなるということである。いずれかの谷に転落する危険は大きくなる。

　在庫削減をどのような様式で行うのか。その基本タイプを決めるのは，経路の統治構造である[1]。統治構造とは取引交渉のさい，その土台になる環境や状況の制度的枠組みである。表4.1に示すように，統治構造の基本タイプは，市場，片方統治，双方統治，そして売手と買手の垂直統合である。統治構造により，取引条件を決める調整メカニズムは異なる[2]。それにより，異なる在庫削減様式が流通経路に現れる。

　在庫削減のための流通活動は古くからある。その代表例は在庫一掃セールである。多数の売手と買手がいる製品カテゴリ，売手が少数になってもそのブランドがコモディティ化した商品，あるいは衣服など季節商品など

表 4.1　経路統治構造による主要な在庫削減様式

流通経路の統治構造	調整メカニズム	在庫削減の制度的様式
市場	市況にもとづく自由競争	ディスカウント
片方統治	取引支配力（パワー）	在庫機能のスピンオフ
双方統治 垂直統合	契約 組織決定	投機から延期へ

での在庫一掃（クリアランス）セールと呼ばれる流通活動になる。これらは百貨店，総合スーパー，商店街などで採用されてきた。しかし，流通モードの観点から注目すべきは制度的な在庫削減様式である。制度的様式とは活動様式を構造的に安定させ，継続的な活動遂行を生み出すものである。

ディスカウンターの成長

　在庫削減の最初の制度的様式はディスカウンターの登場である。ディスカウントはたんなる低価格ではない。重要な点はディスカウントが特定の参照価格に対する割引価格であるという点だ。ディスカウンターの低価格訴求において，消費者の参照価格となるのは有力メーカーのブランド公示価格である。消費者はこの公示価格をよく知っている。だからそれからの割引率が大きいほど価格訴求力を持つことになる。

　流通史から見ると，ディスカウンターの登場それ自体は新奇なものではない。初期の百貨店は中小商店の価格に対するディスカウンターであったし，総合スーパーの急成長もそのディスカウンターとしての登場に大きく依存していた。流通革命者はつねにディスカウンターとしてまず登場するという仮説[3]さえある。ディスカウンターの当初イメージは貧相な店舗内装など徹底的な費用削減にもとづき，低マージンでの低価格訴求店であった。

しかし，ディスカウンターは時代によって異なる衣装をまとって現れる。注意すべきはその衣装の新しさである。市場乱流化にともない新しく登場したディスカウンターとして注目すべきは家電量販型ディスカウンターと総合ディスカウンターである。かれらは一時的ではなく常時ディスカウントを行う。

◇ **家電量販型ディスカウンター**……ディスカウンターはマス・マーケティングへの挑戦者であり，そのモード適所を侵食する。カテゴリ革新や垂直的差別化のできる画期的新製品の開発が停滞し，また製品カテゴリの業界需要が停滞するといった市場条件のもとで，有力メーカーの経路統制が強まると，ディスカウンターが登場する。その代表事例は日本の家電流通の歴史[4]である。

高度経済成長期に松下，東芝，日立などは中小家電店をそのメーカー品の専売を目指す系列店として組織化した。また卸売商を地区別に系列販社に再編して鉄壁のマス・マーケティング体制を確立した。これらは商業モードを排除して，販売業者をマーケティング・モード体制に再編成しようとする試みであった。

しかし，このメーカー支配に抵抗した卸売商などは，商業モードを維持したまま東京秋葉原や大阪日本橋に結集立地してディスカウンター集積を作り上げる。このディスカウンター・グループも，安定成長に入った1972年にNEBA（日本電気大型店協会）を結成する。NEBA企業の成長にともない，百貨店や総合スーパーの売場から家電製品が次第に消えていく。しかし，共存共栄を目指して会員相互の地域分割統治や有力メーカーとの協調に入り，ディスカウンターとしての性格を失うようになる。

その間に家電流通の流通インフラは急速に変わりつつあった。すでに60年代後半から公取は「ヤミ再販」（1967）などを取り締まるため独禁法規制を強化し始めていた。松下は小売価格表示を「現金正価」から「標準価格・希望小売価格」に変える（1970）。

また，国内価格と輸出価格の差異，系列小売店と家電量販店の間の

20％を超える価格差異といった「二重価格問題」を契機とする「カラーテレビの全国的不買運動」（70年9月〜71年4月）など，消費者運動が高まる。メーカーの流通価格維持は難しくなる。一方，人口の郊外化，マイカーの普及により都心だけでなく郊外にも有望市場が現れていた。

　こうした流通インフラを背景に，90年代初頭から経済不況にともなう価格ハンターの増加や大型店規制緩和は，NEBAに所属しない新興ディスカウンターの舞台を一気に拡げた。ヤマダ電機，ビックカメラは郊外市場も含めたチェーン展開を進め，ヨドバシカメラなどは大都市主要ターミナルの商業集積地に巨大店舗を展開した。

　これによって，有力メーカーの系列小売店の地滑り的衰退，NEBA所属企業の再編などが一気に進むことになる。70年代の終わり頃まで，小売販路の大半は系列店であり，量販販路は1〜2割程度であった。21世紀の初頭には系列店販路が1割前後にまで低下する一方，量販店販路は6〜7割を占めるようになる[5]。

　新興ディスカウンターは低価格訴求のみに頼ったわけではない。ヤマダ電機などの全国展開は，大都市郊外や地方都市の消費者にとっての場所効用を増加させた。自社物流センターでの在庫集中管理やPOSにもとづく自動発注によってチェーン店の低価格を維持した。またディスカウント分をポイント提供によって補う。

　ヨドバシカメラのような都心店には，新製品を求める多様な価値ハンターが多い。これに応えるため，先端ITの利用による入荷・検品システムで圧倒的に深い品揃えを用意し，情報武装した販売員を用意した。ハイテク新製品について多くの顧客の商品知識はからずしも十分ではない。徹底した人材育成制度と，各販売員にもIDコードを付け，売場での対面販売をPOSと連動させて総合的に管理した[6]。

　　◇　**総合ディスカウント**……種々な製品カテゴリでの需要停滞は，家電以外の製品についてもディスカウンターの成長を促す。とくに市場乱流化が進むと，ブランドの短サイクル化によるコモディティ化によって，不

良在庫や過剰在庫がつねに累積する傾向が生じる。この傾向が構造的に定着し始めると，総合ディスカウンターがそれを基盤にして登場する。

日本では80年代後半になると，総合ディスカウントと呼ばれる小売業態が発展し始める。70年代の初頭から経年的に行われていた日経流通新聞の「日本の専門店調査」も，1988年以降になると，その専門店カテゴリを変更する。紳士服，婦人服といった製品カテゴリ別の専門店と並んで，「総合ディスカウント」というカテゴリを新設したのである。

86年の総合ディスカウント・トップ企業はダイクマでその売上高は739億円であった。当時の小売トップ，ダイエーの売上高14462億円の約20分の1である[7]。その後，バブル経済の崩壊にともなう長期不況に入ると，価格ハンターの増加もあって総合ディスカウント業界は急速に成長し多くの模倣者が出る。当時のトップ企業のダイエーさえ，トポス，Dマート，パンドール，エキゾチックタウンと称して総合ディスカウントに参入する。

総合ディスカウンター相互の競争は廉売をめぐる過酷な競争である。ダイエーでさえ，その総合ディスカウント事業は採算がとれず，数年で撤退を余儀なくされる。さらに，低価格だけでは，贅沢民主化を経験した顧客が納得する価値を提供できなくなる。

企業の盛衰が激しい中，21世紀の初頭以降はドンキホーテが首位に立つ。同社が競争を一歩抜きんでた理由には，まずたんなる廉売だけでなく，深夜営業や圧縮売場などによって顧客価値を高めたこと，次に仕入権限を各店にも委譲して商品調達を機動化したことなどである[8]。

同社の店舗は深夜まで営業する。これは通常時間帯に買い物できない価格ハンターにとって時間効用を付加した。店内には狭い通路に沿って商品段ボール箱がうずたかく積まれている。段ボールの口が開けられ商品説明がある。この圧縮売場の中に価値ハンターにとってもお宝がある。まだ退化せず流通価格が維持されている有名ブランド品が紛れ込んでいる。この宝探しは買物自体の楽しさという場所効用を付加している。これは価値ハ

ンターも吸引したに違いない。

　ディスカウント商品の取引は乱流市場の闇(ヤミ)である。その仕入取引での調達源，数量，価格などは，それに関与した仕入・営業担当者以外に外部には漏れない。供給先がばれると，その企業の信用不安にも結びかねない。売上不振で在庫滞留が生じて資金繰りに困ったメーカー，問屋，あるいは倒産企業の商品が極秘に換金のために持ち込まれる。

　商品調達源は場所，時間で絶えず揺れ動き，仕入可能量も一様ではない。この種の調達には機動性が不可欠で，商人的野性にもとづく臨機応変の行動が必要になる。そのため，ドンキホーテは仕入権限を各店にも大幅に委譲しているのである。

　2018年になると，ドンキホーテのリテール事業の売上高は9135億円である。単体小売のトップ企業であるイオンリテールの半分近くにまで迫っている。これは乱流市場ではディスカウンター向けの流通在庫が地下水のごとく湧き出ていることを示すものであろう。製品カテゴリ別の売上構成比（％）[9]を見ると，食品(37)，日用雑貨(26)，時計・ファッション(19)，家電(9)，スポーツ・レジャー(7)，DIY(2)である。ディスカウントの対象は，総合スーパーや百貨店の品揃えの中核分野にも拡がっており，これによって大きな影響を与えはじめている。

在庫機能のスピンオフ

　メーカーだけでなく，総合小売など大手小売商でも，その取引支配力（経路パワー）が大きい場合には，投機在庫の削減は，機能スピンオフによって行われる傾向がある。それは在庫機能を他企業に負担させ，在庫危険を企業間で転嫁する方法である。

　たとえば，有力メーカーでは系列下の卸企業や，取引関係の深い小売店に在庫負担を強要する。また，大手小売商も在庫危険の削減のため種々な方法を使う。たとえば，仕入先に多頻度小口納入を要請する，その配送センターに仕入先の製品を配送させるが，店舗配送時点まで支払いは行わな

い，売れ残った製品はすべて仕入先に返品するなどである。とくに，他企業経路との競争が少なく，またこれらの企業が短期的な視点で行動するとき，在庫機能のスピンオフ傾向が強くなる。

　機能スピンオフはそれを行う個別企業の在庫危険回避を優先し，経路全体の投機在庫危険を考えていない。機能スピンオフは，その製品の経路全体で見れば，企業間での危険費用の転嫁に過ぎない。経路の誰かが代わって負担していることになる。転嫁しようとすれば，取引関係先との種々な対立・衝突が発生する。

　それは円滑な製品流通をしばしば停滞させることになる。また特定企業の経路パワーを背景に費用転嫁を強要すれば，独禁法などに基づく法的規制を招くこともある。さらに，このような機能スピンオフを長期にわたり行うと，経路に不良在庫を累積させる。それは危険転嫁した企業にもやがて跳ね返り，経営に大きい破局を招くことになりかねない。長期的に見ると，在庫機能のスピンオフには限界がある。

投機から延期へ

　経路の統治構造が，有力メーカーと大手小売商による双方統治や，あるいは生産から小売に至るまで垂直統合が行われていると，市場乱流化にともなう在庫危険は，その経路の参加者だけで削減する必要がある。そのため，投機在庫そのものを経路全体として削減するイノベーションが必要になる。

　注文生産や大量個客対応などは投機在庫をゼロにすることを狙う。これらのモードでは顧客の発注後に完成品のトランスベクションが始まるから，投機在庫はゼロになる。しかし，これらのモードに全面的に依存すれば，乱流市場で多くの市場機会を逃すことになる。既存品の注文生産や個客対応で対応できる市場は全体の一部である。

　乱流市場の市場機会に全面的に立ち向かうには別の方法も必要である。その方向として，先端企業が目指したのは必要在庫それ自体を，マーケ

ティング経路全体として削減することである。この方法のカギは在庫投資を投機から延期へ転換することにある。

　　◇ **延期とは**……流通のマス・モードでは，投機としての在庫投資を行う。受注など実需ではなく，その予測にもとづき，メーカーでの量産や大手小売商の大量仕入により，完成品在庫を実物流通の各段階で累積・保有する。それによって顧客への引渡時間を短縮するとともに，生産費や流通費の削減によって，予測誤差による過剰在庫や品切れなどの損失を相殺しようとする。それはマス・マーケティングを支える遂行モードのひとつである。

　乱流市場の出現によって，投機在庫のメリットとデメリットのバランスが崩れ始める。これに対応するため，予測技術の向上が図られる。しかしもうひとつの進化の流れは，需要予測の必要性そのものを削減する動きである。

　この削減は在庫投資を投機から延期に変更することによって可能になる。延期が有効になる製品カテゴリは，

- 乱流化によって，需要変動が大きい
- そのカテゴリの品目数が多い
- 製品単価が高い
- 地理空間市場が広く分散している

といった特徴を持っている[10]。

　延期は投機の対極にある在庫投資のやり方である。延期の特徴は，消費者需要の実需が明確になる時点まで，最終消費者へのトランスベクションをできるかぎり遅らせることである[11]。延期の極限では，顧客注文を待って初めてトランスベクションを始める。

　トランスベクションは形態効用，時間効用，場所効用を創造する。形態効用の創造延期とは，完成品（消費者への最終製品）への製造，組立など

延期することである。時間効用や場所効用の延期とは，実店舗流通で見ると，流通最末端の小売店への製品配送を遅らせたり，小売店頭でのその品目在庫水準を控えることである。

　　◇　**制御情報の相違**……投機と延期の重要な差異は，流通活動を制御する情報の相違にある。投機は予測にもとづき活動を制御する予測主導型である。延期は実需情報によって活動を制御する実需主導型である。もっとも，完成品のトランスベクションを見ても，投機と延期は併存することが多い。しかし，トランスベクション段階から見ると，いずれかが主要制御情報になる。図4.3はこの様子を示した例である。

　同図での分断点[12]は，制御情報のタイプ転換が予測と実需の間で転換する点である。この分断点の位置により，延期がどの程度行われているかを判断できる。

　図中のAでは分断点は小売店である。小売店頭での実需にもとづき，その品目の注文や在庫量の調整が行われる。それに至るまでの在庫調整は予

図4.3　投機と延期の制御情報

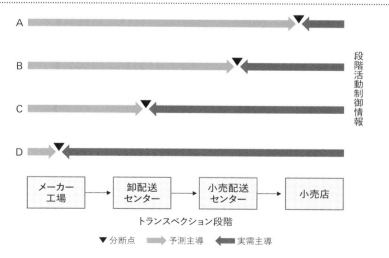

第4章　乱流市場でのモード進化　181

測にもとづく投機在庫制御である。Bではチェーン店の商品本部が統括する配送センターに分断点がある。商品本部が各店舗のPOSから集めた実需データを集約し、それによって各店への商品供給を決めている事例である。Cではメーカーの販社などが統括する卸配送センターが同種の活動を行う。Dでは分断点はメーカー工場にある。大量個客対応での製品組立作業などがこれに当たる。

 ◇ **延期のタイプ**……一般的に言えば、延期はトランスベクションにおける製品の分化を、需要特性が明確になる可能な限り遅い時点で行うことである。この製品分化とは、トランスベクションで製品が部材から完成品へ製品形態を変え、また完成品の在庫地点を卸倉庫や小売店頭などへ地理空間的に分散していくことである。製品分化を通じて、製品の形態効用、時間効用、場所効用を創造される。

製品分化のどの局面で延期するかによって、延期には以下のようなタイプがある[13]。

- 時間延期：顧客発注があるまで、トランスベクションの下流移動を延期
- 場所延期：製品の在庫位置を地理空間的に小売店舗などに分散させずに、顧客発注があるまで時点まで中心物流センターなどで集中保管する
- 形態延期：完成品（形態効用の完成）の製造を顧客発注時点のできるかぎり近くまで延期する

時間延期と場所延期はそれぞれ独立に行うことができる。しかし、形態延期は同時に場所延期と時間延期を含んでいる。

それぞれの延期時点の極限は実需情報が顧客からの受注（購買）により入手できる時点である。この時点では、乱流市場でも市場不確実性は消え

ている。延期の程度はこの時点にどれほど近いかによって決まる。近ければ近いほど，市場不確実性は小さくなる。在庫の投機性が小さくなり，売れ残りによる在庫危険負担はそれだけ少なくなる。

　他方で，時間と場所の延期は主として物流活動に影響する。物流モードは配送頻度が低い一括大量物流から，多頻度小口物流になる。それにつれて物流費用は上がる。同じように，製造も量産体制から多品目少量生産に移行する。それにつれて生産費用も上がる。

2 優位活動形質としてのサプライチェーン

▶ 機動性の向上

機動性とは

　投機在庫によって流通を行っているかぎり，流通問題は製品差別性の向上と流通費用の低廉化を2大テーマにしていた。またそこでの供給パイプラインについては，ロジスティクスの費用削減と速度向上が強調されてきた。

　市場が乱流化し始めると，これらに機動性の向上が新しい課題として付け加わることになる。投機から延期に転換するには，流通活動における機動性の向上が不可欠になる。機動性は多様な側面を持つ。それらは

- 機敏さ：変化，機会，脅威を素早く見つける能力
- 近接性：関連データへのアクセス能力
- 決断力：断固とした決定能力
- 迅速性：迅速な実行力
- 柔軟性：必要に応じた行動修正力

などである。しかし，これらは独立の次元で相互に複雑に関連している。機動性そのものはこれらの多元要素を持つ複合概念である[14]。

　市場が多様な標的に分解し，しかも各標的が高速度で動くようになると，機動性がなければ市場対応できない。流通機動性は，需給の変動を迅速にかつ的確に捉え，それに向かってトランスベクションや取引活動を展開することである。在庫投資を投機から延期へと重点移行させれば，流通の各段階での在庫量は少なくなる。これは売れ残りの危険を削減するけれども，他方で在庫があれば実現できた売上を逸して機会損失を増加させる。これを避けるには流通の各段階で，適正在庫を維持することが不可欠になる。乱流市場での適正在庫とは，過剰在庫と品切れ危険をともに回避できる最小の在庫である。

動く標的の追跡

　機動性向上の狙いは動く標的を的確に追跡することである。消費者欲求は時間と地理空間の両面で動いている。時間的変動には多くのパターンがある。従来からある変動は，予期しない事件による変動，流行，景気の波，季節変動，そして曜日や1日の時間帯の変動などである。

　市場乱流化はこれに新しい時間変動を加える。品目の短サイクル化が生み出す時間変動である。新製品として登場した直後では爆発的な急成長があるが，比較的短期間で売れなくなるかもしれない。多品目化は改良型新製品の高頻度導入やブランド拡張によることが多い。これによりブランド希薄化が生じる。

　ブランドとして導入されても，比較的短期間で差別性を喪失してコモディティ化する。品目の市場寿命の短サイクル化により，大きい変動が生じるのである。嗜好の多様性が大きい加工食品やアパレル業界，また技術革新の激しい情報機器業界では，多数の新製品が年々導入されるが短期間で消えていく。コモディティ化すれば，価格競争に晒されることが多くなり，不良在庫処分のための見切り販売などで収益性が急速に低下してい

く。

　多品目化により地理上の空間変動も倍加する。空間変動とは品目需要の地域間差異である。多品目化は消費者嗜好の多様性への適応を目指している。消費者嗜好の異質性は，年齢層，所得など社会経済属性やライフスタイルの差異から生じることが多い。これらの要因は大都市圏と地方都市圏，都市圏と農村圏で大きい差異がある。品目需要の空間変動はこれにより生まれる。消費多様性に対応するため多品目化すれば，地域需要の差異にもヨリ密接に対応することを迫られる。いわゆる店舗のローカリゼーション問題である。

　実物流通での機動性としてとくに注目されだした側面には不測事態発生への対応もある[15]。ここでの機動性とは円滑で迅速な供給パイプラインの回復である。自然災害，地政学的リスク，テロ，ストライキ，関税引き上げ，政治的な貿易戦争など不測事態によって供給パイプラインが切断される。必要在庫水準を削減すればするほど，切断が経営に与える影響は大きくなる。実物流通の機動性が向上すれば，切断を短期間で修復したり，供給パイプラインの再構築ができることになる。不測事態への対応能力がその後の企業間の盛衰を分けるようにもなった。

実物流通の重要性

　顧客価値の実現はその製品の販売によって達成される。この実現には需要が喚起されるとともに，消費者がそれを入手できるように製品実物の時間効用と場所効用が創造されていなければならない。話題の新製品導入に際してしばしば見られるように，需要が喚起されていても製品実物が店頭になければ売上は実現できない。マス・モードは，小売店頭にも十分な投機在庫を準備してこれに備えていた。

　このため，流通問題はもっぱら需要喚起を目指す取引流通に焦点を置いている。たとえば，マーケティング活動の主内容が

- Product（製品開発）
- Price（価格設定）
- Place（経路選択）
- Promotion（広告，販売促進）

の4Pからなるとした伝統的マーケティング管理論はその基本思想である。そこでは取引流通が中心テーマであり，実物流通は脇役に過ぎない。

しかし，延期を行うためには，適正在庫を維持するための実物流通が流通問題の解決に等しく重要になる。乱流市場では投機在庫をできるだけ少なくし，在庫危険費用を削減しなければならない。それと同時に在庫切れによる顧客サービスの低下を防止し，機会損失を回避しなければならない。このような適正在庫の維持問題とからんで，実物流通は取引流通と同じ重要性を持つ流通問題として浮上するのである。

マーケティング問題の重点は需要管理から供給管理へと移行する。要約的にいえば，この移行の契機は

- 市場乱流化
- 投機から延期への変化：トランスベクションでは形態効用だけでなく，場所・時間効用の創造が重要になる
- 市場の時空間でのマッチング問題の重要性：時空間での需給マッチングに失敗すれば，形態効用が優れていても顧客を獲得できない。

などである[16]。

これを解決してヨリ少衆への顧客対応と効率的で低費用の実物流通の仕組みを作れば最強の競争優位基盤ができる[17]。この新しい課題達成のため，供給パイプラインを支える流通活動編成様式としてのサプライチェーンが登場する。サプライチェーンは競争優位性を生み出す活動形質とし

て、乱流市場化の流通モードでは実物流通活動の編成における中核的な要素になる。

▶ 取引連鎖から活動連携へ

　サプライチェーンは、部材生産者から消費者へ至る実物流通経路である。それは企業の価値創造の核心にかかわるトランスベクション領域に及んでいる。このトランスベクションが複数企業の参加によって行われるときには、マーケティング経路は需要喚起のための取引連鎖になる。

　一方で、サプライチェーンはそのパートナーになる複数企業間のトランスベクション活動の連鎖である。「チェーン」という用語は企業間での円滑な連携作業を意味している。マーケティング経路が企業間の取引連鎖からなるのにたいして、サプライチェーンはトランスベクションの活動連鎖からなる。それを円滑に進めるには、企業間の活動連携が不可欠である。その理想像はサプライチェーン・マネジメント（SCM）[18]と総称される。

　垂直統合されていない経路では、SCMは特定製品のトランスベクションを複数企業が連携して統合的に遂行する実物流通経路である。この経路は部材サプライヤーから最終消費者に至る、統合的な供給パイプラインとして機能する。そこでは、部材、半製品、完成品などの実物、受発注・情報のフローが統合されている。

　この理想像の実現には、次の2つの要件がある。

- 供給パイプラインに関与するすべての企業の参加
　　チェーン参加者は、部材サプライヤー、完成品製造業者、卸売商、小売商、配送サービス・プロバイダーなどである。
- チェーン参加者間の連携
　　供給パイプラインの効率性、迅速性、機動性の向上のため、チェーン・パートナー組織間で連携する統合的な活動システムの

構築。

 理想像としてのSCMでは,サプライチェーンの範囲が部材から消費者の手元にある完成品まで,トランスベクションの全過程に及んでいる。しかし現実の進化過程はとくに特定メーカーのインバウンドからアウトバウンドへの進化であった。インバウンドとはその企業の価値創造活動のための投入物が供給されてくる過程であり,たとえば,メーカーの製造工程への部材パイプラインや商企業の調達・仕入のパイプラインである。アウトバウンドとは,完成品などその企業の産出物が買手に向かって供給される過程である。

 サプライチェーン構築の先導企業はヒュレットパッカード,ゼロックス,3M,デジタル・エクイップメント・コーポレーションなどであった。これらの先導企業は技術革新が激しく新製品が継続的に投入される製品カテゴリを主力事業にしているメーカーである。かれらは迅速で柔軟な製造工程をつくるため,サプライヤーからのインサイド・サプライヤー・チェーンを構築した。消費者までの全サプライチェーンを見ると,その構築は上流で始まったのである。

▶ メーカー・サプライチェーンとブルウィップ効果

ブルウィップ効果とは

 迅速で柔軟なインサイド・サプライチェーンは,メーカーに完成品を短期間で累積させる。そこでメーカーは最終消費者を目指したアウトサイド・サプライチェーンも重視するようになった。乱流市場での在庫危険を根本的に削減するには,メーカーにとってインバウンドからさらにアウトバウンドへサプライチェーンを拡張することが不可欠であった。つまり,サプライチェーンの下流が問題になったのである。下流でメーカーは適正在庫の維持を阻害するブルウィップ効果の発生[19]に悩まされるようにな

図4.4 ブルウィップ効果：上流での注文量変動の増加

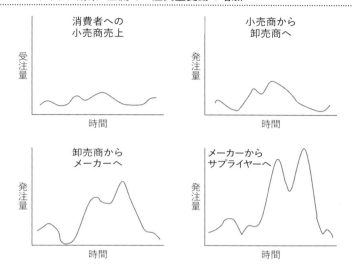

　る。

　図4.4に示すように，ブルウィップ効果とは，経路を上流に遡るにつれて，発注量の変動の振幅がますます大きくなることである。この振幅の中で，経路の上流に遡るほど実需に対する仮需の比率がますます大きくなる。実需は最終消費需要を反映した現実の需要動向であり，仮需は各流通段階の企業の発注行動の特異性により，いわば歪曲[20]された仮の虚像としての最終需要動向である。

　この現象は研究者の間では早くから知られていた[21]。実務的にも大きい問題になったのは，市場乱流化が普及した1990年代以降である。この現象をブルウィップと呼んだのはP＆Gの物流担当者である。まもなくその存在は通信機器，電子部品，加工食品，自動車，アパレル，家具のメーカーや流通業でも広く観察されるようになった。とくに，需要が急成長する製品カテゴリでこの現象が頻繁に発生するようになった。これによって，実物流通に種々の問題が発生する。チェーン全体での過剰在庫による

危険費用の増加や過少在庫による機会損失，顧客サービスの低下，過剰生産能力の発生などである。

ブルウィップ効果の発生原因

消費者に至るまでのトランスベクションの全過程をメーカーが垂直統合して流通段階が1段階しかない場合，サプライチェーン全体が一企業の内部組織過程になる。そこでは電子データ交換など情報システムが機能しているかぎり，ブルウィップ効果はほとんど生じない。

しかし，ほとんどのトランスベクションでは，メーカーは部材供給をサプライヤーへアウトソーシングしたり，製品販売に関して商企業に依存したり，さらに物流業務などを運送会社など外部のサービス・プロバイダーに委託する。この場合，各企業は相互に商取引により関係しているに過ぎず，自律的な意思決定主体になる。供給パイプラインは独立の個別企業間での自由な取引，つまり市場機能で維持される。

ブルウィップ効果発生の根元は，流通の多段階性と各段階での自律的な独立意思決定にある。その具体的な発生原因はきわめて多様である[22]。しかし，主要な要因としては，

1. 最終消費需要動向の読みについての流通段階間の相違
2. 需給条件変動への短期対応

がある。

各企業は需要予測に際して，市場動向を同じ数値で捉えているわけではない。小売商は売上により消費需要動向を把握できる。かれの予測はこの数値に基づいている。しかし，経路段階がヨリ上流になるほど，売手はその種のデータを利用できないことが多い。そのさい，その直接の買手からの受注量の動きを，需要シグナルとして利用することになる。卸売企業は小売企業からの，メーカーは卸売企業からの，そしてサプライヤーはメー

カーの受注量を需要シグナルとして使う。

　品目の需要予測は売上や受注の時系列データに基づいている。小売商はPOSデータなどにもとづいて予測し，安全在庫量と補充在庫量を決める。その基礎になる予測数値は移動平均や指数平滑法などで日々更新されている。しかし，毎日発注するわけではなく，そのリードタイムは長く，まとめて発注される。このため，卸売商に入る受注量の変動は消費需要の変動よりもはるかに大きくなる。卸売商はこの受注量を予測に使い，同種の同じ技法によってメーカーに発注する。サプライチェーンの上流に向かうにつれて，各段階での需要予測値の変動はさらに大きくなる。

　注意すべきは，この受注量が最終需要データそのものではない点である。最終需要時点を集計し，さらに発注者の在庫方針などを反映した数値である。この意味で受注データは消費需要の不確実性を管理的に吸収・削減しているが，同時に真の姿をそのまま反映せず歪めている。

　重要な点は，同じ需要予測と言っても，流通段階により，その内容は異なっていることである。さらに，発注リードタイム，品揃え確率の許容水準，発注ロットなど，需要予測とともに在庫管理様式を決める基本要因についての考え方が，流通経路の段階によって異なる。

　需給条件の短期変動は，メーカーによる数量割当や業者向け販促によって生じる。これへの買手の短期反応もブルウィップ効果を発生させる[23]。乱流市場は需給条件を激しく変動させる。新製品導入は需要急増を生み出すかもしれない。生産が需要に追いつかないとき，メーカーは過去の実績などに基づき製品数量を買手に割り当てる。商品確保が難しいと判断すれば，買手は製品の数量確保を狙って大ロット発注を行うかもしれない。

　もっとも新製品でも需要急増が期待できない場合も多い。ブランド拡張や新市場細分向けの新製品で際立った差別性がない場合などである。あるいは短サイクル化により需要停滞が始まったブランドでも需要の伸びは期待できない。これらの場合，メーカーは業者向け販売促進に頼る。数量割引や各種のリベート，返品許容など優遇取引条件がその内容である。この

機会にたいして，買手はその購買機会を利用するため最終需要動向とは切り離して大ロット発注を行う可能性がある。これによってブルウィップ効果が増幅する。

▶ パートナー間での協働作業

　それにもかかわらず，メーカーのアウトサイド・サプライチェーンでも，その理想像であるSCMによれば，まるでメーカーの内部組織であるかのように，トランスベクション活動を諸企業間で統合し，ひとつの統合システムとして動かすべきであるという。

　この統合を可能にする要件として，供給パイプラインの諸企業間で，

　（1）情報，資源，知識などの共有化，
　（2）新製品開発，生産，在庫管理の共同意思決定

などを強調する。情報技術の急速な進歩がこの要件の実現を可能にする基盤として期待される。

　共有化の代表事例は，チェーン・パートナーが消費実需データを需要予測のベースとして利用することである。この種のデータは小売段階のPOSで把握できる。これらはビッグデータであるけれども，電子データ交換やインターネットを利用すれば，チェーン参加者間での共有についての技術的困難はない。実際に，QR（Quick Response）やECR（Efficient Consumer Response）は，サプライチェーン・マネジメントの先行事例となった[24]。

　QRは米国のアパレル産業で1980年代の後半から発展途上国からの製品流入に対応するため始まった。QRの発想はサプライチェーン全体での引渡時間の調査に始まる。それによると，部材生産から消費者にわたるまでに66週かかるが，そのうちの40週の間，製品は倉庫に眠っているか輸送中であった。この調査に基づき，QRはPOSシステムの導入と企業間での

EDI（電子データ交換）の標準化によるデータ共有を提唱した。共有の内容は売上，発注，在庫などである。これにより撚糸，織布，染色，縫製，小売間でのパートナー関係性を強化して，供給ラインの流れを加速しようとした。

ECRは同じく米国の加工食品業界でのプロジェクトである。それはPOSステムとEDIを技術基盤にすることはQRと同じである。ECRは需要予測精度を向上させ，それによる製造工程の柔軟性の向上を強調する。一方，小売商に対しては自動発注システムやVMI（Vendor management Inventory，売手管理在庫）といった実践の採用を推奨した。後者はメーカーなど売手が小売商の在庫を全面的に管理するシステムである。

その後，ECRはCPER（協働在庫補充計画）[25]へと発展する。VICS（米国のサプライチェーン標準化団体）の主導によるプロジェクトである。これは先端情報技術を活用してデータ共有，予測，受発注，商品企画・販売での協働作業手順を示し，サプライチェーン構築に際しての規範になることを目指した。基本的な考え方は，小売事業者が販売実績や販売促進策（特売時期や売場の作り方）などの情報を事前に製造事業者に提供することで，製造側は独自に行う場合よりも精度の高い需要予測に基づく生産計画が立てられるようになるというものである。

需要予測を小売とメーカーの協働で行い，発注数量の決定の自動化を目指す。このためにEDI，インターネットでのデータ交換が行われる。チェーン・パートナーがこの規範に従えば，低費用，製品・サービス品質の向上，顧客サービスの改善，リードタイム短縮化などの効能が現れて，過剰在庫と欠品を同時に削減する適正在庫管理が可能になる。これによりサプライチェーンが競争優位基盤になると主張した。

たしかに流通経路が有力メーカーとその傘下にある下請けや系列の企業からなり，准統合統治されている場合には，以上のようなサプライチェーンの理想像は実現でき，強力な競争優位基盤になる可能性がある。しかし，多くの製品カテゴリの流通経路は垂直統合による完全統治，あるいは

系列による準統合統治の状態にはない。

とくに食品，医薬・化粧品，日用雑貨，家電など，品目数が多く消費が地理的に広範囲に分散しているとき，有力メーカーでも小売段階までをその統合統治下におくことは難しい。大手小売商との取引では双方統治という統治構造がヨリ一般的である。この傾向は乱流市場化でさらに強まる。小売段階での経済集中が進行し，大手小売企業の経路パワーが強くなっているからである。双方統治という統治構造では，サプライチェーンの理想像（SCM）はどうなるのだろうか。

3　SCM実現の困難性

▶ 小売サプライチェーンとの重複

直面市場の相違

双方統治の下では，有力メーカーのサプライチェーンでさえ，その理想像の修正を迫られる。そのアウトバウンド・チェーンが小売サプライチェーンと複合するからである。ネット通販を別にすれば，小売サプライチェーンの中核は商品調達を担うインバウンド・サプライチェーンである。このチェーンの活動論理はメーカー・サプライチェーンとは大きく異なっている。

メーカーはその製品カテゴリのサプライチェーンだけを考えれば良い。しかし，小売商はその品揃え全体のサプライチェーンを考えねばならない。とくに総合小売では，品揃えはきわめて多数の製品カテゴリからなる。

これらの活動論理の根底には基本流通モードとしてのマーケティングと商業の相違がある。相違の源泉は流通段階上で占める位置によって，メーカーと小売商では直面市場が異なることにある。

メーカーと比較すれば，小売商が直面する市場は

1. 製品カテゴリから見た複合市場性
2. 地理空間市場の店舗間多様性

の点ではるかに大きい。メーカーから小売商へ流通システムを下るにつれて，直面市場は少数の製品カテゴリ市場から，品揃えによって生まれる複合製品市場，店舗展開によって生まれる多数の地理空間市場としての性格を強めていく。

　メーカーは自社製品についての全国市場やグローバル市場に直面している。主要な関心はこれらの市場での集計的な動きである。小売商は種々な製品カテゴリを取り揃えて品揃えを形成する。その品揃え範囲は取引先の個別メーカーの品揃え範囲よりもはるかに広い。また同じ製品カテゴリについても，特定メーカー製品だけでなく，複数メーカーの製品を取りそろえる。各製品カテゴリはそれぞれ固有の需給条件を持ち，個別の製品市場を形成する。小売商は多様な製品カテゴリを品揃えにするから，製品カテゴリから見ると，直面市場の製品市場複合性はメーカーよりもはるかに大きくなる。

　小売商が実店舗のチェーン展開を行っている場合，各店舗の直面市場はその店舗商圏である。この市場の特質は，商圏という用語が示すごとく，その範囲が地理的に限定された空間市場にある。店舗立地に依存して，各店舗の商圏は対象顧客や競争者の点で多様に異なる。多店舗小売商はきわめて多様な地理空間市場に直面していると言えよう。

　市場乱流化によってこれらの相違はさらに拡大する傾向にある。製品カテゴリ・品目の増加によって複合市場性が増す。製品の短サイクル化が進行すれば，とくに新製品などの売れ筋時点が店舗間で異なってくるかもしれない。新製品普及の速度と時点が都市圏では早く，地方圏では遅れることが多いからである。

このように品目数が増加し，それが短サイクル化すると，商品本部での購買費や各店舗へのソーティング・配送の費用が高くなる。市場乱流化への適正在庫対応はメーカーよりも小売商の方がはるかに困難になる。もっとも，需要予測やカテゴリ管理のソフト，EDI，RFID（タグ一括読み取り）など，情報技術を駆使すればこれらの費用は抑えられる。しかし，情報投資は高額であるだけでなく，技術進歩が激しいのでその維持費用は高くつく。

サプライチェーン・ミックス
　総合小売のサプライチェーンでは，メーカーにくらべると，はるかに多数の製品のトランスベクションがまず企業本部，商品本部に集中し，そこから全国各地の店舗に分岐していく。だからそのサプライチェーン・マネジメントは，はるかに複雑になり高費用になる。店頭在庫切れを起こさずにできるだけ在庫圧縮して費用削減を図る[26]という課題達成は，小売サプライチェーンではるかに複雑になる。
　この複雑化要因は，製品タイプにより必要なサプライチェーンが異なることである。あらゆる製品カテゴリに統一して利用できるようなサプライチェーン様式はない。各製品の課業環境に適したサプライチェーンのタイプを選択する必要がある[27]。サプライチェーンの課業環境は，その製品カテゴリの需給条件である。とくに需給のそれぞれにおける不確実性の程度が問題になる。
　生産地やそれからの輸送路が確定している場合には供給不確実性は低い。経済グローバル化の過程で見られるような生産地の立地移動や輸送路が変動するときには不確実性は高くなろう。石油価格，自然災害，地政学的リスクなども輸送路を変える。
　需要不確実性は製品カテゴリにより異なる。一般に，食品，ベーシック衣服，日用雑貨などの必需品・汎用品の需要不確実性は低い。その需要パターンは安定している。ファッションやハイテク製品に関しては需要不確

図4.5　サプライチェーンの基本タイプと特徴

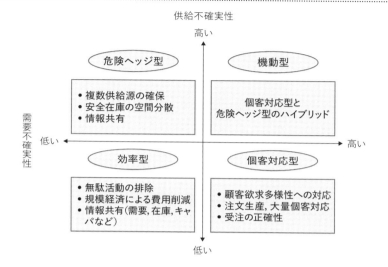

実性が高い。需要の急成長や製品寿命の短サイクル化が生じるかもしれないからである。

これらの需給条件を組み合わせると，図4.5に示すような基本タイプがある[28]。効率型は低費用を主眼にしている。これに関連した製品は効率製造によって大量生産される。また小売では安定的な大量販売ができる。無駄を廃するため，メーカーから店舗へ満載トラックによる一括直送が多い。危険ヘッジ型では供給過程の信頼性，供給源確保，リードタイムの維持が課題になる。複数の貯蔵点で在庫プールしておくことが必要になる。また供給情報網を維持し，緊急状態に際して，インターネット経由でデジタル市場から製品調達先を探索する必要もある。

ファッションやハイテク製品では供給過程は安定していても，需要変化が激しく予測できない。機動型では需要変化にいかに対応できるかが課題になる。このためにモジュラー生産が導入される。予測により投機在庫を持つよりも，延期が重視される。パソコンなどでは最終組立をできるかぎ

り遅らせたり，アパレル・ファッションなどでは色彩の最終決定を遅らせる。また，店舗在庫ではなく中央配送センターでの在庫プールを重視する。最後の機動型は，個客対応型と危険ヘッジ型の特徴を兼ね備えたハイブリッドなサプライチェーンである。

百貨店や総合スーパーのように，品揃え範囲が多様な製品カテゴリにまたがると，供給と需要の不確実性を多様な組み合わせで含むことになる。さらに市場乱流化により，各カテゴリ内部では多品目化している。総合小売のマーチャンダイザーが処理しなければならない市場不確実性が飛躍的に増加する。それはかれらの情報処理能力の限界，つまり認知限界を超えるもとなろう。4種のサプライチェーンをミックスして品揃え全体を，SCMの統合的な対象にすることはきわめて難しい。

サプライチェーン契約の不安定性

それだけではない。特定の製品カテゴリに限定しても，そのサプライチェーンが円滑に作動するとは限らない。複数の独立企業間のサプライチェーンの作動は，情報機器間の機能連結，いわゆるスマート化の問題に止まらない。その根底にある取引条件とスマート化が参加企業の収益にどう影響するのかが問題である。サプライチェーンの作動はこの取引関係に埋め込まれている。

有力メーカーも総合小売商も，収益計算に関しては独立の意思決定主体である。それぞれが自己利益の最大化を目指す。有力メーカーはサプライチェーンを通じてできるだけ大きい売上高を達成したい。そのため小売商からの発注量をできるだけ大きくしようとするだろう。このために，発注量，実際売上高，あるいは新製品の目標売上高に比例してリベートを設定しようとするだろう。また，また季節商品であるアパレル，技術革新の激しい情報機器などように小売価格が激しく変動したり，あるいは書籍のように売れ行き期間が短い製品などでは小売商からの返品慣行がある。

サプライチェーン参加者各自の獲得利益は，売上数量，発注量・頻度，

価格，リベート，返品など取引条件により大きく変動する。これらのパラメータについて，すべての参加者にとってパレート最適になるような値を設定することは難しい。パレート最適とは，特定の参加者の収益状態を悪化させることなしに他の参加者の収益状態をこれ以上向上させることができない状態である。

収益計算に影響する取引パラメータが数多く存在し，しかもそれらは市場条件に応じてつねに変動に晒されているからである[29]。売上数量，発注量・頻度，価格，リベート，返品など，主要な取引条件パラメータを基盤にするSCMは乱流市場ではとくに不安定である。

4 商業とマーケティングとの部分的ハイブリッド・モード

乱流市場での競争は過酷である。とくに経済不況が続く中で，価格ハンターや価値ハンターが台頭してくればくるほど，低価格提供への圧力が増えていく。90年代以降，とくに小売企業間の競争はデスマッチの様相を強め始める。大手企業間でも，特定企業の経営不振をきっかけにした吸収合併が相次ぐことになる。この結果，総合小売では少数企業への経済集中が一気に進んだ。他の小売業態でも多かれ少なかれ事情は同じである。

とくに小売段階までの垂直統合や系列化が困難なメーカーの観点から見ると，マス・マーケティングの支柱のひとつであった中小小売店を販路にした経路統制が崩壊した。有力メーカーといえども，大型店販路はその売上を維持するために不可欠の販路になる。長い間にわたって対立の続いていた大型店との関係性も協調路線に転換し始める[30]。

有力メーカーと大型店は機動的なサプライチェーンをどのように構築しようとしたのだろうか。それは商業とマーケティングの部分的融合によるハイブリッド型の流通モードある。その代表には，VMI（売手在庫管理）と小売ブランド開発がある。これらはマーケティングから商業への，また

その逆方向へのくさび形ハイブリッドである。

▶ VMI（売手管理在庫）

VMIとは

　VMIは80年代後半に世界最大の小売業ウォルマートがP&G（乳幼児品，洗剤，ヘアケア，化粧品），3M（日用雑貨），フィリップス（家電製品）などのメーカーと戦略同盟を結んだことから始まる。VMIはその後すぐに医薬品や加工食品などその他の製品カテゴリや各国に急速に普及した[31]。SCMでのVMIの位置づけについては定まっていない。QRやECRの不可欠の要素と見なす見方もあれば，これらとは異なるものだという主張もある。いずれせよ，VMIがSCMの活動様式であることはたしかである。

　VMIは小売商とメーカーとのサプライチェーン契約である。その契約によれば，小売商は特定メーカー製品の店頭在庫管理をメーカーに任せる。小売商はそのメーカーのための売場展示スペース（棚割），そこでの店頭在庫量の上限と下限（顧客サービス水準）を指定する。メーカーはそこでの品目品揃えやその補充のために，生産，輸送，在庫管理について責任を持つ。この活動のために必要なPOSデータなどは小売商が提供しなければならない[32]。VMI活動はメーカーと小売商とのデータ共有と，メーカーへの小売売場のいわばレンタルを基盤にしている。

VMIのベネフィット

　有力メーカーと総合小売商がこのような契約を結ぶ理由は，VMIが両者にウィン・ウィン関係を創り出す可能性があるからである。それを支える両者にとってのベネフィットには，費用削減とサービス改善の2領域がある[33]。メーカーと小売商に分けて要約的に示すと表4.2のようになろう。多くのベネフィットは，小売商とメーカーとの間の情報共有によるブルウィップ効果発生の防止と，小売売場レンタルによってメーカーが垂直統

表4.2　VMIの主要なベネフィット

	費用削減	サービス改善
メーカー	・川下からの注文量の平滑化による生産能力保持の効率化 ・バッファ在庫の削減 ・トラック満載や効率的配送ルートによる物流費削減	・納品緊急性にもとづく複数顧客間での納品調整 ・返品製品の複数顧客間での融通 ・新製品の迅速な配送・展示 ・店頭商品の市場鮮度の維持
小売商	・期末在庫水準と欠品率の効率的な調整による在庫削減 ・異なる配送センターからの荷受け業務の調整	・店頭在庫維持による機会損失削減と顧客信頼の向上 ・納品スケジュールの事前予知

合経路のように小売販路までのトランスベクションを完全に統制できることから生じている。

　このようなベネフィットにもかかわらず、VMIはどこでも採用されるわけではない。VMIの採用度は製品カテゴリにより異なる。もっとも高い分野は、多品目化が進んだいわゆる最寄り品領域である。この領域では加工食品、生活雑貨、市売薬に見られるように、製品差別性がそれほど高くない新ブランドが毎年大量に市場導入され、コモディティ化が迅速に進む。このような状況で生み出される次のような条件がVMI採用の誘因になる[34]。

- 小売店頭の在庫確保へのメーカー希望が強い
　　メーカーはその製品カテゴリの小売店頭在庫を十分に確保したという強い希望を持つ。特定ブランドに消費者はそれほど強いこだわりやロイヤルティを持たない場合、店頭でそのブランドが欠品していれば、競合ブランドに遷移してブランド代替が頻繁に起こるからである。
- 小売商にとって発注コストが高い

最寄り品でもとくに多品目化し，新製品導入により製品が激しく入れ替わるカテゴリでは発注作業は繁雑になり，人件費も含めてその発注作業費用は高くなる。したがってVMIによる費用削減効果はそれだけ大きくなる。
- 小売商はVMI導入によるメーカー間の数量競争激化を活用できる
　VMIを導入すると，メーカー間での売場確保競争が激化する。この数量競争により，小売店頭では欠品が少なくなる。小売商は機会損失の削減により利益向上を図れる。通常の在庫管理では，メーカーは在庫水準にかかわらないので，メーカー間の数量競争を利益確保に活用できないことと対照的である。

モード特性
　VMIは有力メーカーがその製品カテゴリについて，SCMのくさびを総合小売商の社会的品揃えの中に打ち込もうとする試みである。それは商業モードに包摂されたマーケティング・モードとして機能することを期待されている。メーカーはその製品カテゴリについて小売段階に至るまで重要販路を確保して，そこでの店頭在庫を管理しながら他のマーケティング活動と連動させることができる。製品は再販売されることなく，トランスベクションの諸活動は消費に至るまでメーカーの意思のもとに統合されている。
　一方で，総合小売商はVMI製品を社会的品揃えの一部として位置づける。それに割り当てる売場スペース，そこでの在庫量の上限と下限などを統制して，マーケティング・モードを包摂している。マーケティング・モードは商業モードによってその大枠を定められている。VMIは商業とマーケティングの両モードの部分的融合からなるハイブリッド・モードのひとつである。

▶ 小売ブランド開発

PBの進化

　VMIはメーカーから小売商へ，マーケティング・モードから商業モードへ打ち込まれたくさびである。乱流市場では逆方向のくさびも出現する。小売商によるプライベート・ブランド（PB）開発の進化である[35]。
　PBは小売商が企画開発してメーカーに委託生産させるブランドである。PBはこの名称以外にもプライベート・ラベル，ストア・ブランドなど，多様な名称で呼ばれてきた。PBは単発的な開発から，やがて統一的な名称の下に体系的に開発されるようになる。小売ブランド（RB）は，多様なカテゴリにわたるPBに企業が統一的に付けるブランドである。
　このような用語の多義性とその変動はPBの実態が流通システムのダイナミクスを象徴的に表す領域であることを示している[36]。用語の揺らぎと曖昧さはその指示対象の実体におけるダイナミクスの反映に他ならない。図4.6はまさにRB生成のダイナミックスを示している。
　図中でNBメーカーとは，各製品カテゴリでの全国ブランド（NB）の有力メーカーである。RBの生産はNBメーカーやPBあるいはRB専業メーカーによって行われる。専業メーカーとは，PBあるいはRBの委託生産を主力事業にするメーカーである。業界での中堅企業や新興発展国企業などに多く，低費用生産を得意とする。
　これらのメーカーは相互に差別化や販路獲得をめぐって激しく競争している。総合スーパー，コンビニなど大手小売商は，RBの主要な開発主体である。百貨店がほとんど開発主体とならなかった理由は，商品本部を持たず，また各製品カテゴリについてみれば，多様な品揃えにより，製品カテゴリレベルでみると販売数量が少なかったからである。総合スーパーやコンビニは同業態競争だけでなく，異業態との間で店舗展開や商圏拡大をめぐって競争している。とくに，乱流市場における食品や日用雑貨の分野では，総合スーパー，食品スーパー，ディスカウンター，コンビニ，ド

図4.6 小売ブランド生成の流通ダイナミックス

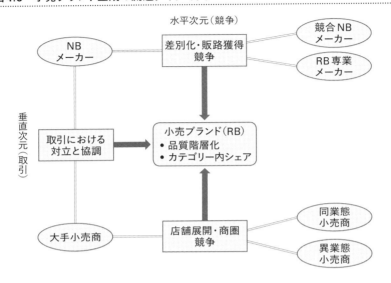

ラッグストアの間で乱戦模様となっている。

PBは，小売ブランドの先行形態の代表的名称である。有力メーカーのNBと比較すれば，PBの製品属性は，

- 低価格であるが品質は劣る
- 生産委託先は有力メーカーではなく，中小メーカーや挑戦メーカー
- 単品ベースでの単発的開発

といった特徴を持っていた。その品質階層は低価格訴求のための単一階層のみであった。PBはNBメーカーによる価格統制や取引制限に対する大手小売商の対抗策であり，その品質は低く，低価格訴求を争う闘争型であった。単発的開発であったために，その製品カテゴリ内シェアは数%に過ぎなかった。

PB生産を担ったのは主として専業メーカーである。かれらと大手小売

商の取引は，市況にもとづく短期的な市場取引である。大手小売商の希望する価格・費用条件を満たす専業メーカーが選ばれる。だから市況により取引先は変わっていくことになる。そこには密接な取引関係性は存在しない。闘争型の仕入原価は低い。

　しかし，小売競争が激化してくると，小売価格水準が抑えられるので，小売マージン率は低下していく。とくに乱流市場では，価格競争はヨリ低価格の応酬になる。それによって底なし沼のような価格戦争に転じる可能性があるので，期待小売マージン率は激しく変動する傾向がある。

統一的小売ブランド

　しかし90年代以降，世界的な傾向として総合スーパーの小売ブランドの開発モードは大きく変化する[37]。日本も同じである。要約的にいえば，その変化局面には次のような特徴がある。

- 単発的開発から統一ブランドによる継続的開発
- 品質階層が多階層化する
- サプライヤーとしてNBメーカーが加わる
- サプライヤーとの密接な関係性

　総合スーパーはいくつかの製品カテゴリにわたり統一ブランドの下に小売ブランドを開発し始める。日本でいえば，1994年以降のイオンのトップバリュや，2007年以降のセブン＆アイのセブンプレミアム[38]が代表事例であろう。いずれも食品，衣料品，日用雑貨などの複数分野で4000〜5000品目にまたがっている。

　トップバリュやセブンプレミアムは多数の品目の統一ブランドになった。2016年にセブンプレミアムは1兆1500億円の売上を達成した[39]。同じ年度に，トップバリュは7156億円を達成している[40]。これによって，両者とも多様な製品カテゴリにわたり，小売ブランドシェアが拡大してい

る。以下ではこの統一ブランドとしての小売ブランドに焦点を当てよう。

品質多階層化

小売ブランドでは品質が多階層化する。多階層化の狙いは，乱流市場で消費者が求めている顧客価値の基本タイプに適応することである。この基本タイプにより，消費者行動は価格ハンター，品質ハンター，そして低価格と品質を同時追求する価値ハンターに分かれている。

たとえばイオンでは標準型のトップバリュ以外にトップバリュ・ベストプライスとトップバリュ・セレクトという品質階層がある。これらは垂直的に差別化されている。「ベストプライス」の品質水準は他の階層よりも低く，低価格訴求品である。市場標的は価格ハンターであり，競争戦略上はディスカウンターへの対応を目指している。一方，「セレクト」は高級品で価格は高くなる。品質ハンターが市場標的である。中間の標準型は低価格と納得品質を希望する価値ハンターを市場標的にしている。

セブン&アイでは標準型の「セブンプレミアム」以外に「セブンプレミアム・ゴールド」がある。価格はNBより高くなることもあるが，それを超える高品質によって品質ハンターを狙う。「金の……」と修飾された食パン，ハンバーグ，ビールなどは話題商品になった。

NBメーカーの参画

小売ブランドの品質多階層化は，小売ブランドのサプライヤーとして専業メーカーに加えて，一流のNBメーカーが参画したからである。価値ハンター向けの標準品や品質ハンター向けの高品質品の開発はこれによって可能になった。これらの品質はNBに対抗できるほどまで向上する[41]。

この参画を契機に，NBメーカーとの関係は従来の対立から協調に大きく転換し始める。小売ブランドの共同開発はNBメーカーと大手小売商の戦略同盟の中核要素になる。この転換の動因は何か。それは乱流市場での流通システムの垂直次元と水平次元の交錯ダイナミクスから生まれる。

◇　**大手小売商側の狙い**……大手小売商側の狙いから見ると，まず流通システムでの水平的次元での変化がある。小売段階では小売寡占化が進み，大手小売業同士の店舗展開と商圏をめぐる業態内激突が始まる。さらに，総合スーパーの場合にはユニクロ，しまむら，青山商事，ディスカウンター，地方食品スーパー，ドラッグストア，ネット通販など新興勢力から激しい挑戦を受ける。総合スーパーでは，巨大店舗，著名な全国ブランドの取り揃えや総合的品揃え，価格訴求だけでは，乱戦市場での競争優位性を維持できなくなる。

　競争優位性をめざして，品揃えの総合的な魅力の向上が不可欠である。このために各店舗の商圏特性や競争環境に適応した品揃え体系の再構築が必要になる。そのさい，顧客価値タイプに対応した品質多階層化がなければ，乱流市場での多様な市場条件に対応できないであろう。

　各品目の品質多階層化を図るにしても，とくに品質向上による価値製品や高品質製品の開発に必要な製品差別化は，従来の小売ブランド専業メーカーではできない。かれらの多くは大手小売商の製品指図書にもとづき，いかに低価格製品を生産するかに腐心してきたからである。

　バリュー製品や高品質製品を生産するノウハウはNBメーカーが持っている。しかしその有力NBについては，その製品の品質や嗜好の詳細だけでなく，製品包装のサイズ，形状，色彩，レタリングなどはメーカーの統制下にあり，小売商固有の店舗環境に対応する製品ポジショニングを行うことはできない。小売ブランドの開発にかける大手小売商の狙いは，その品揃え魅力の向上のため，多くの品目について品質階層など製品ポジショニングの設定権を得ることである。

　大手小売商の狙いは，流通システムの垂直次元についてもある。それは有力NBの取引交渉を小売商に有利なように転換することにある。有力NBには密接な代替品がなく，市場シェアは高い。それだけメーカーの取引交渉力は強い。有力ブランドを模倣して小売ブランドがその競争品になれば，メーカーの取引交渉力を低下させ，小売商にとってより有利な取引

条件を引き出せるかもしれない[42]。

◇　**NBメーカーの狙い**……一方で，NBメーカーは小売ブランドの開発になぜ合意するのだろうか。主要な狙いは販路の確保と，新製品の実験的導入である。

　乱流市場では主要な製品カテゴリについて，大手小売商が小売販路の大半を抑え始める。巨大な購買力を背景に，大手小売商はその競争優位をさらに高めるため，製品の小売ポジショニング権の掌握による競争優位性向上と，また有力NBについてもその取引交渉力を高めたい。このために製品属性空間で有力ブランドの近傍に品質上位層の発展型小売ブランドを開発しようとする。乱流市場ではリーダー・メーカーといえどもその要求を拒絶すれば，競合NBメーカーとの販路拡大競争に後れを取る。この販路喪失の脅威が小売ブランド開発へのNBメーカーの参画を促す。

　乱流市場では新製品が高頻度で導入される。革新的なイノベーションがない場合には，差別化基盤が弱く，その多くが短期間でコモディティ化する。加工食品，日用雑貨，ファッション・アパレル，情報機器などはその典型である。しかし，このような新製品でもその市場導入費用は高い。広告宣伝，業者向け販促，さらに小売売場での棚割確保など，これらの費用はNBメーカーのマーケティング・モードでは必要経費である。製品が多品目化し，そのコモディティ化が短期間で進行するほど，この経費負担は重くなる。しかも新製品の成功率は低く危険が大きい。

　このためNBメーカーは新製品導入をブランド拡張として多用することになった。この拡張にはライン拡張（同じ製品カテゴリ内での同一ブランド名での新製品追加）とカテゴリ拡張（同じブランド名で別カテゴリ新製品の追加）がある。ライン拡張は先行品目との共食いが発生し，カテゴリ拡張はブランド・エクイティを希薄化させる危険がある。乱流市場での製品差別化基盤の弱化と新製品の多頻度導入はこれらの危険を高めている。

　小売ブランドの中でも，品質上位層の品目について生産合意することはNBメーカーにとっても不利な契約ではない。小売ブランドについては大

手小売商がその販売を引き受ける。NBメーカーは販路確保のための販促費用もまたそのブランド広告費投入も要らない。NBメーカーにとって新小売ブランドの市場導入費用はNB新製品にくらべるときわめて低い。

　一方，品質上位層の小売ブランドについては，小売価格は中位層ブランドよりも高く設定される。大手小売商もNBメーカーの生産ノウハウを考慮してNBメーカーへの利益配分を認める可能性が高い。さらに，NBメーカーは小売ブランドを通じてその新製品アイデアのいくつかを市場実験し，その情報を入手できる場合もある。このため，特定の上位層ブランドの共同開発に関するかぎり，NBメーカーにとってかならずしもソロバンの合わない話しではないのである。

　NBメーカーの心配は，デュアル・ブランド戦略によって，NBのブランド希薄化が起こらないかということであろう。これは開発される小売ブランドが既存NBにたいして，どのような製品ポジショニングにあるかに依存している。実質的は同じ製品属性の品目をたんに包装やブランド名を変えたものだけであれば，希薄化が起こる可能性がある。NBの差別化基盤である原料や製法の一部だけを小売ブランドに移転すれば，希薄化の危険は少なくなるであろう。

サプライヤー関係の進化

　◇　**小売ブランド関係性**……サプライチェーンとその基礎にある取引から見ると，小売ブランド開発を契機にして，大手小売商とサプライヤー（NBメーカーと専業メーカー）との関係は大きく変わる。プライベートブランド（PB）が単発的に開発された時代には，両者の関係は市況に応じて結ばれる短期的な交換型の市場取引で結ばれていた。そのサプライチェーンもその理想型としてのSCMとして作動していたわけではない。

　しかし，小売ブランドになると，両者の関係は関係型取引[43]に変わる。関係型取引ではある交換型取引が次の取引に接続され，時間経過の中で円環をなして累積していく。この過程で相互信頼が醸成され，関係性は長期

図4.7 小売ブランド関係性の進化

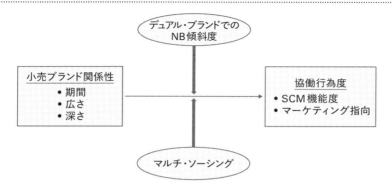

持続的なものになる。小売ブランド関係性の進化は多面的である。それは図4.7のように要約できよう。

　一対のサプライヤーと大手小売商について，その小売ブランド関係性には長さ，広さ，深さといった次元がある[44]。長さは関係継続の期間であり，広さは提供PBのカテゴリ数であり，そして深さはその小売商内での特定サプライヤーの売上シェアである。これら3つの次元が大きくなると，関係性はヨリ強くなる。この強度は種々の条件に依存している。要約的にいえば，強度を高める要因は

- 両社の組織構造での集権度
- 両社での部門間伝達の良さ
- 組織内伝達，情報共有，そして分業などへの態度など，両社の組織文化の類似性
- 両社の相互行為が取引条件を超え，市場データ交換，新製品開発，共同販促キャンペーンなど競争領域にまで入り込んでいる程度
- 両社間での相互信頼の高さ

など，組織的要因である[45]。

　◇　**協働行為度の高まり**……流通モードという観点から見ると，小売ブランド関係性の強化によって，サプライヤーと大手小売商の活動様式における協働行為化が大きく進む。その特定小売ブランドに関するかぎり，トランスベクション過程でのサプライチェーンはその理想型としてのSCMに近づいていく。また，取引過程では両社の間に協働的なマーケティング指向が強くなっていく。一言で言えば，関係性の強化によって，小売ブランドの流通は生産から小売までの垂直統合経路と同じように作動することになる。

　しかし，この進化には2つの重要な媒介要因がある。ひとつはメーカーのデュアル・ブランド戦略でのNB傾斜度である。小売ブランド生産を引き受けると，NBメーカーはNBとPBに同時にかかわるというデュアル・ブランド戦略を取ることになる。デュアルとは「2重の」とか「双対的な」という意味である。NB傾斜度とはその小売商との取引におけるNBとPBの相対的売上比率である。NB傾斜率が高い場合には，小売ブランドでの協働行為度に与える関係性強化の影響はヨリ弱くなるであろう。

　NB傾斜率の動向は小売ブランドによって生じる新しい取引状況をNBメーカーがどのように評価するかに関わっている。小売ブランドに協力すれば，NBメーカーはNBとPBの双方についてヨリ多くの市場知識を収集できる。これによってNBメーカーはPB開発やそのマーケティングについてより良い助言をできるようになりPB売上を増やせる。

　他方で大手小売商側もNBとPBの費用構造格差を知ることになり，NBの仕入費用をPBのそれに近づけようと要求するだろう。また，大手小売商はNBの差別性を支える新技術の提供を要求してくるかもしれない。NB傾斜率はそのメーカーのブランドの強さや大手小売商販路の成長性を念頭に，この新しい取引状況をどう判断するかに依存している。

　もうひとつの媒介要因はマルチ・ソーシングである。これは同じ製品カテゴリでの複数サプライヤーに，大手小売商が小売ブランド生産を同時に

委託することである。これを行えば，大手小売商の対メーカー交渉力は高まり，有利な条件を引き出せるかもしれない。しかし，委託先が増えると契約などの取引交渉や複数サプライヤー間での小売ブランド生産・流通にともなう調整費用は増える。マルチ・ソーシングが多くなると，小売ブランド関係性強化が協働行為度向上に与える影響は弱くなろう。マルチ・ソーシングの程度はこれらの諸要因の比較考量によって決まるであろう。

　いずれにせよ，小売ブランド開発は，小売商からメーカーへ，商業モードからマーケティング・モードへ，流通経路の後方に向かって打ち込まれたくさびである。これによって，その小売ブランドに関するかぎり，流通モードは生産から小売までの垂直統合モードに近づいていく。

　しかし，大手小売商の品揃えがすべて小売ブランドで占められているわけではない。マーチャンダイジング，サプライチェーン，店舗管理の全体は商業モードで作動している。同じように，NBメーカーでは小売ブランドの生産・流通は，デュアル・ブランド戦略の中で，全体としてはマーケティング・モードで作動している。小売ブランドは商業とマーケティングの部分的なハイブリッド・モードである。その作動は乱流市場が生み出すダイナミクスの中で絶えず揺らいでいる。

第5章 スマート・モードを目指して

　商品世界の変貌や乱流市場の出現は，百貨店や総合スーパーなど伝統的流通モードを採る企業を悩ませた。それへの種々な適応にもかかわらず，経営不振や倒産に追い込まれる企業が増えた。1990年代以降はこれらの環境変化が一気に吹き出して定着した。しかしこのような時代でも安定した高成長をつづけ，現在の流通覇権を掌握した一群の企業がある。流通覇権とは流通システムで市場規模の大きいモード適所に，長期持続的と思われる強力な地位を築くことである。

　総合小売業を追撃する次世代覇権企業は

- セブンイレブン，ローソンを代表とするコンビニ
- ファーストリテイリング，しまむら，ニトリ，良品計画など製造直販専門店
- アマゾン・ドット・コム，楽天などのネット通販

などである。

　これらの企業の流通モードはどのように動いているのだろうか。それによってそれまでの流通モードが乱流市場の中で直面した流通問題をどのように克服しているのだろうか。乱流市場で成功した流通モードには共通する特質がある。第1に，それは商業とマーケティングを中心に，従来モードの優位形質を融合したハイブリッド・モードである。第2に，その融合はスマートに行われている。

　スマートな融合をめざしたハイブリッド流通モードを，以下ではスマー

ト・モードと呼ぶことにしよう。本章では，まずスマート・モードの共通特性を検討した上で，このモードを実店舗型と無店舗型に分けて検討しよう。同じくスマート・モードといっても，実店舗型と無店舗型では流通モードの詳細には重要な差異がある。

1 スマート・モード

▶ スマート小売業との違い

　近年，スマートいう用語が多様な製品，サービスなどに多用されるようになった。デジタル技術の多様な進歩とそれらの連結につれて，スマートという言葉で形容される対象は，スピーカー，テレビなどの家電に始まり，カー，カード，ブック，ドラッグ，果てはシティなどにまで拡大している。スマートと形容すれば，差別化ができ製品が売れるとマーケターは思っているのだろうか。この言葉にはいくぶん乱用の嫌いすらある。

　スマートいう用語は流通でも現れる。その代表はスマート小売業である。スマート小売業の概念はきわめて新しい概念[1]である。現在での共通理解は，スマート機器（コンピュータによる制御・処理能力を搭載した機器）を店舗に整備したり，スマホなどモバイル機器，さらにユビキタス・コンピューティングによって，人とモノとの連結性を高めた小売業のことである。

　小売業に関連したスマート機器利用の具体例は多い。スマホやパソコンによる店舗アクセス，実店舗内でのセルフ・チェックアウト，書店での特定書籍棚確認のような情報検索タッチポイント，デジタル署名など機器利用の決済，商品QRコードの読み取りによる商品情報取得，ネットショッピングに際してのソーシャル・メディアやネット通販業者提供のスマホ・アプリの利用，仮想フィッティング・ルームやスマート・ミラーなどであ

る。

　今後はユビキタス・コンピューティングがさらに発展する。これにより人とモノとが自動認識され，相互通信が可能になる。入店に際しての顔認証，店内Wi-Fiへの自動接続，ドローン配送，接客用胴体ロボット，棚管理用店舗ロボットなどもさらに普及するかもしれない。さらに鉄道駅の壁やバス・ストップにバーチャル店舗が出現するかもしれない[2]。

　スマート小売業の研究はまだ始まったばかりであり，その概念定義もまだ確立していない。スマート機器の技術進歩が激しく，その利用法も多様に拡大しているからである[3]。スマート小売業というコンセプトは，小売店舗での顧客接点を中心にしたスマート機器利用を主題にしている。しかし，本書でいうスマート・モードは，スマート小売業をはるかに超えるコンセプトである。

　実際，スマート小売業の概念についても，顧客接点でのスマート機器の適用だけでなく，もっと広く小売過程全般にまで拡大すべきという意見もある[4]。本書で言うスマート・モードのコンセプトは小売過程をも超えて，流通過程全体のスマート性を問題にする。それはスマート機器の適用だけでなく，その流通モードでの対象製品や顧客の選択，さらにトランスベクションと取引の様式など，流通モード全体のスマート性を問題にするのである。

▶ スマート・モードの特性

共通特性

　セブンイレブン，ユニクロ，アマゾンなどは，いずれもスマート・モードを目指している代表企業である。もっとも流通モードとしての詳細に関しては，とくに各企業がかかわる製品や対象顧客の相違によって差異がある。

　これはスマート・モードに至る道が，製品や標的顧客の相違によって異

なり，ただひとつではないことを示している。しかし，トンボ，セミ，蝶などが異なる形状にもかかわらず，昆虫として複眼，4枚羽，6本の足といった共通する特性を持つのと同じように，これらの企業がスマート・モードを目指しているという点で共通している。この特性が乱流市場でこれらの企業の著しい成長をもたらした要因である。

スマート・モードとよべる共通特性とはどのようなものだろうか。それはスマートいう言葉そのものに含まれている。言及対象が何であれ，スマートと表現する場合には，ファッショナブル，クイック，インテリジェントといった意味内容が含まれている。これらはスマートという概念の意味内容における次元（側面）を表していると言えよう。人間能力でいえば，これらは感性（心），野性（身体），理性（頭）などが対応する。流通のスマート・モードも同じような特性を持っている。それらは，

- 時流への適応性
- 行動の迅速性
- 活動編成（トランスベクションと取引の様式）上の知性

に優れているという点である。スマート・モードはこれらの特性によって乱流市場で競争優位を持つ優性モードになったといえよう。

時流への適応性

時流適応性とは時代トレンドがつくる時流に適応するということである。乱流市場は流通インフラの激流的な変化によって引き起こされている。とくに重要なのは，技術，生産・消費の様式の激しい変化である。技術変化はデジタル技術の革新を中心にしている。

流通にかかわる人やモノの動きは機械によって自動的に捕捉される。POS，種々な決済カード，GPS，監視カメラ，通信音声など，消費者の動きを自動的に捕捉する。モノの動きはRFID (radio frequency identifier)

で自動的に捉えられる。これはID情報を埋め込んだRFタグからの近距離無線通信により，モノの動きを自動的に捉え，物流で使われる。

　これらの機械により自動収集されたデータはビッグ・データとして蓄積される。コンピュータの処理速度，記憶媒体，通信速度・容量の革新により，ビッグ・データを体系的に蓄積してデータベースを構築することも容易になる。このデータベースでは多様な変数があり，それらは相互作用しながら複雑な構造をしている。多変量解析など伝統的統計手法では分析できなかったパターンも，AI（人工知能）によるデータ・マイニング技術により抽出できるようになった。

　ビッグ・データベースは消費者の集計的な動きだけでなく，各消費者の動きを個別的に捕捉することができる。それはマーケターにとっては個客捕捉のいわばマーケット・レーダーである。さらにこれらのデータは，流通システムの企業（B）や消費者（C）間でインターネットなどにより双方向的に電子交換される。こうしてB to B，B to C，C to Cといった関係性の中で，双方情報伝達が流通システム全体に拡がり，トランスベクションと取引の様式に革命的な変化をもたらしている。

　激流は消費様式にも見られる。晩婚化，少子化，女性の社会進出，高齢化人口の都心回帰などの社会経済構造の変化によって，人々の生活時間構成が大きく変化し，それにつれて製品に求める顧客価値も変化していく。さらに，情報技術の発展によって，商品世界についての消費者の情報武装が飛躍的に向上しただけでない。消費者行動のモバイル化も進展した。

　これらに貢献したのは，スマホ，タブレットなどモバイル情報機器の急速な普及，インターネット，そしてフェイスブックやLINEなどソーシャル・ネットワーキング・サービス（SNS）による消費者間コミュニケーションの拡大である。商品や店舗について消費者の情報収集能力は飛躍的に拡大し，消費者と企業の接点の時間，場所，機会も多様化した。

　以上のような乱流市場での激流には大別して2種ある。ひとつは泡沫型である。それは一時的に消費者間で盛り上がるが短期間で消えていく。他

のひとつは多くの模倣者を生み，時代の大きい流れとなっていく大河型である。たとえば，技術ではPOS，インターネットなど，消費様式ではキャッシュレスなどはこの例であろう。スマート・モードでの時流適応は泡沫型への適応ではなく，未来社会をつくる大河型時流への適応である。この種の適応をしているのかどうかによって，時流適応性が決まる。

行動迅速性

　激流のなかでの競争は一種の修羅場である。予期せぬところから大きい市場機会が出現するとともに，競争者が現れ大きい脅威になる。デジタル・ネットワークの広がりや贅沢民主化の中で思わぬところに機会が転がっており，それを捉えた事業が大きく成長する。発展途上国からの新興メーカーや，国内ではLINE，メルカリ，ZOZOTOWNなどの台頭はその代表事例であろう。修羅場は一気に駆け抜ける。風林火山の先例を持ち出すまでもなく，行動迅速性は修羅場を生き抜く行動原則のひとつである。

　行動迅速性は行動過程の経過速度である。情報認知，判断，実行の速度が要求される。市場での機会を捉え，脅威を回避するためだけでない。乱流市場では将来の予見がますます難しくなる。不確実性に対応するため，流通業務でもトランスベクションと取引，およびこれらを制御する情報収集・伝達の速度が必要になる。

　個別品目レベルでの需要予測は，市場が乱流化すると，ベーシック品目を除くとほとんど当たらない。そのため，実行学習（learning by doing）にますます依存しなければならない。取りあえず試験的に製品を売り出し，その売れ行きを見て即座に予測を修正して，事後の生産・流通計画を立てる。実行結果のフィードバック・サイクルをできるだけ加速して適応していく。不確実性への対処法としての実行学習の有効性は，実行の結果に基づく事後行動修正をいかに迅速に行うかに依存している。

活動編成の知性

　活動編成の知性とは，流通活動をいかに賢明に編成するのかということである。この企業知性はスマート・モードの特質の中で中心的役割を果している。知性水準によって，活動編成の巧拙が分かれる。それは時流への適応性や行動迅速性に決定的な影響を与える。企業知性は収集した情報素材を処理加工して，以後の行動・活動の枠組みになる情報を創造する過程である。知性水準によって情報素材の加工度が異なり，異なる水準の情報が生み出される。この情報階層はデータ，加工情報，知識，知恵などからなる。

　データとは生産，在庫，取引などの記録，営業マン・レポート，新聞記事，統計資料など情報素材である。大量であるが整理や加工処理が十分に行われていない。POSが生み出す大量の取引データなどはその例である。データは各特異状況を個別的に客観的・第三者的に捉えた情報項目から構成されている。このようなデータを蓄積していくらビッグデータにしても，それだけではデータの洪水を生み出すだけである。

　加工情報はデータを加工処理すれば得られる。POSデータを例にすれば，商品別，地域別，顧客別などに集計された単品売上データなどは加工情報の例である。加工情報はデータの個別情報を集計してヨリ一般的な情報にしたものである。この集計様式にも企業の知性が表れる。筆者はかつてある専門店チェーンで実験をしたことがある。POSを導入したけれども，その成果が上がらないというトップの求めに応じたものである。

　週末に全国から全店長をホテルに集め，POS管理部が日頃店長に送付する型式でその週のデータを提示した。それはまるで統計表のように詳細を究めた分厚い加工データ表であった。しかし，店長が現場でその加工データの読み取りに使える時間は1時間もなかった。その時間内に各部屋に戻って来週の店頭の改善案を求めると，回答は多様に分かれた。

　次に売れ筋上位品目だけを示す集計表をわたして，同じ時間内に改善策を求めたところほとんどの店長の改善策は一定の方向に向かっていた。

この実験はデータを受け取る現場管理者の情報負荷処理能力を超えると，データは統計表として優れたものであっても，実践にとって無意味であることを示している。

　加工情報もデータと同じく状況を客観的・第三者的に捉えた対象認識に止まっている。そのため，実践上どうすればよいかについての情報そのものを提供しない。情報階層としての知識とは，対象認識を実践行為に結びつける情報である。知識は対象認識だけでなく，それへの対応行動プログラムを示唆する情報である。現場の情報利用者を念頭に，巧妙に加工されたデータはこのような知識を生み出す。

　たとえば安全在庫や品切れ確率などの在庫知識は在庫量の情報だけでなく，過剰在庫や機会損失を知らせ，発注量の調整を示唆する。市場環境の状況が反復的であれば，知識を蓄積することができる。しかし，乱流市場のように状況がしばしば大きく変わるとこの蓄積は難しい。過去に蓄積した知識は状況変化によって陳腐化し，対応行動を示唆するという点では役立たなくなるからである。

　情報階層の最上位に位置する知恵は，従来の知識では対応できない新状況を認識し，そこでの行為方向を示唆する情報である。知恵は見識，英知とも呼ばれる。知恵はつねに創造的である。意思決定問題を再定式化したり，新目標を設定したり，新しい行為プログラムを創造する。新状況への適応には，知恵が生み出す創造的な情報が必要になる。活動編成の知性は知識の蓄積だけでなく，知恵を生み出す仕組みによって支えられている。

　この仕組みの中心は流通モードの3つの側面の間でのマッチング（整合，調和，適合）である。製品，対象顧客そして流通活動の編成それぞれが他の2側面と調和，適合，釣り合っていなければならない。流通モードでのマッチングをモード・マッチングと呼ぶとすれば，それは流通モード全体的な特性であり，個々の側面に分解することはできない。スマート・モードでの流通モード融合では，多かれ少なかれ，このモード・マッチングがある。

具体的な活動では，製品，対象顧客，そして活動編成はそれぞれ属性を持ち，またそのカテゴリー化にも多様な方向がある。ファッション・コーディネートと同じように，全体的特性はそれらの複雑な組み合わせの全体的パターンの中に表れる。モード・マッチングは，それらのマッチング状態の評価によって達成される。企業知性はこのモード・マッチングの中でその姿を現す。モード・マッチングが維持されているか。これを絶えず問うことは，融合モードとしてのスマート・モードを達成するためにもっとも重要な問いである。

　具体的な流通活動から見ると，モード・マッチングは定型的な活動パターンに従うことではない。それは業務マニュアルに落とし込むことはできない。流通モードの3側面が流通インフラの変化に絶えず晒されているからである。3側面はこれへの外的な適応を求められている。これによって，3側面のいずれかが変化すれば，モード・マッチングの状態変化が生じる。スマート・モードを維持しようとすれば，3側面のマッチングを理想的な状態に戻さなければならない。モード・マッチングは，流通インフラ変化への対外適応と同時に，企業組織内での対内的な適応を目指すきわめて動態的な過程である。

▶ スマート企業の長期耐乱性

低い損益分岐点比率

　高い収益力によって，スマート企業は乱流市場に耐えることができる。つまり，耐乱性が高いのである。この耐乱性は長期的にも持続している。スマート企業がそれまでの覇権企業を追い上げ，現在の流通覇権を握るようになったのは，耐乱性を構築して先発流通モードとの耐乱性格差を長期的に持続したからである。

　この格差はとくに前世紀末から新世紀の初めにかけて大きく生じた。この時代は乱流市場が全面的に拡がったところに，バブル崩壊による経済不

表5.1　損益分岐点分析による指標

$$損益分岐点 = \frac{固定費}{1-(変動費/売上高)} = \frac{固定費}{限界利益率}$$

損益分岐点比率 ＝ 損益分岐点 ／ 売上高

生存臨界売上減少率 ＝ 1－損益分岐点比率

況が重なった。経済不況は需要を縮小し，市場スラックを消滅させる。市場スラックとは，効率性が低く競争力の劣った企業でも，市場で存続させる市場の余裕である。

　市場スラックがなくなると，流通モードの競争優位性が前面に大きく姿を現すことになる。90年代の初頭から新世紀の初めにかけての時期は，市場スラックの消滅によってモード間での耐乱性格差を浮彫にする一種の実験室的状況を創り出したと言えよう。

　耐乱性は損益分岐点分析による一連の指標によって検討することができる。表5.1はこの分析の概要である。

　損益分岐点は利益が出るかどうかの分岐点になる売上高である。変動費は仕入原価など売上高の増減につれて変動する経費である。式の分母は1から変動費率を差し引いたいわゆる限界利益率である。売上高が1単位増えることで増える利益である。固定費は売上高の増減にかかわらず利益を上げるため必要な費用であり，これを限界利益率で除することによって損益分岐点が得られる。損益分岐点比率とは，売上高に対する損益分岐点の比率である。1からこの比率を差し引いた生存臨界売上減少率は，利益が出なくなる売上減少率を示している。

　損益分岐点比率の長期的な推移は耐乱性を指標している。図5.1は乱流市場が本格化し，また市場スラックが消滅した時代での損益分岐点比率を，それまでの総合小売業と実店舗型スマート企業とで比較している。両グループは鮮やかなコントラストを示している。

図5.1　市場乱流化本格化時代の損益分岐点比率の推移

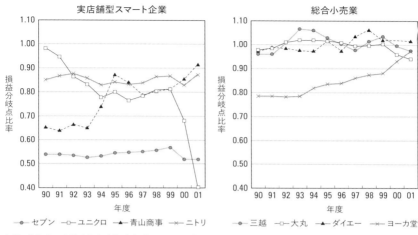

出所）各年度の各社有価証券報告書データより計算

　総合小売業の損益分岐点比率は1の近傍にある。1を超えると赤字会社であり，1を下回ってもわずか数％の売上減で赤字会社になる域にある。企業としてはいわば生死の境をさまよったのである。イトーヨーカ堂はもっとも肥沃な首都圏に店舗網を集中したり，また店舗展開に際して土地などを自社物件ではなくリースに依存してきた。この効率経営の雄と言われた企業ですら，その損益分岐点比率は急速に上昇し，他の総合小売業と同じ域に入った。

　これにたいして，スマート企業の損益分岐点比率のほとんどは90％を下回っている。売上が10％減でもまだ利益が出る。とくにセブンイレブンの超低位水準の維持やユニクロの急速な水準低下が印象的である。これらの企業は好不況に関係なく，高利益の出せる全天候型の企業になっている。

　スマート企業と総合小売業の以上のような鮮明な差異は，個別企業の経営巧拙を超えて，乱流市場での流通モードのカタストロフィ（突然の大変

動)を示すものであろう。このカタストロフィは両モードでの競争優位性の変局を表している。競争優位性における，総合小売モードの下降とスマート・モードの上昇のコントラストである。

耐乱性の基盤

◇ **高い在庫粗利益率**……実店舗型スマート企業は，現在では日本の小売売上ランキング上位を占めているだけではない。何よりも注目すべきは，2016年度での売上高営業利益率(％)などで見たその収益性の高さである。たとえば，セブンイレブン・ジャパン(29.2)，ニトリ(16.7)，ユニクロ(12.8)，ローソン(11.7)など，代表的な百貨店や総合スーパーが2〜5％前後にくらべると，抜きんでている[5]。しかもこの高収益性は90年代に乱流市場が本格化した以降から持続している。

スマート企業は売上営業利益率が高く，損益分岐点比率は低い。これらの基盤はどこにあるのだろうか。固定費が低いか限界利益率が高いと，損益分岐点比率は低くなる。伝統的な流通モードとの比較で耐乱性基盤を詳細に分析して行くには損益分岐点は便利ではない。固定費が絶対額であり，また限界利益率を定義する変動費の詳細データが得られないからである。とくに人件費の詳細がわからない。正社員給与は固定費になるが，パートなどの人件費は変動費だからである。

そこで耐乱性の基盤を探るため営業利益に焦点を当てて検討しよう。営業利益は次式(1)で定義される。

(1) 営業利益＝限界利益－固定費
　　　　　＝売上高－商品原価－(商品原価以外の変動費＋固定費)

ここで，売上高－商品原価＝粗利益，そして商品原価以外の変動費＋固定費＝販管費になる。粗利益と販管費は有価証券報告書データから計算できる。スマート・モードに従う企業をそれまでの企業との比較で見ると，もっとも大きい格差は売上販管費率ではなく，売上粗利益率に現れる。ス

マート企業の売上粗利益率は格段に高い。

　この高い粗利益率はどのような流通活動で生み出されているのか。流通活動を直接に示す代表的財務数字は在庫高である。この在庫高を粗利益率に関連付ける指標には在庫粗利益率（GMROI）がある。会計学では商品投下資本粗利益率とも呼ばれ，次式で定義される。

　（2）在庫粗利益率（GMROI）＝粗利益÷在庫高

これに流通活動の基本成果としての売上高を関連付けると，

$$\text{（3）在庫粗利益率（GMROI）} = \frac{\text{粗利益}}{\text{売上高}} \times \frac{\text{売上高}}{\text{在庫高}}$$
$$= \text{売上粗利益率} \times \text{商品回転率}$$

になる。在庫粗利益率の要素は，売上粗利益率と商品回転率から構成されている。

　これらはマーケターが流通に関してもっとも重視する2つの指標である。売上粗利益率はマーケターが実物流通のトランスベクションで付加した価値を反映している。売上によってどのくらいの価値を実現できるかは，設定価格と商品原価に依存している。商品回転率は製品売上の実現速度を反映している。マーケターの売上成長率が高くなるほど，商品回転率も高くなる傾向がある。商品回転率は取引流通の効率性を反映している。

　◇　**在庫粗利益率向上への途**……在庫粗利益率を向上するには，粗利益率と商品回転率の向上という2つの途がある。しかし重要な点はこれら2つの間のトレードオフ関係である。粗利益率を増やそうとすれば商品回転率が下がり，逆に商品回転率の増加には低価格訴求のための低い粗利益率が必要になる。

　図5.2の従来軌道はこのトレードオフ関係を示している。従来の流通モードはこの従来軌道のどこに位置するかによって決まっていた。その特定位置から縦軸と横軸に垂線をおろしてできる四角形が在庫粗利益率

図5.2　在庫粗利益率の成長経路

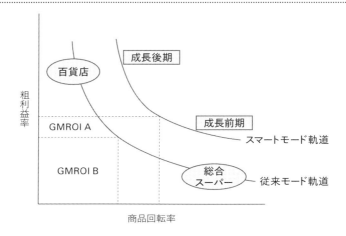

GMROIである。スマート・モードのGMROI Aはスマート・モード軌道が従来軌道よりも右上方にあるので，従来モード軌道上のGMROI Bヨリも大きくなる。

　百貨店は高額品を販売し，高い粗利益率を確保しようとした。その基盤は贅沢品を中心にした品揃えである。しかし，その商品回転率は低くなる。総合スーパーは低価格訴求により粗利益率は低くなったけれども，それを高商品回転率で補おうとした。低価格を支える基盤は，大量仕入や現金仕入による商品原価の切り下げであり，また低廉店舗やパート採用による販管費の削減であった。

　これらの従来モードと比較すれば，スマート・モードはヨリ高い在庫粗利益率を確保できる軌道に乗ろうとしている。このためにまず売上高成長により商品回転率を飛躍的に高めようとした。その基盤はたんなる総合スーパーのように低価格訴求ではなく，価値ハンターを目指した新しい顧客価値提案であった。

　しかし，スマート企業は成長がある段階に達すると粗利益率の向上を目

指すことになる。その基盤は百貨店のように高額品の品揃えをすることではなく、トランスベクションの革新による商品原価の驚くべき削減である。スマート企業の耐乱性を支えた高い在庫粗利率は、従来流通モードとは異なるモード革新に支えられている。次にその具体的内容を検討しよう。

2 実店舗型スマート企業のモード特性

スマート企業は乱流市場でも高い耐乱性を持ち、そこで存続・成長を達成することができる。この耐乱性を支えているのは、モード革新によって生み出したスマート企業の流通モード特性である。セブンイレブン、ユニクロ、ニトリ、青山商事など、実店舗流通企業に限ると、取引の対象、相手、活動編成の3側面について、表5.2のような共通特性がある。次世代の覇権企業を狙う新興企業は、これらのいずれかを構築することから出発するだろう。

▶ 潜在的ビッグミドルを狙う

ビッグミドルとは

覇権企業やその地位を狙う企業が取引相手として狙うのは、ビッグミド

表5.2　実店舗型スマート・モードの共通特性

●取引対象	総合的品揃えではなく、専門的品揃え
●取引相手	潜在的ビッグミドルの消費者
●活動編成	●サプライヤーのネットワーク化 ●商業とマーケティングの完全融合

ルの消費者である。ビッグミドルとは潜在顧客の消費者が存在する市場領域である。いわば市場の巨大中核部分である。この市場で覇権を握れば，規模の経済を達成でき，巨大な売上と利益を確保できる。特定時点での覇権企業の市場基盤はこのビッグミドルであり，次世代覇権企業はその成長過程でこの領域への移住を心がけてきた[6]。

　ビッグミドルは多様な姿を取って市場に現れる。若干例を挙げると，首都圏といった地域市場，若者消費者といった年齢層市場，スマホ市場など製品カテゴリー市場，価値ハンターといった顧客価値市場などである。重要な点はビッグミドルの姿は流通インフラの影響を受けるとともに，マーケターの市場認知にも依存しているという点である。市場認知とはマーケターによる市場の見方であり，そのビジョンは企業の知性を反映し多様である。

　市場領域としてのビッグミドルを区画するものは何か。目に見えるもっとも明示的な基準は社会経済特性，とりわけ居住地で決まる地域別人口集積である。メーカーのマス・マーケターは都市住民に最初の市場標的を定めた。百貨店は大都市に，そしてその中心市街地に立地して都市圏の消費者を吸引しようとした。

　社会経済属性で区画したビッグミドルは時代によって姿を変える。たとえば，70年代から80年代にかけて，いわゆる戦後生まれの団塊世代が若者消費者として台頭すると，マス・マーケターや渋谷に拠点を置いた西武流通グループなどは，この世代に市場標的を移して流通覇権を維持しようとした。人口の郊外化は都市郊外の新市街地などに新しいビッグミドルを出現させ，総合スーパーがそこでの流通覇権を確立した。

　スマート企業の標的設定はマス・モードを採用した先発企業とは異なっていた。その相違点は

- だれにでも見える明示的標識よりも，彼ら特有の市場ビジョンを通してメガトレンドを見ようとした

- 現在の規模よりも，市場デザインによって明日の規模を構築しようとした

点にある。スマート企業の市場デザインは，やがて顕在化するであろう時代底流のメガトレンドを見据えようとしたのである。

　総合小売業の売場を見ても，百貨店の贅沢品売場を別にすれば，その商品を買う消費者の生活イメージは浮かび上がらないことが多い。スマート企業の売場やレジに並ぶ客層を見れば，その品揃えを買う消費者の生活像が浮かび出る。それは生活現場発想のイメージをもとに作り上げた店舗コンセプトにしたがって品揃え形成を行っているからであろう。

スマート企業の市場デザイン

　標的の市場規模区画は明示的な社会経済的標識によるだけではない。マーケターの市場デザインによっても増やすことができる。市場デザインとは，マーケターが持つ消費生活イメージに照らして新しい顧客価値提案を行い，それによって市場を区画することである。

　たとえば，セブンイレブンの創業地は江東区である。当初の店舗展開はこの地区に集中し，やがて首都圏全域やロードサイドに拡げていった。単身寮や学生下宿など，狭い住空間に住む工員，学生，あるいは深夜まで基幹道路を走行するドライバーたちの生活実態から，当初のコンビニの品揃え品目が決まった。欲求を感じればすぐに欲しい商品を並べ，24時間営業を目指した。晩婚化などで単身者が増加したり，共稼ぎ世帯が増えると，弁当など調理済み食品が品揃えの中核を占めるようになった。

　ユニクロは若者中心に拡大しつつあったカジュアル・ファッションを納得価格で買いたいという贅沢民主化の流れを見ていた。しかも，夏涼しく冬暖かいという衣服の機能にたいするもっともベーシックな欲求を外さなかった。青山商事は仕事着として毎日着る背広をもっと安く買いたいというサラリーマンの悩みを見ていた。ニトリはマンション暮らしなど狭い住

空間をヨリ快適に広く使いたいという若い都市居住者の潜在ニーズを掘り起こそうとしていた。折りたためるファッショナブルなベビーベッドなどがそれから生まれた。

スマート企業が創業時から標的にしたのは，種々の生活現場から浮かび出る消費者像である。しかもそれは規模の小さいニッチ市場ではなく，時代の潮流を背景にますます頭数を増やしている消費者像であった。現場発想の消費者生活イメージは，昼間の天空をネガにして夜空に変え，そこに燦然と輝く星屑を見えるようにした。スマート企業の市場標的は，時流適合性により，明日の大河となる底流のメガトレンドを捉えようとする。

明日の大河を捉えていたことはその売上成長率に現れている。1990年と2015年の売上高倍率を見ると括弧内に示すように，ユニクロ（151.3），ニトリ（28.6），セブンイレブン（5.8），良品計画（12.5），青山商事（2.7）となる。同じ期間で，イオンリテール（2.2），イトーヨーカ堂（0.95），三越・伊勢丹（0.5），大丸・松阪屋（0.6）であった。イオンリテールの成長は吸収合併によるところが大きいことを考慮すれば売上成長率格差は明らかである。

総合小売業とくらべると，スマート企業の品揃えははるかに少ない製品カテゴリに絞り込まれている。2017年で単体売上高トップのイオンリテールに対する，スマート企業の売上高比率％は，セブンイレブン（36.5），ユニクロ（35.8），ニトリ（21.0），良品計画（14.1），青山商事（11.0）となる。総合小売とスマート企業における品揃え品目数には何百倍という格差がある。この点を考慮すれば，現在では多くの製品カテゴリ・レベルでは，スマート企業が流通覇権を確立していると言えよう。その代表事例はセブンイレブンである。同社はいくつかの加工食品カテゴリで最大の小売売上シェアを誇っている。

▶ 総合的品揃えから専門的品揃えへ

製品カテゴリの絞り込み

　スマート企業は多様な製品カテゴリに及ぶ総合的品揃えではなく，カテゴリ数を絞り込んだ狭い品揃えでビッグミドルを狙う。スマート企業の際だった特徴はその品揃えの専門性にある。この専門化はどのような意味を持っているのだろうか。

　小売品揃えは多くの次元を持っている。その中でこれまで基本次元と見なされてきたのは品揃えの広さと深さである。広さとは製品カテゴリの数であり，深さとは各カテゴリでの品目数である。さらに，これらの両次元での店頭在庫量を決めれば，品揃えの基本構造は決まると考えられてきた[7]。

　品揃えの総合性や専門性は主として品揃えの広さ，つまり製品カテゴリ数にかかわっている。百貨店や総合スーパーはその発展過程で，顧客のワンストップ・ショッピングを狙い，その品揃えをできるかぎり多くの消費財に拡大しようとした。

　これにたいしてスマート企業はその品揃えを特定範囲の製品カテゴリに限定した。品揃えの広さから見ると，いずれのスマート企業も狭い。セブンイレブンは加工食品，惣菜，日用雑貨である。ユニクロはカジュアル・ファッションに，また青山商事はメンズ・アウターに限定している。ニトリの品揃えは家具と日用雑貨である。品揃えの広さからいえば，スマート企業は専門店である。

　しかし，品揃えの広さそのものが総合小売とスマート企業の業績格差を生み出したわけではない。総合性と専門性のいずれが競争優位を生み出すのか。それは一概に言えない。流通進化の過程を振り返ると，アコーディオンのように伸縮を繰り返して[8]広さの点で種々な総合店や専門店を生み出してきた。

品揃えの深さを追求

業績格差の原因は品揃えの深さをどのように編集するかにある。総合小売にくらべると，専門店は中小型店が多い。このため，従来の専門店の品揃えの深さは総合小売の該当売場とくらべても変わらないことが多かった。スマート企業の品揃えの深さは特別なかたちで編集された。それにより専門店の深さは総合小売の該当売場を超えるものとして消費者に知覚される。

これが総合小売とスマート企業の業績格差を生み出した要因のひとつである。狭い売場面積にもかかわらず，スマート企業は品揃えの深さを追求する。このため，スマート企業は，製品特性の明確な編集方針による品目絞り込みを行う。

当初からセブンイレブンの品揃え品目は，酒，煙草，パン，料理品，書籍・雑誌・新聞，化粧品など，商店街の業種店の品揃え範囲内にあった。しかし，そのすべてではなく，欲求が起こればすぐに購買される商品，購買後1時間以内に消費される商品に絞り込まれていた。その後顧客層年齢が上昇して新品目が次々に追加されても，多忙で買物時間が十分とれなかったり，調理時間が確保できない消費者に，形態効用，時間効用，場所効用の向上を提供するという点では一貫している。

ユニクロやニトリなども，取扱製品カテゴリの中で特定品目に絞り込んでいる。その品目にはトレンディであるにもかかわらず，納得できる機能品質があり，納得価格水準にある品目である。それらはいずれも，品質ハンターや価格ハンターではなく，価値ハンターを標的にした品目群である。スマート企業はそれぞれの編集方針に従い，カテゴリ内での品目バラエティを増やし，消費者の知覚における品揃えの深さを追求したのである。

スマート企業は品揃えの深さを追求するもうひとつの方法を開発した。それは迅速性を活かして，展示品目の頻繁な更新による機動売場である。品揃えの深さは一時点でもあるいは1ヵ月など期間でも測定できる。期間

で測定された場合には，その間で展示された品目数が深さになろう。昼食時のコンビニ来店客にとって品揃えの深さ知覚は，弁当や惣菜の多様性により大きく影響される。新ファッションを求める若い女性客にとっては，展示されている新作品の多様性が店の品揃え深さを左右するだろう。顧客が求める時に適切な品目を多く用意できるか，この動態的適応の巧拙によっても顧客の感じる品揃えの深さが決まる。この動態的適応を左右するのが品揃え機動性である。

流通活動の同質化による情報負荷削減

　品揃えの広さと深さにおけるこのような絞り込みにより，スマート企業の品揃えは総合小売業にくらべると，トランスベクションや取引の様式など流通活動編成の点ではるかに同質的になる。たとえば総合スーパーの場合，その品揃えを構成する多様なカテゴリはトランスベクションや取引の様式，つまり流通活動の編成様式の点で多様に異なっている。これは商品調達に際してのソーティング作業を複雑化するだけではない。さらにこの複雑な品揃えを，各店舗の需要や競争の条件の多様性を配慮した店舗品揃えに配分しなければならない。それに含まれる時間と場所の変換，ソーティング作業はきわめて複雑である[9]。

　とくに消費多様化や乱流市場の時代では，製品カテゴリ間でのトランスベクションや取引様式の異質性が増え，総合小売業の流通活動編成が飛躍的に複雑化する。適切なトランスベクションと取引に必要な情報量は膨大であり，その情報負荷は多くの担当者の能力を超えて過重になる。一方で，スマート企業の場合には，品揃えの絞り込みによる同質化によりそれほど複雑化しない。スマート企業の品揃え専門化の意味はこの点にある。

　情報処理問題の解決には2つの方法がある。ひとつは情報処理能力の向上である。これには情報機器やソフトの向上が不可欠であり，多額の情報投資がいる。もうひとつの方法は，処理しなければならない情報量そのものを削減することである。

具体例を挙げれば，100円ショップなどはその代表事例であろう。全品目の売値を100円に統一することにより，その流通業務に必要な情報処理がいかに簡素化されることか。売上計算も個数を数えるだけである。スマート企業における品揃え品目の絞り込みも同類である。トランスベクションや取引の編成様式は，品揃え専門化によって飛躍的に簡素化した。これは企業知性での知恵レベルから生まれる解決策である。スマート企業の品揃え専門化には，企業知性が光っている。

▶ サプライヤー・ネットワークの構築

　スマート・モードを流通モードとして見ると，そのきわめて重要な特質はその流通活動の編成方式にある。流通活動は実物流通と取引流通からなる。実物流通はトランスベクションの集合体である。この実物流通について，スマート企業はきわめて効率的なサプライヤー・ネットワークを構築した。サプライヤーとは流通経路の川上に位置する原材料や製品のメーカーを始め，輸送や情報のサービス提供者の総称である。

　このネットワーク化により，スマート企業はそのサプライチェーンを理想像としてのサプライチェーン・マネジメント（SCM）に近づける。これを基盤にスマート企業はトランスベクションを迅速に展開する能力を付ける。これにより不良在庫を抑えて特売などによる在庫処分率を削減するとともに，欠品による機会損失を少なくすることに成功した。この能力こそ乱流市場でのもっとも重要な競争優位性基盤であり，これによってスマート企業は高い収益性を達成することになる[10]。

ネットワーク化とは
　◇　**ネットワークのコンセプト**……サプライヤーをネットワーク化するとはどういうことか。ごく抽象的にいえば，ネットワークは点とそれらを結ぶ線が全体として織りなす配置形状パターンである。通常の用語法で

は，点はノード（結節点），線はリンク（連結，関係性），配置形状パターンは構造と呼ばれる。各ノードへのリンクの結節の仕方によって構造ができる。リンクを通じて，影響，情報，人，物，金など経営資源などが流れる。この流れの量，質，さらには中核ノードへの結節の仕方によって，ネットワーク全体の結束は緊密になったり緩やかになったりする。

　抽象的なネットワーク概念は種々な領域に適応できる。サプライヤー・ネットワークなど特定のネットワーク化を問題にするときには，

- ネットワークの課題と，ネットワーク全体を設計するキャプテン
- ノード（ネットワークへの参加者，成員）とその役割
- リンク（関係性）

などについて，その実体的内容を明らかにする必要がある。

　サプライヤー・ネットワークは，スマート企業をキャプテンにする多くの独立企業のネットワークである。ネットワークの課題はスマート企業の顧客価値提案のトランスベクションの効率的遂行である。これに不可欠な一連の他企業がネットワークのノードになる。このノードは，スマート企業へのトランスベクションにかかわる経路上流のメーカーやサービス提供者からなる。セブンイレブンなどのようなフランチャイズ・システムの場合には，加盟店へのトランスベクションにかかわる企業全体がサプライヤー・ネットワークを形成している。そのキャプテンはフランチャイザーのセブンイレブンである。

　◇　**サプライヤー・ネットワークの範囲**……サプライヤー・ネットワークの重要な特質は，ノードとして含まれる範囲が顧客価値提案に寄与するトランスベクション全域に拡がる点にある。完成品メーカー，卸売商，配送業者だけでなく，アパレルなどのように素材が顧客価値形成に重要であるときには，素材メーカーや海外の加工メーカーにまで遡る。

　重要な点はその調達先を国際展開していることである。狙いは低価格の

第5章　スマート・モードを目指して　|　235

実現にある。たとえば，ユニクロの場合には，縫製工場だけでなく，取引先素材工場の86％も中国を中心にアジア各国に展開している[11]。

サプライヤー・ネットワークの範囲は種々な生産段階にまで及ぶ。しかし，スマート企業による後方的な生産垂直統合ではない。生産垂直統合であれば，スマート企業の在庫には原材料，半製品での在庫品があるはずである。在庫に占める原材料，半製品の比率などは垂直統合度の指標である。スマート企業の垂直統合度を有価証券報告書で調べれば解るように，ほとんどゼロに等しい。

　◇　**供給柔軟性**……垂直統合企業でないにもかかわらず，スマート企業のサプライチェーン・ネットワークはトランスベクションの日常業務を，まるでひとつの組織内活動であるかのようにこなす。情報伝達，製品の受発注がネットワーク・リンクを通じて順調な生理系のように機能する。そのさい供給柔軟性に重点が置かれている。その狙いは投機在庫をできるだけ少額にして流通費用を抑えながら，市場変化に迅速適応して機会損失を出さないことである。

供給柔軟性はたとえばファスト・ファッションの場合には次のような活動特性によって支えられている[12]。

- 単品（SKU）毎に需要予測しその危険を評価する
- 個々の単品にまだ加工されていない原材料，仕掛品を事前配置する
- 製造能力を事前予約する
- 輸送能力を事前予約する
- 単品（SKU）数量の最終決定は実需時点近くまでできるかぎり延期する

購買頻度の高い最寄り品の場合には，多頻度小口配送が供給柔軟性を支える。たとえばセブンイレブンでは各店の商圏特性だけでなく，曜日，時間帯，その時の天候までも考慮して，1日数回の配送を行う[13]。この供給

表5.3　ネットワークでのパワー基盤

経済力	①市場シェア, ②企業規模, ③売手あるいは買手への取引依存度 ④取引先転換費用, ⑤垂直統合能力, ⑥金融援助能力
技術能力	①品質管理, ②ロジスティクス管理, ③買手指図書対応能力, ④製品・工程の革新能力
専門能力	①アプリケーション・エンジニアリング, ②事前・事後サービス ③研究開発での人的・設備能力
信頼	①評判と過去の実績, ②個人的友人関係
公式正当性	①長期契約, ②特許権, ③ジョイント・ベンチャー

柔軟性の点で，いわば大筋の骨格だけをメンバー間の契約により決めて動いている戦略同盟などとは異なっている。

企業間関係の統治様式から見れば，サプライチェーン・ネットワークは市場と組織の間にある中間組織である[14]。この意味では，系列化されたメーカーのマーケティング経路や大手企業間の製販同盟などと同類である。しかし，ネットワーク全体のシステムとしての機能様式は大きく異なっている。とくに全体としての行動の統一性，柔軟性，機動性などで卓越している。

関係性の特質

◇　**基礎にあるパワー関係**……スマート企業のサプライヤー・ネットワークはなぜ柔軟に迅速に動き，規範としてのサプライチェーン・マネージメント（SCM）に近づくのだろうか。

その秘密はネットワークリンクとしての関係性の特質にある。従来，ネットワークといえば，そのリンクの関係性として情報や製品の移動に焦点を合わせていた。しかし，これらの根底にはネットワーク参加者間のパワー関係がある。パワーとは他者への影響力の行使であり，パワー関係と

はネットワーク・キャプテンとそれ以外の成員との相互的な影響力行使関係である。このパワー関係が情報や製品のネットワークの機能様式に決定的な影響を及ぼしている。

ネットワークでの各成員（ノード）のパワーには多様な基盤がある。それを一覧すれば，表5.3のようになろう。どの基盤が重要になるかは状況次第である。いずれかの基盤により，他者の行為に影響力が生じる点が重要である。

大手メーカーや総合小売商などマス流通での経路キャプテン企業は，販売先や仕入先を編成する際に，その経済力をパワー基盤として，仕入価格，再販価格，取引数量，販促協力金，各種リベート，返品，在庫リスク負担など，利益成果に直接かかわる取引条件数字を統制しようとした。目先の利益を追ういわば短期指向である。またそれを支えるため，契約，帳合など公式正当性を主要なパワー基盤にした。

◇　**スマート企業のパワー行使**……スマート企業のパワー行使は，ネットワーク・メンバーとの長期的な双利（ウィン・ウィン）関係性を構築して，メンバー間の相互信頼の向上を目指している点で異なっている。具体的にいえば，次のようなパワー関係性の構築を目指している。

第1に，利益に直接かかわる取引条件よりも，トランスベクションの柔軟性，迅速性にかかわる要求を重視する。店舗網に近接した工場立地，活動データの電子交換，多頻度・小ロット発注，多頻度小口配送などだけでなく，生産工期の短縮までも要請する。乱流市場での需要変化への即時対応に必要な活動パターンである。

H&M，ZARA，それらを追撃するユニクロなどのファスト・ファッション企業は，トランスベクションでの形態効用の形成過程を時間的に驚くほど短縮している。伝統的なアパレル生産時間にくらべると，製品コンセプトや見本は5分の1，見本展示は2分の1，織布，裁断，縫製などは2分の1から3分の1の時間しか要していない[15]。物流だけでなく製造工期の圧縮がトランスベクションの迅速性を支えている。

第2に，トランスベクションの柔軟性，迅速性を支えるインフラ整備を要求する。このインフラはスマートなサプライチェーン構築を目指すものである。その特徴は，

- POSに加え，センサー，RFIDタグなどの機器によるデータ収集の機械化
- サプライチェーンにかかわるシステム，モノの連結
- プロセス・フローの作業を人的作業から機械に代替して自動化
- サプライチェーン成員間での共同意思決定，情報共有，システム共有による統合
- 新しい顧客価値提案の創造

などである[16]。たとえば，セブンイレブンの情報システムは世界で先端を行くものであるが，情報機器の進歩にともない，セブンイレブンはそのシステムに適合する最新機器の採用をサプライヤーや加盟店に要請してきた。

　第3に，スマート企業がネットワークメンバーに誘うのは，技術能力，専門能力に優れたサプライヤーである。原材料調達や加工生産を低費用で行うため，トランスベクションを国際的に展開しなければならないときには総合商社の協力も仰ぐ。顧客価値提案にかかわる製品特性については，スマート企業が詳細な指図を行い，それにより生産された製品を買い取る。

　サプライヤーにとっては，その製品サービスの販路確定を行える。スマート企業の売上が急成長していれば，販路はますます拡大する。それだけではない。スマート企業の要請を受け入れることにより，その技術能力や専門能力をさらに磨くことができる。

　一方，スマート企業は，顧客価値提案を支える製品特性の指図権を維持したまま，国際的に拡がるトランスベクション上流にまで関与することに

より，製品原価を低く抑えることができる。これがバリュー製品開発を可能にするとともにスマート企業の高収益基盤になる。この双利関係がうまく構築・維持されると相互信頼が高まる。この信頼はサプライチェーンをスマート化する上での目に見えないインフラである。

▶ 商業とマーケティングの完全融合

模倣によるハイブリッド・モード

　流通モードとして見ると，スマート・モードの全体的特性は商業とマーケティングの完全融合を目指している点にある。これがハイブリッド・モードとしてのスマート・モードの特性である。完全融合とはどのようなハイブリッド・モードだろうか。

　生物界での種は，交配による出生を通じて次世代に受け継がれていく。流通モードは生物界での種に該当している。技術開発など，製造企業の優位形質は企業に内部化され，また特許などで守られている。そのため模倣は難しい。これにくらべれば，流通企業の優位形質ははるかに模倣がしやすい。模倣のための情報が得やすく，また模倣の成果を出しやすいからである。

　店舗の視察や，その優良企業とも取引関係のある卸売商，配送業者，コンサルなどを通じて優位形質の情報は引き出せる。また模倣の成果を出すことも容易である。新業態店舗など優良形質を開発した企業は，それを一気に全国展開に持って行くことは難しい。とくに小売段階では市場が店舗商圏などにより空間的に隔離されているからである。セブンイレブンが開発した初期コンビニ・フォーマットをローソンなどが容易に模倣できたのは，セブンイレブンの店舗展開が当初は関東圏に限られていたからである。

　模倣の容易さによって，流通モードの進化ではハイブリッド・モードが生まれやすい。流通モードは，企業の成長だけでなく模倣によって継承さ

れていく。とくに競争優位性を生み出す新モードの優位形質は模倣の対象になる。既存モードが新しい優位形質を取り入れようとすると、生物界での雑種誕生と同じように、模倣によってモード間の交雑・融合が生じ、ハイブリッド型の流通モードが生まれる。

　消費多様化や乱流市場の到来は、種々のハイブリッド・モードを誕生させた。その多くは既存の覇権企業による新環境への適応の試みである。その多くは実物流通（トランスベクション）軸上よりも、取引流通軸上で生じた。商業とマーケティングの交雑である。しかし、それによって誕生したハイブリッド・モードは、商業モードとマーケティング・モードの完全融合ではなく、部分的融合に止まった。新興企業のスマート・モードもハイブリッド・モードに属している。しかし、そこでの商業とマーケティングのモードはヨリ完全な融合を目指している。

モード・マッチングによる完全融合

　顧客価値提案に際して、商業モードによる流通活動は小売などに主要拠点を持ち、社会的品揃え形成を通じて時間効用と場所効用を創造する。一方、マーケティング・モードの場合には、製造に主要拠点を持ち、形態効用の創造がその流通活動の中核である。ブランドの創造・維持がその中心になっている。

　スマート企業の流通活動は、モード特性から見ると、商業であるとともにマーケティングである。スマート・モードによる流通活動では、これらの両モードが重なり解けがたく融合を始めている。

　　◇　**小売拠点の確保**……スマート・モードの商業側面は、完全な小売拠点を持っていること、そしてその品揃えが多数のメーカーの製品であるという点にある。マス・マーケティングは流通系列化などへの膨大な投資と長年の企業努力にもかかわらず、自動車などを除けば、ほとんどの製品カテゴリで生産段階と小売段階での品揃えの齟齬により、完全に統制できる小売拠点を構築することはできなかった。

スマート企業は品揃えを専門化し，その小売を事業起点とすることによってこの問題を解決した。専門小売店のチェーン展開を通じて，時間効用と場所効用を創造している。総合小売と同じように，この小売店舗がスマート企業の事業起点である。スマート企業は小売拠点を最初から確保している。しかも，その品揃えは多数のメーカーによる製品である。

　スマート・モードのマーケティング側面はどこに見られるだろうか。それは製造領域にまで及ぶトランスベクションの全域に事業拠点を拡張していること，そして小売ブランドの構築を流通活動の中核に据えている点にある。

　◇　**トランスベクション上流への拡張**……マーケティングは製造活動を事業拠点にして，そこから消費者に向かう最短経路を模索した。総合小売などは小売を事業拠点にしながらも，トランスベクション上流にまで事業拠点を拡大しようとした。しかし，総合小売はトランスベクションを，その品揃え全体に拡張することはできなかった。プライベート・ブランドや小売ブランドによる拡張は少数の品目や製品カテゴリに止まった。しかし，スマート企業はその店舗品揃えの全体について，トランスベクションを製造領域にまで拡張している。

　スマート企業は店舗品揃えのすべてを，トランスベクションの製造領域にまで拡張されたサプライヤー・ネットワークを通じて供給しようとしている。製造活動そのものはサプライヤーに委託しているが，製品の顧客価値提案の内容についてはスマート企業が指図し，価値実現責任も負担する。これを可能にした条件は，品揃えの専門化によって少数の製品カテゴリに絞り込んだからである。しかも，いわゆる流通加工機会が多く存在する製品カテゴリを選んだからである。

　一般的に言えば，製品カテゴリの製造が

- 消費者の嗜好が多様であり，中小メーカーも存続機会がある
- 原材料産地が多様に拡がり，製造段階もいくつかの段階に分かれる

- 完成品は多様な原材料や各製造段階でつくられる多様な部材のアセンブリ工程でつくられる

といった条件を備えているときには，スマート企業の指図による流通加工の機会が多くある。加工食品，アパレル，家具，日用雑貨などはこの代表的な製品カテゴリであろう。製品のモジュラー化が進展し，生産の垂直的分化がさらに進むと，耐久消費財もこの種の製品カテゴリになるかもしれない。流通加工機会はスマート・モードのモード適所を区画する重要な条件である。

　◇　**小売ブランドによる統合**……スマート・モードは全品揃えの流通活動を小売ブランドによって統合する。ユニクロやニトリという会社名が小売ブランドになりつつある。品揃えをカジュアル・ファッションや日用家具など，流通活動が同質的な少数の製品カテゴリに専門化していること，そして標的顧客層の明確化がこれを可能にしている。「お値段以上ニトリ」といったキャッチコピーは，価値ハンター向けのメッセージである。品揃え範囲は小売ブランド拡張の範囲である。この範囲が同質的なカテゴリ範囲に絞り込まれているため，会社名が小売ブランドとして機能することになる。

　一方でセブンイレブンやイオンの社名などが小売ブランド化せず，ブランド名が全品揃えを包摂できないのは理由は，その品揃えの中に流通活動が同質的でない製品カテゴリが含まれているからである。またその品揃えでの製品の品質階層も多様である。この品揃えの異質性によって，社名を小売ブランドして品揃え全体に拡張することが困難になる[17]。

　ブランドという言葉はいくぶん乱用気味であり，その意味が多義的になっている。ブランド化への階段にもとづき，ブランドをX，Y，Zに分けると，小売ブランドにおけるブランドの意味が明確になる。

　最下段はZブランドである。いわゆる地域ブランドや中小メーカー品，著名メーカー・ブランドでも差別性が退化し，ディスカウンターの品揃え

になったり，はては中古品としてネット通販に登場するブランドなどこれに入る。ブランド名やロゴマークによって出所がわかる有標化だけが特徴である。Zブランドの最底辺には偽ブランドがある。

　Yブランドはブランド・イメージが明確であり，ブランドの差別性を保持している。それは消費者の個人嗜好への訴求を狙っている。著名メーカーの新ブランドの大半はこの段階のブランド化を狙い，競合品よりも高価格の価格設定を狙ってきた。この段階になると，反復購買が高まる。

　Xブランドは最高段階のブランド化である。その代表例はエルメス，シャネル，ダンヒル，フェラガモなどいわゆる高級ブランドであろう。また画期的新技術により登場した情報機器など垂直的差別化商品もこれに入る。この段階のブランドの特徴は顧客との強い関係性である。ブランド認知度はきわめて高く，強い愛着心がある。

　スマート企業の小売ブランドは店舗の個性を明確することによってブランドYを狙っている。しかもそれを納得価格で提供して価値ハンターを狙っている。サプライヤー・ネットワークを通じて開発した製品を，統合的なブランドで包括する流通活動のモードはマーケティング・モードの本質的特性を備えているといえよう。このようにみると，スマート・モードは商業とマーケティングが品揃え全体にわたり完全融合した新しい流通モードである。

3 ネット通販革命

▶ アマゾン先導のネット通販

拡大するネット通販
　世紀の変わり目から2017年度までに，流通システムには革命的な変化が生じ，それは現在も進行中である。それはインターネットやスマホなど

情報端末で可能になったネット通販による革命である。ネット通販は無店舗販売によるスマート・モードである。この革命は長い間にわたり流通覇権の座にあった総合小売を衰退させ，それに代わる座を占めようとしている。それを端的に示すのは小売販売額とその成長率である。

　商業統計によると，1990年初頭のバブル崩壊以降，現在にいたるまで日本の小売販売額の伸びは停滞している。小売販売額は140.0兆円（1990年），139.7兆円（2000年），143.0兆円（2017年）と推移してきた。2000年以降の成長年率は0.2％に過ぎない。経済効率の悪い企業さえ存続させる市場スラックは，この間でほぼ完全に消滅している。その結果，流通モードの盛衰はもっぱらその競争優位性にのみ依存するようになった。

　このようなマクロ環境の下で，総合小売モードはその市場地位を急速に低下させている。百貨店と総合スーパーは商業統計では各種商品小売業に分類される。2000年のその小売販売額は17.8兆円であった。2017年になると，12.8兆円にまで低下する。この間の成長年率は－2.0％であった。

　これにたいして，ネット通販（消費者向け）は革命的な成長を遂げる。経済産業省の調査[18]によれば，2000年にその販売額は4530億円に過ぎなかった。2017年になると，各種商品小売業を抜き16.5兆円にまで成長する。この間の成長年率は22.1％という驚くべき数値になる。まさに鯉の滝登りのような成長である。

　この成長の背景には，米国企業アマゾン・ドット・コムの米国での成長，その日本市場参入とその驚異的成長，これに衝撃を受けた日本企業の模倣追随がある。その模倣者には種々な事業履歴を持つ企業が含まれる。アマゾンの脅威に刺激され，ネット通販事業に参入した。代表的な例を挙げれば，

- ZOZOTOWNを運営するスタートトゥデイ，楽天ダイレクトのようなネット通販企業
- ジャパネットたかた，千趣会，ディノス・セシールなどのテレビ・

カタログ通信販売業者
- ヨドバシカメラ，上新電機，キタムラ，ビックカメラなど家電・カメラのディスカウンター
- ユニクロ，ニトリ，セブンイレブンなど実店舗型スマート企業
- イオン，イトーヨーカ堂など総合スーパー

などである。

デス・バイ・アマゾン

　ネット通販に関するかぎり，すべての企業の注目はアマゾン・ドット・コムの動きに集中している。同社の売上急成長は，アマゾンエフェクト，デス・バイ・アマゾン，恐怖指数（アマゾンの影響を受けそうな企業株価の総合指数）といったビジネス流行語まで生み出した。これらは従来の流通モードへのアマゾン急成長の衝撃を示している。

　同社は1994年創業である。売上高が約100億ドルに達したのは2005年である。しかし，その後は成長年率約25％という驚異的な成長を続け，2017年になると売上高は1778億6600万ドルに達した。グーグル，アップル，フェイスブックとともに，GAFAの一員として米国経済を先導するIT企業として認知される。この年度の事業を売上構成比から見ると，図5.3のようになる。これらは同社の事業内容を示している。

　驚異的な売上成長とは裏腹に，アマゾン・ドット・コムの収益性は高くはない。営業利益が黒字化したのは2002年である。その後も売上営業利益率は1～2％で，2017年でも2.3％に過ぎない。これは情報化への市場トレンドを踏まえた積極投資によるものである。

　同社は物流システム，研究開発，関連事業への果敢な投資を継続している。そのため収益性は低いけれども，将来性についての市場評価はきわめて高い。同社の株価収益率（PER）が300倍前後と，アップルやマイクロソフトの10倍前後になっていることがこの点を示している。近年では第

図5.3　アマゾン・ドット・コムの事業構成（2017年）

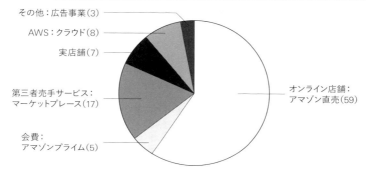

注）括弧内は売上高%。AWSは企業情報インフラ・エンジンのクラウドサービス。コンピュート，ストレージ，データベース，アナリティクス，IoT，企業向けアプリケーションを含む。
出典）アマゾン・ドット・コムの年次報告書

三者売手サービス，AWS（アマゾンウェブサービス），広告事業の収益性が高く，これが同社全体の収益性を支えている。

日本での事業展開

アマゾンはその事業を英，独，日などを中心に国際展開している。日本には2000年にアマゾンジャパンとして進出した。現在はアマゾン・ロジスティクスと合併してアマゾンジャパン合同会社となっている。2017年度時点で，本社（アマゾン・ドット・コム）の売上高に占める日本の比率は6.7%である。日本事業の内容は公表されていないので，本社の合算資料からの推測に頼らざるを得ない。

日本事業についての本社の公表数字は，図5.3のオンライン店舗と第三者売手サービス料の合算である。各年度の平均為替レートで円換算すると，進出後ほぼ10年の2010年度には4371.75億円を達成し，2017年度には1兆3335.84億円に達した。この間の成長年率を計算すると15%になる。実店舗型のスマート企業と同じような高い成長年率である。

アマゾンジャパンの売上高は，追撃する2〜4位の日本企業を大きく引

き離している。ほぼ同じ時点で、日本企業の消費者向け物販ネット売上高（億円）は、ヨドバシカメラ（1110）、スタートトゥデイ（984）、楽天ダイレクト（740）にすぎない[19]。アマゾンジャパンは完全な独走状態にある。

　アマゾンの上記数字は直販売上数字であり、アマゾン公式サイト（amazon.co.jp）への出店企業のサイト売上を含んでいない。これらを合算したアマゾン経由の流通総額を民間調査会社[20]が推計している。アマゾンへの出店料を約10％としたその推定値によると、2017年度でアマゾン直販が1兆2400億円、第三者（出店者）による流通総額が9200億円になるという。合わせると、2兆1600億円である。

　アマゾンジャパンの流通総額は、単体小売売上高トップのイオンリテールに並ぶ数字である。1990年以降、消費停滞が長期にわたり続いている。このマクロ環境の下では、実店舗型流通企業の多くはその損益分岐点から見ると、数％の売上減で赤字会社になる企業が多い。アマゾンの流通総額だけでも、多くの企業に深刻な影響を与えている可能性がある。デス・バイ・アマゾンは米国だけでなく日本でも進行している。その脅威に対応するため、多くの企業がネット通販事業に参入を始めている。これらも集計すれば、ネット通販が実店舗に与える影響はさらに増えるだろう。

▶ ネット通販の競争優位性

　アマゾンの躍進は流通モードとしてのネット通販の競争優位性の市場検証である。しかし、デジタル技術進歩を背景に、ネット通販は現在でも急速な進化の過程にあり、そのモード特性は以下の点で流動的である。まず、ネット通販事業を行っている企業でも、その通販サイトのプラットフォームは自前のものか借りて出店するのか、次に、自前プラットフォームでも直販するのか他社出店なのか、最後にプラットフォーム全体の品揃えは総合型か専門型かで相違がある。通販サイトは急速に増えているが、その様式は多様である。

表5.4　先端的ネット通販のモード特性

●取引対象	商品世界の全域
●取引相手	個客の集まりとしての大衆
●活動編成	●商業とマーケティングの融合
	●自主幹線物流＋端末物流アウトソーシング

　たとえばアマゾンは，先端情報技術を駆使した自前プラットフォームによって通販サイトを運営している。プラットフォームとは，種々のアプリケーションが動作するための，コンピュータやOSといった動作環境である。通販サイトでは直販だけでなく他社出店も認め，サイト全体の品揃えは総合的である。楽天も自前プラットフォームを持ち品揃えは総合型であるが，ほとんどすべてを他社出店に仰いでいる。ヨドバシやユニクロは自前サイト以外にアマゾン，楽天などにも出店する。しかしその品揃え範囲は専門的である。

　これらの中でアマゾンはネット通販のもっとも先端的な様式である。その流通モードの特性は表5.4のようになる。そこでこの様式を念頭に，実店舗流通に対する競争優位性を確認しながら，モード特性の進化方向を探ることにしよう。

　市場検証された競争優位性は次の点にある。

- 品揃え拡大の無限性
- モバイル・ショッピング
- ロングテールの制覇
- マーケット・レーダーによる個客追跡

これらは先端情報技術を駆使した，商業とマーケティングの壮大な融合である。商業としてのウェブサイトへ顧客を誘引し，その後マーケティング

を展開する。

品揃え拡大の無限性

◇　**サイバースペースとしての売場**……ネット通販の特徴は，その品揃えを情報処理能力の限界まで，限りなく増やせることにある。たとえば，アマゾンは書籍から出発し，その品揃えの製品カテゴリをほとんどの消費財に拡げつつある。この拡大の歴史は商業としてのバーチャル売場での品揃えの無限性を示している。その拡大を制約しているのは，世界で入手できる製品の集まり，つまり商品世界だけである。

この点で実店舗での品揃えとは大きく異なる。実店舗での品揃えは，売場での実物展示である。品揃えの拡大には，売場面積を増やす必要がある。実店舗流通での大型店化や商業集積地の拡大はこれに対応するものである。この極には百貨店，総合スーパー，大型ショッピング・センター，大都市中心街の商業集積などがある。いずれにせよ，品揃えの拡大には売場面積という物理的スペースの制約がある。この種の制約はカタログ通販の場合も同様である。カタログの紙数と発行頻度によって，商品展示が物理的に制約されている。

それだけではない。たとえ巨大な物理的スペースが確保できても，そこでの広大な品揃えが十分に機能しない場合がある。買物客の観点から見ると，目的の製品・品目に接触するには，歩行回遊による製品探索が必要である。平面であまりにも広い売場，高層階にまで拡がる売場では疲労や買物時間制約により，この歩行回遊は売場全域には及ばない。売場に展開された製品全体が，品揃えとして顧客価値を生み出していない。さらに売場が広大になればなるほど，お目当て商品探索は難しくなる。時間と疲労も含めた消費者の商品探索費用は高くなる。

これにたいして，ネット通販でのウェブサイトは，コンピュータが創り出したサイバースペースである。このサイバースペースはコンピュータ上に構築される。それはバーチャル（現実を模した事実上の）売場として機

能する。そのため，店舗売場のような品揃え拡大への物理的制約はない。文字，写真，映像で表示できる商品の数は無限に拡がる。

　もっとも，バーチャル売場では品揃え拡大が無限に可能であるといっても，ネット企業直販で低価格訴求を目指すかぎり，効率的なサプライチェーンを設定できるかどうかが制約になる。アマゾンのような先端企業はきわめて効率的な物流システムを構築している。

　それを支えているのは，地域市場毎に設置される自前の物流センターへの集中貯蔵，そこへのメーカーからの直送，そして最新情報技術を駆使した自動倉庫である。さらに音楽，コンピュータ・ソフト，映画，ゲーム，電子書籍などのように，ハード製品をデジタル化できれば，サプライチェーンの流通効率は飛躍的に向上する。

　効率的なサプライチェーンが組めない製品カテゴリについては，ネット通販はバーチャル売場を他企業にプラットフォームとして提供できる。これは実店舗で売場貸しと同じである。百貨店のインショップ，総合スーパーを核とするショッピング・センターのモールなどである。ネット通販でも，売場貸しによって商業施設全体としての品揃えを拡大できる。実店舗との重要な差異は，この売場貸しについても，実店舗は売場面積の物理的制約を受けるのにたいして，ネット通販ではその種の制約がないという点である。

　たとえば，2017年時点で，アマゾン・サイトでの流通総額の約4割はこの売場貸しによる「第三者売上」が占めている。ネット売場は多くの売手を参集するプラットフォームにもなる。売場貸しも含めた品揃えの広さという点では，ネット通販は実店舗をはるかに超えている。

　　◇　**商品探索の容易性**……さらに，消費者にとって，ネット通販での商品探索ははるかに容易であり，探索費用もかからない。お目当ての製品がわかっている場合には，適切な検索語を入力すればよい。瞬時にお目当ての売場にアクセスできる。検索語が多少不正確であっても，ファジイ（あいまい）検索がこれを助ける。そのサイトに至ると，そこで他の消費

者の体験コメントや検討商品，類似商品の推奨などで，お目当て商品の問題点を発見したり，いままで知らなかった類似商品に出会うこともある。これらが検索の効用をさらに高めるのである。品揃えをいくら拡大しても，ネット通販では実物店舗のような商品探索の困難や探索費用は発生しない。

　こうして，ネット通販は実店舗にたいして品揃えに圧倒的な格差を付けることができる。実際に米国の調査では，通常の書店での書籍数は4万から10万点の間である。これにたいしてアマゾンは300万点の書籍を販売している[21]。アマゾンの品揃えは書籍の商品世界の果てまで拡がっている。

　◇　**社会的品揃えの極限**……流通モードという点から見ると，ネット通販は商業モードをその極限まで発展させることができる。できるだけ多くのメーカーの商品を取り揃えて社会的品揃えを形成するという商業モードの基本機能を完全展開できるからである。しかもネット通販は顧客吸引のため廉売を武器にする。直接的に特売するだけでなく，会員特典の形を取ったポイント提供の形で廉売をする。

　もっとも社会的品揃え形成を極限まで追求するといっても，ブランド・メーカーの中には，アマゾンなどネット通販企業への出店を拒否する事例もある。たとえば，「ZOZOTOWN」への出品を終了したオンワードの事例[22]である。出店拒否の理由はZOZOの会員割引制によってオンワード・ブランドがディスカウントされることであった。これによりブランド・イメージが傷つくことを恐れたのである。また垂直的差別化に成功した新製品の場合も，同じような理由でメーカーはネット通販企業への出品を控えるだろう。

　しかし，乱流市場では有名ブランドや新製品といえどもつねにコモディティ化の脅威がある。次々にコモディティ化する製品については，ネット通販企業がサメのような大きい口を開けて待っている。

　マーケティングが誕生するまで，流通システムは商業モードによって行

われてきた。その誕生以降は商業モードの働きは，ナショナル・ブランド，全国広告，流通系列化などを支柱とするマーケティング・モードによって制約されるようになった。しかし，情報技術の発展を契機に，商業モードは強力な流通モードとして壮大な復活を始めている。アマゾンの躍進やネット通販を表現するE‐コマース（電子商業），インターネット・コマースという用語はそれを象徴している。アマゾンの流通モードは，マーケティングである前に，まずコマース（商業）であり，そこを事業起点にしている。

モバイル・ショッピング

ネット通販は流通モードの場所と時間での制約を取り払う。時空間上での買物自由度を飛躍的に高める。消費者はその立地点にかかわらず買物ができ，いずれの時間帯でも買物ができる。時間と場所の両方で消費者は買物時点と地理的位置を自由に選択できることを，モバイル・ショッピングと呼ぼう。モバイル・ショッピングは買物行動点を時空間上で自由に選べるという可動性である。

この可動性機会を提供することにより，ネット通販は製品効用のうちでとくに時間効用と場所効用を高める。コンビニも24時間営業によって時間効用を高め，稠密な店舗配置によって場所効用を高めた。しかし，これらによる製品効用の向上を基盤に，小売価格は通常水準に維持しようとした。ディスカウントを行わない。これはコンビニの基本戦略であった。消費者がコンビニを利用したのは，価格訴求がなくても，時間効用と場所効用が十分に顧客価値を提供していると見なしたからである。ネット通販は時間と場所の効用に低価格訴求を加えるから，コンビニよりもはるかに高い顧客価値を創造することになる。

24時間営業は実店舗の営業時間帯に買い物できない人の時間効用をとくに高める。インフラ工事，トラック配送従事者，さらに夜間勤務が必要な種々なサービス従業者にとってこの時間効用はきわめて高い。また供給

側から見ると，実店舗の非営業時間帯はその店舗がないのに等しいから，競争相手が少なくなる。それはいわゆるブルーオーシャン（競争相手のいない未開拓市場）[23]になることが多い。

　コンビニの急成長を支えた要因のひとつは24時間営業であった。24時間営業がなければ，コンビニの売上高はかなり少なくなっていたであろう。しかし，24時間営業は電力などのエネルギー費や人手不足による人件費が高くなると，経営的にますます困難になる。しかしほとんどの受発注が電子処理されるネット通販ではこの種の制約は少ない。実店舗にくらべると，ネット通販は時間効用の創造に関して圧倒的な競争優位性を持っている。

　ネット通販による場所効用の創造は，供給側から見ると店舗への立地制約からの解放である。実店舗の場合，その立地商圏の大きさや消費者の居場所までの移動距離によって制約されてきた。店舗規模もその品揃え内容も，どのくらいの範囲から買物客を吸引できるのか，これで決まる予想店舗商圏での市場規模によって制約された。人口当たりの潜在消費者が少ない，いわゆる専門品の立地が大都市圏中心市街に限られたのもこのためである。ネット通販のバーチャル売場では，モバイル・ショッピングによって，このような店舗商圏の制約はない。

　ネット通販企業はどこにでも立地できる。しかもその潜在顧客は時空間上全域の消費者数を単純に集計した数になる。人口当たり1％しか潜在顧客のいない専門品でも，全国市場を集計すれば何十万の潜在顧客がいることになる。その立地にかかわらず，広大な潜在商圏を対象にすることができる。これは実店舗に対するネット通販企業の圧倒的競争優位性である。

　もっともインターネットを通じてアクセスできるといっても，ネット通販が創り出す場所効用には，消費者目線から見ると実店舗とくらべて無視できない次のような格差がある。

- 発注から商品入手までの引渡時間が長くなる

図5.4　実店舗とバーチャル店舗での品揃えの相違

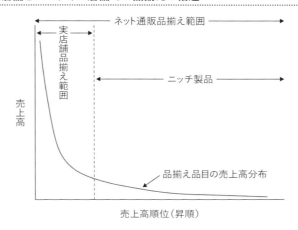

- 宅配費用が小売価格に加算されることがある
- 実店舗での商品展示が提供する情報にくらべると，ネット通販のデジタル画像情報は商品の色彩，風合い，フィット感，匂い，鮮度など，いわゆるアナログ情報伝達の正確性で劣る
- 店舗に外観，内装，販売員の質などの情報がないので，取引信頼性に劣る売手が多くなる

　これらの劣位は実店舗流通の経営者に安堵感を与えている。いくらネット通販の成長率が高いといっても，すべての流通がネット通販になるわけではないという安心立命の境地である。しかしこの境地は脆弱である。
　実店舗流通には店舗投資や人件費などによる多額の固定費が発生する。すべてがネット通販にならなくても，その拡大が一定域を超えると，実店舗流通はこの固定費を補う収益が確保できなくなる。売上10%減でも利益を確保できるような実店舗企業は数少ない。ネット通販売上が流通を完全支配するはるか以前に，損益分岐点比率の高い企業には死が訪れる。

実店舗との競争に打ち勝つために，アマゾンなどネット通販の先進企業はこのような格差を埋めるために多大の企業努力を行っている。物流センターの拠点配置，先端情報技術の研究開発への果敢な先行投資，そして徹底した顧客サービスなどである。アマゾンの営業利益率が創業以来，低い理由はこれらに要する多額の費用のためである。

　しかし，積極投資によって，即日配送，配送料無料，検索精度向上，取引信頼性にかかわる苦情確認・処理体制・電子決済体制など，顧客サービスを充実させている。その結果，実店舗との場所効用の格差は急速に縮まっている。情報技術の急激な革新に照らせば，この格差がさらに縮まることは確かであろう。安心立命の境地はまさに風前の灯火である。

ロングテールの制覇

　品揃え拡張の無限性とモバイル・ショッピングが結びついて，実店舗とネット通販の品揃えには巨大な格差が生じ始めている。ネット通販は広さ（製品カテゴリ数）だけでなく，深さ（カテゴリ内の品目数）の両面にわたり品揃えを拡張できるようになる。

　この拡張でとくに重要な点は，ニッチ製品を品揃えできることである。ニッチ製品とは細分化された狭い範囲のニーズに特化した製品である。特定の製品カテゴリであることもあれば，特定品目がニッチ製品になることもある。たとえば「ちょぼ焼き」道具セットなどはニッチ製品の例である。高齢者が少年時代を思い出し孫につくってやろうとしても，かつてはこのセットを買うため，関西なら大阪千日前の道具屋筋，東京であれば浅草のかっぱ橋道具街（ともに飲食店向けの調理道具専門店集積）まで行かねばならなかった。しかし，いまではアマゾンで買える[24]。

　実店舗とネット通販との品揃えの相違は，図5.4に要約されている。品揃え範囲から見ると，実店舗とネット通販では大きい格差がある。この格差の原因はニッチ商品を品揃えできるかどうかにある。実店舗ではニッチ商品を品揃えから除外し，ネット通販はそれを積極的に加えようとす

る[25]。

　ニッチ製品の共通した特徴は需要量が少ないことである。売場面積が大きいからといって，ニッチ製品を品揃えに含め，品揃えの深さを追求していくと，品揃え品目の売上高分布は図5.4に示すように，長い右裾（ロングテール[26]と呼ばれる）を持つ分布になる。ロングテールに位置する品目はニッチ製品である。

　このような分布ではパレート法則が作用する。パレート法則は80：20の法則とも呼ばれる。パレート法則が作用すると，たとえば，売上高の80％はわずか20％の製品によって占められる。売上高が少数の製品に集中するのである。ロングテール現象は売場面積の大小にかかわらず多かれ少なかれ発生する。

　ロングテール現象を回避するため，中小店だけでなく大型店でも，ニッチ製品はほとんど取り扱わない傾向が生じている。市場乱流化の下でPOSによる単品管理が徹底すると，実店舗での品揃えはますますパレート法則に支配されるようになった。

　実店舗ではその売場確保に高い固定費が必要である。これを吸収するには売場効率の向上が不可欠になる。パレート法則の発生を抑えるため，品揃えは売上高の高い製品にできるだけ集中することになる。たとえば大型書店でも近年では新刊書を中心に品揃えをし，専門書などニッチ商品を置かなくなったのはその例である。実店舗での品揃えの深さは総合小売でも急速になくなっている。

　アマゾンのような総合型ネット通販では，ニッチ商品を積極的に品揃えに加える。バーチャル売場では品揃えの拡張に物理的制約がないこと，またモバイル・ショッピングによって商圏に地理的制約がなく，市場は全国市場だけでなく国際市場にまで拡大して，そこでの需要量の集計量がバーチャル売場の売上になるからである。

　需要の少ないニッチ商品でも，広汎な地理領域にわたって集計できればかなりの売上になる。ニッチ商品を完全制覇すれば，ネット売場にアクセ

スすれば何でも手に入るという印象が消費者に拡がる。ネット売場の品揃えの訴求力は飛躍的に高まることになる。この訴求力は実店舗の少ない地方圏[27]や，都市圏でも個人嗜好の強い消費者には場所効用と時間効用を通してとくに強く働くであろう。

　ロングテール制覇について重要な点は，このような効果が広さと深さの両面にわたる品揃え範囲に依存していることである。品揃えが多様な製品カテゴリにまたがり，ニッチ商品を漏れなく追加していかなければ，実店舗売場や通販ウェブサイトでの売上増加や訴求力の向上には，ロングテール制覇はそれほど貢献しない。ロングテール制覇の効果は，品揃え範囲がいかに大きいかに依存している。実店舗よりもネット通販においてロングテール制覇を競争優位性に転換できる機会が大きくなる理由は，品揃えの広さと深さの両面での範囲拡張への制約がはるかに少ないからである。

　ロングテール制覇の優位性は実店舗流通にたいしてだけでなく，ネット通販間の競争においても発揮される。そのウェブサイトへ消費者がアクセスしなければ，ネット通販は始まらない。今世紀に入って，多くのネット通販ウェブサイトが登場したけれども，サイト・シェアはアマゾンと楽天に集中している。近時の民間調査[28]によれば，アマゾンが47.3%，楽天が34.5%である。両サイトが品揃え範囲の広大さで他を大きく引き離しているからである。3位のヨドバシでも1.2%に過ぎない。

▶ 商業モードを背景にした個客追跡マーケティング

　アマゾンのような通販企業は，商業モードだけで動いているのではない。同時に，マーケティング・モードでも先端を走っている。ネット通販は先端情報技術を基盤にした商業とマーケティングのモード融合である。しかし，そのマーケティング・モードは従来のマーケティング・モードとは大きく異なっている。その相違を要約的に述べると，

- モバイル・ショッピングに対応した時間効用，場所効用にかんする圧倒的差異の創造
- 形態効用の訴求点については個別品目のブランド化よりも，豊富な社会的品揃えからの選択を重視
- 市場全体あるいはその細分での平均的欲求よりも，個客の個性的欲求に豊富な選択肢を通じて訴求
- 個客へのマーケティング訴求は買物行為階層の追跡を通じて即時的に実行

といった点にある。これらを支えるネット通販の活動編成を次に検討しよう。

個客追跡マーケティング

◇ **クリック・ストリーム**……消費者がネット通販のウェブサイトを訪問したとしよう。この訪問とはインターネットを通じてアクセスすることである。ウェブサイトは多数のページが階層的に構成されている。各ページは商品説明や広告などの文・写真，リンクなど多くのファイルからなる。

消費者はウェブサイト内をクリックしながら商品情報探索や購買手続きのために移動していく。この移動の軌跡はクリック・ストリームと呼ばれる。クリック・ストリームは移動先のページ，リンクなどの時間的系列である。図5.5はクリック・ストリームでの推移経路パターンの一例である。

◇ **ビッグデータ**……個客のクリック・ストリームはクッキー（ユーザー識別のために個客のハードドライブにマーケターのウェブサイトが置く小さなファイル）によって自動的に記録される。ウェブサイトのどこを，だれが，いつ，どの地理的位置でクリックしたのか。このデータは数値，消費者意見などのテキスト，訪問者の地理的位置，写真など異種データを含み多様である。

図5.5 クリック・ストリームの推移パターン例

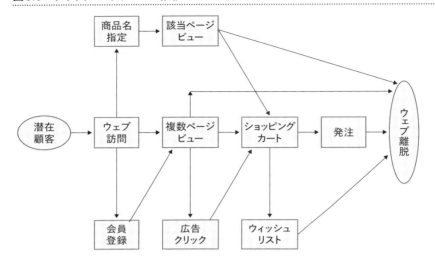

　このデータの生成はリアルタイムであるから，情報鮮度はつねに最新である。さらに大きいウェブサイトになると，毎日数十万，数百万の訪問があるからデータ量は大量である。ネット通販で蓄積されるデータは，多様性，即時生成，そして大量というビッグデータの基本特性[29]を備えている。このビッグデータのデータベースは，実店舗流通が使うPOSデータベースよりもはるかに複雑になる。

　ネット通販で蓄積できるビッグデータは，そのままでは巨大なデータ蓄積物に過ぎない。しかし，アマゾンのような先端企業はこのビッグデータを個客行為パターンの抽出に利用しただけではない。ビッグデータでの顧客買物行為を，データ解析の1標本として使うだけでなく，個客の動きを即時的に追跡するマーケット・レーダーに変え，個客追跡マーケティングを展開するデータ基盤にしたのである。

　◇　**マーケット・レーダー**……マーケット・レーダーは消費者を行動心理過程ではなく，クリック・ストリームに外形的に現れる買物行為の階

層によって捉える。それは最終的な購買に先立つ行為順序であり，クリック・ストリームというかたちで現れる。外形的な行為を捉えるという点で，マス・マーケティングや市場細分化を目指したマーケターの消費者行動把握と大きく異なっている。在来流通モードのマーケターも，購買行為に先行する過程に着目したが，それは外形的な行為ではなく，知覚や認知といった心理過程に焦点を置いていた。心理過程に焦点を置いた消費者行動論やモデルは，このようなマーケターに奉仕するものであった。

　たしかに知覚や認知といった心理過程は，ブランド選択や購買という最終行為に先行するものである。しかし，この心理過程は消費者の内的過程であり，マーケターが直接に観察できない。そのデータを収集するにはサーベイや心理実験に頼らねばならない。収集費用は高額であり，データ収集・処理にかなりの時間がかかる。しかもそのデータの多くは市場標本としては代表性をしばしば欠き，また多くの測定誤差を含んでいる。データを収集できたとしても，個人データはそのままでは役立たず，マス市場や細分市場での平均的な消費者像を統計解析により抽出する際の一標本としてのみ役立つに過ぎない。

　クリック・ストリームによる消費者の把握は心理過程に依拠しない。心理過程を含む買物行動ではなく，外形的に現れる買物行為をクリックを通して捉えるからである。このデータは機械により自動的に収集されるから収集費用は安く，収集に要する時間は即時であり迅速である。しかも買物行為データベースでの個客行為データは，たんに消費者グループの行動パターンを析出するための1標本としてだけでなく，その個客を標的にした個客追跡マーケティングのデータとしても使えるのである。

　◇　**個客追跡**……ネット通販のウェブページでは，個客のクリック・ストリームに合わせて，個客追跡マーケティングが展開されている。そのウェブページ運営者による推奨商品，バナー広告，ディスカウント情報，他者の購買体験，さらにアフィリエイト（成果報酬型広告）へのリンクなどである。これらのいわゆるネット広告の効果を測定するために，多様な

メトリクス (指標) が開発されている[30]。

　さらにウェブページから買物せずに離脱しても，アマゾンなどスマート企業は，その翌日にはクリック・ストリームに現れた情報をもとに，その個客が買物意向を持っていそうな商品の推奨メールを送付している。最終的な発注に至るまでのどのような段階にいるかをクリック・ストリームから把握し，それに即時対応する。個客に向かってのマーケティング展開の迅速性は，先端的ネット通販の際だった特徴である。

　このような個客追跡マーケティングがいかに効果的であるのか。今世紀に入ってからの媒体別広告費の動きを見ると，顕著なパターンがある。マスを対象にするテレビ，新聞，ラジオ，雑誌での広告費の伸びが停滞しているのにたいして，ネット広告費は飛躍的に増加している[31]。効果の出ない広告に広告主は金を出さない。媒体別の広告費の伸びに表れているマス広告とインターネット広告の対照的なパターンは，個客追跡マーケティングの有効性を傍証しているといえよう。

　◇　バリュー顧客の囲い込み……個客追跡マーケティングを効率的に遂行するため，ネット通販ではバリュー顧客の囲い込みの大きい機会がある。バリュー顧客とは，マーケターに大きい利益をもたらしてくれる優良個客である。個客が企業にもたらしてくれる利益は次式で計算する。

　　顧客利益 = 期間 t でのその顧客への売上高
　　　　　　－ 期間 t でのその顧客との関係性関連費用

ここで関係性構築費用とは，顧客との顧客関連性を構築し維持するための費用である。それには，ポイント提供や種々な顧客サービス特典の費用を含んでいる。

　顧客利益をすべての個客について集計すれば，品揃えのロングテールと同じように特定個客への集中現象が現れる。全顧客が均等に企業に利益貢献するのではなく，ヨリ少数顧客に利益貢献が集中するのである。実店舗での上得意客，従来マーケティング・モードでのヘビーユーザーやベター

ハーフといったコンセプトは，顧客への売上高にもとづき顧客貢献度に注目してマーケティング展開を行う重要性を指摘してきた。もっぱら売上高に注目したのは，関係性構築費用を顧客別に把握することが難しかったからである。

実店舗流通にくらべると，ネット通販ではクリック・ストリームを情報システムに組み込むことができれば，顧客利益を把握することははるかに容易になる。さらにその顧客との取引関係が継続するかぎり，その関係期間全体から得られる顧客生涯価値を計算できる途が開けている[32]。

顧客関係性の維持期間の長さ，各年度の粗利益の予測，そして各年度での顧客保持確率がデータが得られないときの簡便式は，

$$顧客生涯価値 = 粗利益 \times \frac{粗利益}{顧客喪失確率 + 資本コスト}$$

である。資本コストは将来の予想粗利益の現在価値を計算する際に用いる割引率である。上場企業の多くは自社の資本コストを計算しているからそれを使えば良い。

この式は次の想定をおいた顧客価値を示している。

- 粗利益は期間にわたり一定である
- 顧客保持確率は期間にわたり一定である
- 顧客関係性が維持される期間は有限である（顧客保持確率が1でない場合には，時間とともに顧客保持確率は低下する）

簡便式の第2項の分数は粗利益乗数と呼ばれる。顧客喪失確率は1−顧客維持確率であるから粗利益乗数に決定的影響を及ぼすのは顧客維持確率である。顧客維持確率を高めるため，実店舗企業は顧客カードを導入し，取引にともないポイントを発行してきた。しかし，ポイントはディスカウントの一種である。値下げ競争と同じく，他者への競争優位を維持し続け

ることは難しい。

　アマゾンはその「アマゾンプライム」で，他企業とはまったく差別化された会員制を導入し，優良顧客の囲い込みを行っている。その特徴は会員料を徴収する一方で，きわめて豊富な会員特典メニューを提供している点にある。配送料無料・即時配達，ディスカウント率の高いタイムセールへの参加，電子化されたビジネス書，雑誌，漫画の無料閲覧，音楽アルバムの聴き放題，映画の見放題などきわめて多様である。

　アマゾン・ドット・コムの創業経営者，ジェフ・ベゾスはアマゾンプライム会員数が1億人を突破したことを株主への手紙で2018年に始めて公表した。その特典が消費者によって高く評価されていることの証拠であろう。日本でもすでに数百万の会員がいるはずである。

　アマゾンプライムはその会員収入だけでも全世界で1兆円を超え，アマゾンの収益性を支え始めている。会員は個客追跡マーケティングの主要標的である。それだけでなく，アマゾンが開発する製品・サービスを顧客につなぎ，顧客の満足度と忠誠度を高めるようなスマート・グリッドの基盤としても機能している。アマゾンプライムの収益性はそれほど高くないかもしれない。それは米国会員料の近時の値上げに現れている。特典提供に多額の費用がかかるせいであろう。しかし，アマゾンプライム事業の精力的推進の背後には，会員の顧客生涯価値を見つめる目が光っている。

▶ オムニチャネル・モード：実店舗との融合

　アマゾンは既存流通モードを取る多くの企業を震撼させている。たんにネット通販の破壊的競争優位性を，アマゾンが市場実証したということだけではない。その快進撃がデジタル化による流通インフラ革命という大きい波に乗っているということ，これが既存モード企業の将来展望を暗いトンネルに入れ，陰鬱なものにしている。彼らはその暗いトンネルの先に見ようとしている希望の明かり，それがオムニチャネル・モードである。

「オムニ」はラテン語に由来し，「すべて」や「普遍」を意味する。オムニチャネルは消費者へ至るすべての流通経路を統合的に管理することを狙っている。オムニチャネルという用語は，21世紀の初頭に実務家や研究者の関心を引き始めた[33]。

　先端的情報技術を基盤にして在来のあらゆる流通モードを包括しようとしている。そのさいネット通販と実店舗のそれぞれの利点を統合しようとする[34]点で，ハイブリッド・モードのもっともスマートな進化を目指しているともいえよう。このモードは可能であるのか。アマゾンエフェクトを食い止める新しい流通モードとして進化するのだろうか。

スマート・ショッピングの登場

　◇　**スマート・ショッピングとは**……オムニチャネル・モードの狙いは，情報技術のデジタル化によって生まれた新しい流通インフラへの適応である。そのインフラとは，ネット通販サイトと実店舗の両者にまたがるスマート・ショッピングの登場である。とくにスマホやタブレットなどモバイル情報端末の普及により発生した。

　たとえば，ネット通販サイトで適当な商品を見つけ，その購買は実店舗で行う。また実店舗を訪問して適当な商品を見つけると，すぐにスマホを利用してそのメーカーにアクセスして詳細な商品情報を収集したり，あるいは価格ドットコムなどを利用してもっと安い店舗がないかを探索する。実際の購買はネット通販を利用してもっとも安い店舗で行い，近くのコンビニで商品をピックアップする。

　この種のショッピング・パターンは，デジタル化という時流の先端を走っている。商品獲得に至るまでのショッピング過程は迅速であり，また品質と価格の探索を徹底するという点で，賢い知性的な消費者行動である。これらの意味でこの種のショッピング行動は，リサーチ・ショッピング[35]よりも，むしろスマート・ショッピングと呼ぶ方がより適切だろう。

　このパターンはデジタル化する生活環境に幼少期より生まれ育った世

代，具体的には世紀の変わり目前後生まれの世代にとっては慣習的な行動様式である。このデジタル世代の頭数は今後もますます増えていくから、次世代のビッグミドルを形成する可能性がある。

スマート・ショッピングで消費者はマーケターとの多くの接触点を持つ。代表的な例を挙げると，①実店舗の展示商品やPOP広告，②通販ウェブ訪問とそこでのクリックストリーム，③そのブランドについての友人からのメール，④SNSでの店やブランドの話題，⑤コールセンター，⑥ダイレクトメール，⑦TV広告などである。とくに店舗や通販ウェブサイトはいくつかの接触点の集まりである。ショッピング過程でこれらに実際に接触すれば，それらがその消費者のショッピング経験[36]になる。

デジタル化の進行によって，これらの接触点がますます双方向通信媒体に代わる。顧客が接触したということを機械的に記録し，マーケターのもとに送信することが可能になる。さらにスマホのGPSにより顧客の地理的位置さえも自動的に記録できるようになった。スマホによる調査の消費者協力が得られると，その体験記録はさらに詳細になり実時間で記録される[37]。

◇ **ショッピング経験のダイナミクス**……スマート・ショッピングでは，デジタルとリアルの両世界が融合している。それはネット通販でのクリックストリームを，さらに実店舗でのショッピング行動にまで拡張している。このショッピング経験全体を，マーケターBを競合者として持つマーケターAの観点から見ると，従来にはなかった接触ストリーム（ショッピング経験）が生まれる。表示の簡便化のために，接触点の集まりとしての実店舗とネット通販サイトだけを取り上げると，図5.6のようになろう。

消費者のショッピング経験（接触ストリーム）がデジタルとリアルの両世界にわたって，マーケターAの統治する接触点の範囲内にロックインされるとは限らない。ショッピング経験の到着先がマーケターAの店舗あるいはブランドに向かわないかもしれない。ウェブルーミング（ネット通販

図5.6 スマート・ショッピングでの接触ストリーム

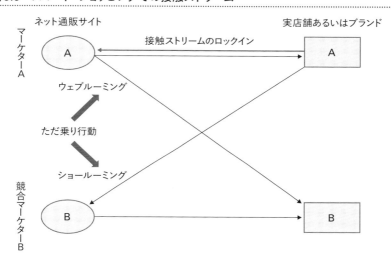

サイトを商品情報の探索の場としてのみ使う）やショールーミング（実店舗を商品情報探索の場としてのみ使う）が発生する。マーケターAから見ると，これらは只乗り行動である。それがデジタルとリアルの両世界にまたがって発生する可能性がある。

　それだけではない。スマート・ショッピングでは，その過程で同じ製品でもその製品類型を急速に変化させる。製品類型とは専門品，買回品，最寄品である。

　一般に専門品では高級ブランド品などのように，どのような製品が欲しいかの選好マップが出向前に形成されている。求めるのは形態効用である。そのため遠くにまで出かけるといった特別な努力を払う。

　買回品では婦人服や家具などのように，商品情報の探索性向が強く，種々な製品を見て比較しながら選好マップをショッピングの過程で形成していく。最寄品は商品をすぐ入手するといった時間効用，場所効用が重視される。最寄品では選好マップは弱く，また探索性向も低い。製品がどの

図5.7 類型三角形とそこでの移動

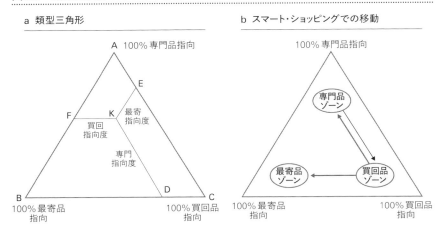

類型に属するかによって，必要な流通活動は大きくことなる[39]。

　従来，製品はこのいずれかの類型に分類できると見なされてきた。しかし，その区分の境界は多くの製品についてファジイである。むしろ同じ製品がこれらの類型要素を多かれ少なかれ持っていると考えたほうがよい。この様子は図5.7aの類型三角形内の一点として示すことができる。類型三角形は正三角形である。点Kから三角形の各辺への平行線を引き，各辺との交点をD, E, Fとすれば，線分KD, KE, KFは，点Kに位置する製品の専門指向度，最寄り指向度，買い回り指向度を表している。これらの線分の計が正三角形の一辺の長さに等しいからである。

　スマート・ショッピングでは同じ製品が類型三角形内の位置を急速に変える。たとえば特定のブランドの購入のためにある実店舗へ行き，そこで種々の商品に出あって後，各製品の比較情報を得るため通販サイトにアクセスする。そこで購買してのち，コンビニなど特定店舗でのピックアップを指示したとしよう。このスマート・ショッピングは図5.7bに示すような，類型三角形内での製品位置の移動として示すことができよう。その位

置によりマーケティング上で必要な接触点の設計は異なってこよう。

オムニチャネル・モード

　流通モードとしてみると，オムニチャネルは今後にビッグミドルになる可能性が高いスマート・ショッパーを標的にしている。その製品カテゴリーはネット通販の取扱範囲と重複して，多様な製品カテゴリーに及んでいる。活動編成の特徴は，マーケターの店舗，通販サイト，あるいはブランドに向かって，消費者のショッピング経験をロックインすることである。実店舗とネット通販が一体融合して，シームレスな(切れ目のない)ショッピング経験を提供すること，オムニチャネル推進者のこの強調点[38]は，ショッピング経験のロックインの別表現である。ロックインのためには，ショッピング経験の流れに沿って，適切な接触点を用意しなければならない。

　オムニチャネル・モードへ進化するには，ネット通販企業は実店舗を開発しなければならない。この点で日本の楽天などは動きが鈍いけれども，アマゾンはとくに米国で果敢な試みを始めている。アマゾンブックス，自然食品スーパー「ホールフーズ・マーケット」の買収とその改造，そしてキャッシュレス店舗「アマゾンゴー」の開発などだ。これらは会員制「アマゾンプライム」なども利用しながら，アマゾン・ドット・コムの通販サイトとオムニチャネルを形成し始めている[40]。

　しかし，オムニチャネル・モードへの進化意向については，ネット通販の脅威を強く感じている従来の実店舗モード企業の方が強い。これらの企業がオムニチャネル・モードへ進化するには，ネット通販を立ち上げるだけでは十分ではない。それはたんに異種モードの交雑にすぎない。

　真の融合をめざすには，さらに実店舗に多額の情報化投資をしなければならない。双方向通信できる接触点機器や監視カメラなどだけでなく，オムニチャネル全体での情報ネットワーク構築が必要になる。また消費者への戸配などのサプライチェーンも必要になろう。

オムニチャネルは従来の異種流通モードを包摂して一体融合化を目指す高次のハイブリッド・モードである。いわばメタ・モードであるといえよう。2014年にセブン＆アイ・ホールディングスが試みかけたオムニチャネルは、同社傘下の百貨店、スーパー、専門店、カタログ通販、コンビニなどを一体融合化しようとするものであった。当時、セブン＆アイの総帥鈴木敏文は「今年は、オムチャネルの取り組みを本格化する」と宣言していた[41]。

　しかし重要なことは、オムニチャネルが流通システムで現存する主要な業態のほとんどを包摂するいわゆる複合小売業を前提としないという点である。「オムニ（すべて）」とは、そのマーケターが統治する流通モード、チャネル、接触点の範囲内で、流通モードを融合一体化してショッピング経験をロックインするということである。

　たとえばユニクロがその店舗流通とその通販サイトを、流通モードの点で融合一体化すれば、それもオムニチャネルのひとつのフォーマットである。この場合、ネット通販は商圏規模が小さく十分な収益性を見込めない地域への多店舗化を代替したり、あるいは買物に十分な時間を割けない消費者との顧客関係性を維持するチャネルとして、店舗流通と効率的に融合できる可能性がある。

　1970年代の初頭はコンビニの創成期である。当時、コンビニのフォーマットにかんしては多様な構想が乱立した。売場面積、営業時間、生鮮食品を扱うか、設定粗利益水準、直営・ボランタリー・フランチャイズのいずれを運営組織にするのか、これらにかんして多様な構想が乱立した。その中で異端の位置にいたセブンイレブンのフォーマットがやがて業界の標準フォーマットとして定着した[42]。

　オムニチャネルについても同じような創成期にある。先行流通モードにたいして、競争優位性基盤をどうつくるか、そのモード適所（市場標的と製品カテゴリ）はどこか、どのような活動編成が必要か、これらについてその詳細（フォーマット）がまだ明確に見えていないので、標準モードは

まだ出現していない[43]。この出現には次のような点の検討が必要になろう。

- どのような流通モードを融合一体化するのか
- 各流通モードはオムニチャネルでどのような役割を担うのか。情報探索拠点か，購買拠点か，それともピックアップ拠点か
- ショッピング経験の各段階で顧客接触点はロックインのためにどの程度に効果的か
- オムチャネルの基盤になる情報システムとサプライチェーンはどのように設計すべきか。異モード間の組織アーキテクチャーを統合できるのか[44]。
- オムニチャネルを構成する流通モード間でロックインのためにどのような相乗効果が期待できるのか。それらによって，先行モードを超える競争優位基盤を形成できるのか

先行モードに卓越する競争優位性を持つようなオムニチャネルの標準型が出現するかどうか。それはこれらの問題について解決できるかどうかに依存している。

註

第1章

1) 市場スラックによる中小小売店の盛衰の実証分析については，田村正紀 (2008)『業態の盛衰』千倉書房を参照。
2) 大型店規制の実証分析については，田村正紀 (1976)『現代の流通システムと消費者行動』日本経済新聞社：同 (1981)『大型店問題』千倉書房。
3) 贅沢消費や贅沢民主化の詳細については，田村正紀 (2017)『贅沢の法則——消費ユートピアの透視図』白桃書房。
4) 卸売の実証分析については，三村優美子 (1992)『現代日本の流通システム』有斐閣：田村正紀 (1996)『マーケティング力』千倉書房。
5) 林周二 (1962)『流通革命——製品・経路および消費者』中公新書。
6) 日本経済新聞社編 (1977)『流通経済の手引き』日本経済新聞社。
7) この経緯の概要は，吉野洋太郎，小池澄男訳 (1976)『日本のマーケティング——適応と革新』ダイヤモンド社。
8) 各年度の「電通広告景気年表」参照。
9) Morse, L. (May 1964), "The Battle of the Brands", *Dun's Review*, 1964, reprinted in Gist, R. R. (1967), *Management Perspectives in Retailing*, Jhon Wiley & Sons.
10) 日経MJ編 (2016)「日経MJトレンド情報源　流通・消費2017」日本経済新聞出版社。
11) Gale, B. T. (1994), *Managing Customer Value: Creating Quality & Service That Customers Can See*, the Free Press.
12) Porter, M. E. (1985), *Competitive Advantage*, The Free Press.（土岐坤・中辻萬治・小野寺武夫訳 (1985)『競争優位の戦略』ダイヤモンド社）
13) あまりにも革新的な理論概念は，発表当時には注目されなくても，数十年後に復活することがある。トランスベクションやオルダーソンの理論体系はこの好例である。
　　Wooiscroft, B., R. D. Tamila and S. J. Shapiro eds. (2005), *A Twenty-First Century Guide to Aldersonian Marketing Thought*, 2006th Edition, Spliger. その主著の W. Alderson (1957), *Maketing Behavior and Executive Action*, Irwin（石原武政・風呂勉・光沢滋朗・田村正紀訳 (1984)『マーケティング行動と経営者行為——マーケティング理論への機能主義的接近』千倉書房）も50年ぶりに再刷されている（Martino Fine Books, 2009）。
14) W. Alderson (1965), Dynamic Marketing Behavior, Irwin.（田村正紀・堀田一善・小島健司・池尾恭一訳 (1981)『動態的マーケティング行動』千倉書房）
15) W. Alderson and M. W. Martin (1965), "Toward a Formal Theory of Transactions and

Transvections", *Journal of Marketing Research*, Vol.2, No.2.
16) Porter, M. E. (1985), *Competitive Advantage*, The Free Press. (土岐坤・中辻萬治・小野寺武夫訳 (1985)『競争優位の戦略』ダイヤモンド社)
17) Priem, R. L., M. N. Rasheed (1997), "Alderson's Transvection and Porter's Value System: a Comparison of Two Independentry-developed Theories", *Journal of Management History*, Vol.3, No.2.
18) 南知恵子 (2005)『リレーションシップ・マーケティング――企業間における関係管理と資源移転』千倉書房。
19) ファジイ尺度については、田村正紀 (2015)『経営事例の質的比較分析――スモールデータで因果を探る』白桃書房。
20) これらの条件の導出についてのヨリ詳細な議論は、田村正紀 (2001)『流通原理』千倉書房を参照。
21) 田村正紀 (2001) 前掲書。近年同種の考え方が欧米でも出現しつつある。たとえば、M. Petrovic, G. G. Hamilton (2011) "Retailers as Market Makers", in Hamilton, G. G., M. Petrovic, B. Senauer eds. (2011), *The Market Makers: How Retailers are Reshaping the Global Economy*, Oxford University Press.
22) Alderson. W (1957); 森下二次也 (1960)『現代商業経済論――序説＝商業資本の基礎理論』有斐閣。この点を最初に明確に指摘したことは、森下理論の最大の功績である。
23) M. Hall (1949), *Distributive Trading*, Hutchinson's Library. (片岡一郎訳 (1957)『商業の経済理論』東洋経済新報社); F. E. Balderston (1958), "Communication Networks in Intermediate Markets", *Management Science*, Vol.4,154-71; H. H. Baligh and L. E. Richartz (1967), *Vertical Market Structures*, Alyne and Bacon, 田村正紀 (2001)『流通原理』千倉書房。
24) 田村正紀 (1989)『現代の市場戦略』日本経済新聞社。
25) 田村正紀 (2001)『流通原理』千倉書房。

第2章

1) 消費者という概念は歴史概念である。明治以前にはこの概念は存在しない。この用語が定着を始めるのは明治の中頃からである。歴史概念としての消費者は、農民層も含めてほとんどの生活者が商品経済に編入されて後に登場する。消費者は商品購入にほぼ完全に依存した生活者である。(田村正紀 (2018)「消費者史の流れ――明治から現在までの消費生活の変遷」国民生活研究、第58巻第1号)
2) 日本での百貨店発展の詳細は、田村正紀 (2011)『消費者の歴史――江戸から現代まで』千倉書房。
3) この間の歴史的経緯の詳細は、田村正紀 (2011) 前掲書を参照。
4) この過程の詳細は Chandler, Jr., A. D (1977), *The Visible Hand: The Managerial Revolution in American Business*, The Belknap Press of Harvard University Press.

（鳥羽欽一郎・小林袈裟治訳（1979）『経営者の時代』上巻，東洋経済新報社）を参照。
5）アダム・スミス，山岡洋一訳（2007）『国富論——国の豊かさの本質と原因についての研究』上巻，日本経済新聞社。
6）Chandler, Jr., A. D. (1977), op.cit. (鳥羽欽一郎・小林袈裟治訳（1979）前掲書）
7）Shaw, A. W. (1951), *Some Problems in Market Distribution*, Harvard University Press, 1915, by A. W. Shaw. (丹下博文訳（1992）『市場流通に関する諸問題』白桃書房）
8）Tedlow, R. S. and G. Jones eds. (2014), *The Rise and Fall of Mass Marketing*, Routledge.
9）Yoshino, M. Y. (1971), *The Japanese Marketing System: Adaptations and Innovations*, The MIT Press. (小池澄男訳（1976）『日本のマーケティング——適応と革新』ダイヤモンド社）
10）この対応様式の重要性については，J. Lampel and H.Mintzberg (Fall 1996), "Customizing Cutomization", *Sloan Management Review*, および K. Hulthen, A. Dubois, and L-E.Gadde (2000), "Developments in Distribution Networks – A Framework for Understanding Variety", *Proceedings of the 16th IMP*. などを参照。
11）Kotler, P. (1989), "From Mass Marketing to Mass Customization", *Planning Review*, Vol.17, Issue 5.
12）内閣府「国民生活に関する世論調査」。
13）この種の大衆概念については，オルテガ・イ・ガセット，寺田和夫訳（2002）『大衆の反逆』中公クラシックスを参照。
14）Oliver, J. M. and W. Farris (1989), "Push and Pull: A One-Two Punch for Packaged Goods", *Sloan Management Review*, Vol.31, No.1.
15）W. Waterson(1993), "Models of Product Differentiation", in Cable, J. ed. (1993), *Current Issues in Industrial Economics*, Macmillan; Makadok, Rich. and David Ross (2013), "Taking Industry Structuring Seriously: A Strategic Perspective on Product Differentiation", *Strategic Management Journal* Vol.34: 509-532.
16）水牛くらぶ編（1990）『モノ誕生「いまの生活」1960-1990——日本人の暮らしを変えた133のモノと提案』晶文社。
17）マス・マーケティングでの有標化の普及は米国で始まった後，世界中に広まる。(Batos. W. & S. J. Levy (2012)," *A History of the Concept of Branding: Practice and Theory*", *Journal of Historical Marketing*, Vol.4, No.3. またマス・マーケティング・モードを最初に理論化したA.W.Shawにおいても，有標化はその理論主柱のひとつである。
18）電通「広告景気年表」。
19）Chandler, A. D. (1977), op. cit.
20）向井鹿松（1941）『百貨店の過去現在及将来』同文館出版。
21）商品世界が変動していくので，具体的な業種分類はデータ収集上で難しい問題である。日本で小売業種区分に利用できるデータは商業統計とNTT職業別電話帳である。

取扱商品を窺える小売業種数は商業統計では約70強業種，NTT職業別電話帳ではその倍近くある。いずれにおいても業種区分はかなりの頻度で改訂されている。

22) この実証例は，田村正紀（2008）『立地創造——イノベータ行動と商業中心地の興亡』白桃書房。

23) 異業種の関連パターンの実証例は，田村正紀（2008）前掲書，第2章を参照。

24) 長期的に見ると，必需品と贅沢品の境界は流動的であり，国などの地域や時代によって変化する。クーラーやマイカーがかつては贅沢品であったが，現在では必需品化している。かつては民具であったものが現在では骨董品として贅沢品化する。必需品と贅沢品の関係については，田村正紀（2017）『贅沢の法則——消費ユートピアの透視図』白桃書房。

25) この分権管理は消費多様化による品目増大が百貨店を襲うまで，国際的に見ても百貨店モードの共通の特質である。日本については，田村正紀（2008）『業態の盛衰』千倉書房，欧米については Perkins, J. and C. Freedman (1999), "Organisational Form and Retailing Development: The Department and Chain Stores. 1860-1940", *The Service Industries Journal*, Vol.19, No.4. を参照。

26) 日経MJ編（2016）「消費・流通2017——勝敗を決める18のルール」日本経済新聞出版社。

27) 日本経済新聞社編（1975）「流通経済の手引き」日本経済新聞社における日本の小売業調査を参照。

28) 田村正紀（1981）『大型店問題——大型店紛争と中小小売商業近代化』千倉書房。

29) Paramountain, J. C. (1955), *The Politics of Distribution*, Harvard University Press. 歴史事例としては，米国では1930年代のチェーンストア課税，ロビンソン・パットマン法の施行があり，日本では昭和初期の百貨店反対運動と百貨店法の施行がある。鈴木安昭（1980）『昭和初期の小売商問題——百貨店と中小商店の角逐』日本経済新聞社を参照。

30) 大型店規制がいかに総合スーパーの成長を阻害したのか。その代表事例はダイエーの成長過程である。田村正紀（2004）『先端流通産業——日本と世界』千倉書房；同（2016）『経営事例の物語分析——企業盛衰のダイナミクスをつかむ』白桃書房を参照。

31) これについては多様な研究がある。その展望については，Ailawadi, K. L. et al. (2009), "Communication and Promotion Decisions in Retailing: A Review and Directions for Future Research", *Journal of Retailing*, Vol.85, No.1.

32) Holton, R. H. (1957), "Price Discrimination at Retail: The Supermarket Case", *Journal of Industrial Economics*, Vol.6, 13-32.

33) 中内潤・御厨貴編著（2009）『中内㓛——生涯を流通革命に献げた男』千倉書房。

34) 現在のように，店舗規模が一万平米を超えるような大規模店になると，POSデータと顧客時期別情報のマッチングによるビッグデータの購買バスケット分析が必要になる。

35) 限界贅沢人のヨリ詳細な議論は，田村正紀（2017）前掲書，参照。

第3章

1) この用語は日本ではまだほとんど普及していない。しかし，"luxury democratization" あるいは "democratization of luxury" という用語でGoogle検索すれば，多くの記事，論説にお目にかかることができよう。この用語はいまやグローバル化している。田村正紀（2017）『贅沢の法則——消費ユートピアの透視図』白桃書房，参照。
2) ハンター・タイプの実証分析については，田村正紀（2006）『バリュー消費——「欲張りな消費集団」の行動原理』日本経済新聞社を参照。
3) Clark, K. B. (1985), "The Interaction of Design Hierarchies and Market Concepts in Technological Evolution", *Research Policy*, Vol.14, 235-251.
4) Mendelson, H., A. K. Parlaktuerk (2008), "Product-Line Competition: Customization vs. Proliferation", *Management Science*, Vol.54, No.12.
5) Cox, M. W., R. Alm, (1998), "The Right Stuff: America's Move to Mass Customization", *Technical Report*, *Federal Reserve Bank of Dallas*.
6) 特別企画「『分衆・大衆論』の評価と展望」（1986）消費と流通，10巻3号。
7) Pine Ⅱ, B.J., B. Victor, A.C.Boynton (Sep.-Oct. 1993), "Making Mass Customization Work", *Harvard Business Review*. この点をさらに強調して，customerizationという新語をつくる論者もいる。Wind, J. and A. Rangaswamy, (2001), "Customerization: The Next Revolution in Mass Customization", *Journal of Interactive Marketing*, Vol.15, No.1.
8) W. R. Smith (July 1956), "Product Differentiation and Market Segmentation as Alternative Marketing Strategy", *Journal of Marketing*. その後の学説史研究によれば，スミスはこの論文の執筆に際して，W. オルダーソンから多大の示唆を受けていた。(E. H. Shaw (2012), "Marketing Strategy: From the Origin of the Concept to the Development of a Conceptual Framework", *Journal of Historical Research in Marketing*, Vol.4, No.1.)
9) Jhonson, R. M. (Feb. 1971), "Market Segmentation: A Strategic Management Tool", *Journal of Marketing Research*, Vol.8; Dickson, P. R. and J. L. Ginter (Apr. 1987), "Market Segmentation, Product Differentiation, and Marketing Strategy", *Journal of Marketing*, Vol.51.
10) マーケティングのこの新しい考え方はマーケティング・コンセプト（The Marketing Concept）として広く普及する。その内容は消費者指向とマーケティングが企業の中核活動にならねばならないということである。(Keith, R. J. (Jan. 1960), "The Marketing Revolution", *Journal of Marketing*.)
11) Kohli, A. K. & B. J. Jaworski (April 1990), "Maket Orientation: The Construct, Research Propositions, and Managerial Implications", *Journal of Marketing*, Vol.54; Jaworski, B. J. & A. K. Kohli (July 1993), "Market Orientation: Antecedents and Cosequences", *Journal of Marketing*, Vol.57; Slater, S. F. & J. C. Narver (1998),

"Customer-led and Market-oriented: Let's Not Confuse The Two", *Strategic Management Journal*, Vol.19, 1001-1006.

12) 市場細分化技法の集大成は、Wedel, M. and W. A. Kamakura (2000), *Market Segmentation: Conceptual and Methodological Foundations*, Second Edition, Kluwer Academic Publishers.

13) Bennet, R. and R.Cooper (June 1979), "Beyond the Marketing Concept", *Business Horizons*.

14) Young, S. L. Ott and B. Fegin (Aug. 1978), "Some Practical Considerations in Market Segmentation", *Journal of Marketing Research*, Vol.15.

15) Claycamp, H. J. and W. F. Massy (Nov. 1968), "A Theory of Market Segmentation", *Journal of Marketing Research*, Vol.V.

16) この種の市場進化的な市場細分化機会に対応すべく、消費者指向や顧客指向の再構築が近年行われている。新しい指向は市場指向と呼ばれることが多い。(Christense, C. and J.Bower (1996), op.cit.; Kohli, A. K. and B. J. Jaworski (April 1990), op.cit. などを参照)

17) Silveira, G-J-C-d, F. S. Fogliatto, and D. Borenstein (2001), "Mass Customization: Literature Review and Research Directions", *International Journal of Production Economics*. Vol.72, No.1.

18) Starr, M. K. (1965), "Modular-production: A New Concept", *Harvard Business Review*, Vol.43, No.6.

19) Ernst, R, B. Kamrad (2000), "Evaluation of Supply Chain Structures through Modularization and Postponement", *European Journal of Operational Research*, Vol.124, 495-510.

20) Davis, S. M. (1989), "From 'future perfect': Mass Customizing", *Planning Review*, Vol.17, No.2.

21) Kotler, P. (1989), "From Mass Marketing to Mass Customization", *Planning Review*, Vol.17, No.5, 10-13.

22) Pine II, J. P., B. Victor and A.C.Boynton (Sept.-Oct. 1993), "Making Mass Customization Work", *Harvard Business Review*.

23) Salvador, F., C. Forza, M. Rungtusanatham (2002), "Modularity, Product Variety, Production Volume and Component Sourcing: Theorizing beyond Generic Prescriptions", *Journal of Operation Management*, Vol.20. 549-575.

24) Aaker, D. A. (1996), Building Strong Brand. (須山計介他訳 (1997)『ブランド優位の戦略』ダイヤモンド社)

25) 多くのMC研究では製造過程での個客欲求介入を取り上げ、この点を分離点 (decouple point) と呼んでいる。(Foglatto, F. S., G. J. C. da Silveira, D. Borenstein (2012), "The Mass Customization Decade: An Updated Review of the Literature", *Int. J. Production Economics*, Vol.138, 14-25.)

26）Broekhizen, T. L. J. and K. J. Alsem (2002), "Success Factors for Mass Customization: A Conceptual Model", *Journal of Market-Focused Management*, Vol.5, 309-330 .
27）Zipkin, P. (2001), "The Limits of Mass Cutomization", *MIT Sloan Management Review*, Vol.42, No.3.
28）https://shop.adidas.jp/item/?mi=1&cateId=1（2018年3月20日）
29）Merle,A., J-L.C.Elyette, F.Alizon (2010), "Perceived Value of the Mass-Customized Product and Mass Customization Experience for Individual Consumers", *Production and Operations Management*, Vol.19, No.5.
30）Zipkin, P. (2001), op. cit.
31）Kotha, S. (1995), "Mass Custemization: Implementing the Emerging Paradigm for Competitive Advantage," *Strategic Management Journal*, Vol.16 (Special Issue), 21-42.
32）Aaker, D. (Summer 1990), "Brand Extentions: The good, The bad, and The ugly", *MIT Sloan Management Review*,; Pitta, D. A, L. P. Katsanis (1995), "Understanding Brand Equity for Successful Brand Extension", *Journal of Consumer Marketing*, Vol.12, No.4.
33）Keller, K. L., D. A. Aaker (1992), "The Effects of Sequential Introduction of Brand Extensions", *Journal of Marketing Research*, Vol.29, No.1.
34）Loken, B., D. R. John (July 1993), "Diluting Brand Beliefs: When Do Brand Extentions Have a Negative Impact?", *Journal of Marketing*, Vol.57.
35）Tauber, E. M. (1993), "Fit and Leverage in Brand Extensions", in Aaker, D. A.. A. L. Bicel eds., *Brand Equity & Advertising*, Psychology Press.
36）田村正紀（2016）『経営事例の物語分析――企業盛衰のダイナミクスをつかむ』白桃書房。
37）田村正紀（2004）『先端流通産業――日本と世界』千倉書房。
38）この点についての実証は、田村正紀（2008）『業態の盛衰――現代流通の激流』千倉書房。

第4章

1）Zinn, W., M.Levy(1988), "Speculative Inventory Management: A Total Channel Perspective", *International Journal of Phisical Distribution & Material Management*, Vol.18, Iss 5.
2）Williamson,O.E.(1979), "Transaction-Cost Economics: The Governance of Contractual Relations", *Journal of Law and Economics*, Vol.22, No.2.
3）「小売の輪」仮説（Mcnair, M. P. (1958), "Significant Trends and Developments in the Postwar Period," in A.B.Smith ed. (1958), *Distribution in a Free, High-level Economy and Its Implications for the Univercity*, University of Pittsburgh Press）はその代表

である。
4）長谷川博（2009）「家電流通の進化：第1期・過渡期・第2期」千葉商大論叢，第47巻第1号。
5）家電流通経路の変遷については，中嶋嘉孝（2011）「家電メーカーにおけるマーケティングチャネルの変遷」大阪商業大学論集，第7巻第1号などを参照。
6）内田学・平田博紀・堀井希依子（2013）「ヤマダ電機とヨドバシカメラの戦略比較」共栄大学研究論集，第11号；栗山豊（1997）「ヨドバシカメラにおける価値創造型経営へのBPR」情報システムと社会環境，1997巻6号などを参照。
7）日経流通新聞編（1987）「流通経済の手引き　1988年版」日本経済新聞社。
8）月泉博（2003）『ドン・キホーテの革命商法』商業界。
9）セグメント情報の内で製品カテゴリ（内容が明白なセグメント）の売上計に占める比率。ドンキホーテ有価証券報告書，第38期（平成29年7月～平成30年6月）。
10）Zinn, W., D. J. Bowersox (1988), "Planning Phisical Distribution with the Principle of Postponement", *Journal of Business Logistics*, Vol.9, No.2.
11）Alderson, W. (Sept. 1950), "Marketing Eficiency and the Principle of Postoponement", *Cost and Profit Outlook*, Vol.3; Bucklin, L. (1965), "Postponement, Speculation and The Structure of Distribution Channels", *Journal of Maketing Research*, Vol.2, No.2. による概念的以降，この概念は流通経路やサプライチェーンの研究における基本概念になっている。この点については van Hoek, R, I. (2001), "The Rediscovery of Postponement: a Literature Review and Direction for Research", *Journal of Operations Management*, Vol.19. 160-184. を参照。
12）Christopher, M. (2000), "The Agile Supply Chain: Competing in Volatile Markets", *Industrial Marketing Management*, Vol.29, No.1.
13）van Hoek. R. I., (2001), op.cit., *Journal of Operations Management*, Vol.19, 161-184.
14）Glogor, D. M., M. C. Holcomb, T. P. Stank (2013), "A Multidisciplinary Approach to Supply Chain Agility: Conceptualization and Scale Development", *Journal of Business Logistics*, Vol.34, No.2.
15）Lee, H. L. (Oct. 2004), "The Triple - A Supply Chain", *Harvard Business Review*.
16）Sheth, J. N., R. S. Sisodia, A. Sharma (2000), "The Antecedents and Consequences of Customer-Centric Marketing", *Journal of Academy of Marketing Science*, Vol.28, No.1.
17）Fuller, J. B., J. O'Conor, R. Rawlinson, (1993), "Tailored Logistics: The Next Competitive Advantage", *Harvard Business Review*, Vol.73, No.3.
18）Johnson, R., P. R. Lawrence (1988), "Beyond Vertical Integration - The Rise of the Value-Adding Partnership", *Harvard Business Review*, Vol.66, No.4; Christopher, M (1998), *Logistics and Supply Chain Management: Strategies for Reducing Cost and Improving Service*, Pitman Publishing.

19) Lee, H. L., V. Padmanabhan, S. Whang (1997), "The Bullwhip Effect in Supply Chains", *Sloan Management Review*, Vol.38, Issue 3.
20) Lee, H. L., V. Padmanabhan, S. Whang (1997), "Information Distortion in Supply Chain: The Bullwhip Effect", *Management Science*, Vol.43, No.4.
21) ブルウィップ効果はフォレスター効果とも呼ばれる。フォレスターはシミュレーション・モデルによってブルウィップ効果の理論的存在に早くから気づいていた。(Forrester, (1961), Industrial Dynamics, The MIT Press) 田村正紀 (2001)『流通原理』千倉書房を参照。
22) Bhattacharya, R., S. Bandyopadhyay (2011), "A Review of the Causes of Bullwhip Effect in a Supply Chain", *International Journal of Advanced Manufacturing Tecnology*, Vol.54, 1245-1261.
23) Lee, H. L., V. Oadmanabhan, S. Whang (1997), "The Bullwhip Effect in Supply Chain", *Sloan Management Review*, Vol.38, Issue 3.
24) Lummus, R. R., R. J. Vokurka (1999), "Defining Supply Chain Management: a Historical Perspective and Practical Guidelines", *Industrial Management & Data Systems*, Vol.99, No.1.
25) Sabbaghi, A., G. Vaidyanathan (2007), "Integration of Global Supply Chain Management with Small and Medium Suppliers", in W. Y. C. Wang, M. S. H. Heng, P. Y. K. Chau eds., *Supply Chain Management: Issues in the New Era of Collaboration and Competition*, Idea Group Publishing.
26) Def'ee, C. C., W. S. Randall, B. J. Gibson (Fall 2009), "Roles and Capabilities of the Retail Supply Chain Organization", *Journal of Transportation Magement*.
27) Fisher, M. L. (March-April 1997), "What is the Right Supply Chain for your Product?", *Harvard Business Review*; Christopher, M., D. R. Towill (2002), "Developing Market Specific Supply Chain Strategies", *International Journal of Logistics Management*, Vol.13, No.1.
28) Lee, H. L. (2002), "Alighing Supply Chain Strategies with Product Uncertainties", *California Management Review*, Vol.44, No.3.
29) 取引条件パラメータから見た最適サプライチェーンについては、数学モデル、シミュレーション技法による多くの試みがなされている。しかし公式モデルによる最適解の導出はモデルの想定に依存している。(たとえば、Chiu, C-H, T-M Choi, and C. S. Tang (2010), "Price, Rebate, and Returns Supply Contracts for Coordinating Suppry Chains with Price Dependent Demand", *Production and Operation Management*, Vol.20, Issue 1.) 乱流市場の特質はこの想定を絶えず揺り動かすところにある。
30) その象徴的な出来事は松下とダイエーの和解である。1970年以降から再販価格統制をきっかけに途絶していた正式取引関係が96年に再開される。
31) Gajanann, S., S. Basuroy, S. Beldona (2007), "Category Management, Product Assortment, and Consumer Welfare", *Marketing Letters*, 18:135-148.

32) Marque's, G., C. Thierry, J. Lamothe, D. Gourc (2011), "A Review of Vender Managed Inventory (VMI): from Concept to Processes", *The Management of Operations*, Vol.21, Issue 6.
33) Waller, M., M. E. Johnson, T. Davis (1999), "Vender-Managed Inventory in the Retail Supply Chain", *Journal of Business Logistics*,Vol.20, No.1.
34) cf. Sari, K. (2007)," Exploring the Benefits of Vendor Managed Inventory", *Interanational Journal of Physical Distribution & Logistics*, Vol.37, No.7; Mishra, B. K., S. Raghunathan (2004), "Retailer-vs.Vendor Managed Inventory and Brand Competition", *Management Science*, Vol.50, No.4.
35) PB全体の動きについては、矢作敏行編著 (2014)『デュアル・ブランド戦略』有斐閣。
36) Burt, S. and K. Davies (2010), "From the Brand to the Retail-er as Brand: themes and issues in retail branding research", *Intenanational Journal of Retail & Distribution Management*, Vol.38, Issue 11/12.
37) Braak, A. t, G. Marnik, I. Geyskens (2013), "Retailer Private-Label Margins: The Role of Supplier and Quality-Tier Differentiation", *Journal of Marketing*, Vol.77, No.3.
38) セブンプレミアムは総合スーパーだけでなく、セブン&アイ傘下の他の業態でも販売されている。
39) http://www.7andi.com/company/challenge/2685/1.html（2018/11/17最終アクセス）
40) 「流通ニュース」(http://www.ryutsu.biz/commodity/k041841.html 2018/11/17最終アクセス)
41) Cuneo, A., S. J. Milberg, M. d C. Alarcon-del-Amo, P. Leopez-Belbeze (2018), "Private Label and Manufacture Brand Choice in a New Competitive Reality: Strategic Directions and the Future of Brands", *European Management Journal*, Vo.30.
42) Morton, F. S. and F. Zettelmeyer (2004), "The Strategic Positioning of Store Brands in Retailer-Manufacturer Negotiation", *Review of Industrial Organization*, Vol.24: 161-194.
43) 交換型や関係型の取引のヨリ詳細な議論については、田村正紀 (2001)『流通原理』千倉書房。
44) Braak, A. t, G. Marnik, I. Geyskens (2013), "Retailer Private-Label Margins: The Role of Supplier and Quality-Tier Differentiation", *Journal of Marketing*, Vol.77, No.3.
45) Elg, U. and H. Paavola (2008), "Market Orientation of Retail Brands in the Grocery Chain: the Role of Supplier Relationships", *The International Review of Retail, Distribution and Consumer Research*, Vol.18, No.2.

第5章

1) スマート小売業について、学会や産業界の関心を引き寄せた最初の論文は2014年の発表である。(Pantano, E., H.Timmermans (2014), "What is Smart for Retailing ?",

Procedia Environmental Sciences, 22, 104-107）

2） Pantano, E., S. Verteramo (2015), "Placeless Store or Ubiquitous Stores? - New Technological Frontiers in Retailing", *Proceedings of the 12th International Conference on e-Business*, 173-178.

3） Priporas, C., N. Stylos, A. K. Fotiadis (2017), "Generation Z Consumers' Expectations of Interactions in Smart Retailing: A Future Agenda", *Computers in Human Behavior*, Vol.77, 374-381.

4） たとえば，Vrontis, D., A.Thrassou, M.Amirkhanpour (2016), "B2C Smart Retailing: A Consumer-focused Value-based Analysis of Interactions and Synergies", *Technological Forecasting & Social Change*, http://dx.doi.org/10.1016/j.techfore.2016.10.064; Pantano, E., C. V. Priporas, C.Dennis (2017), "A New Approach to Retailing for Successful Competition in the New Smart Scenario", *International Journal of Retail & Distribution Management*, http://doi.org/10.1108/IJRM-04-2017-0080

5） 日経MJ（流通新聞）編（2018），「日経MJトレンド情報源——流通・消費2018」，日本経済新聞出版社。

6） Levy, M., D. Grewal, R. A. Peterson, B. Connolly (Feb. 2005), "The Concept of the 'Big Middle'", *Journal of Retailing*, Vol.81. 著者たちはこの概念をウォルマート執行副社長によって示唆されたと述懐している。

7） Mantrala, M. K. (Jan. 2009), "Why is Assortment Planning so Difficult for Retailer?: A Framework and Research Agenda", *Journal of Retailing*, Vol.85.

8） Hollander, S. C. (Summer 1966), "Notes on the Retail Accordion", *Jounal of Retailing*, Vol.42; Hart, C. (Apr. 1999), "The Retail Accordion and Assortment Strategies: An Exploratory Study" *The International Review of Retail, Distribution and Consumer Research"*, Vol.9.

9） 各店舗への配分過程における問題については，小川進（2000）「ディマンド・チェーン経営——流通業の新ビジネスモデル」日本経済新聞社。

10） 特売販売率と欠品率の低下は営業利益を飛躍的に向上させる。この点については，Hausman, W. H., J. S. Thorbeck (2010), "Fast Fashon: Quantifying the Benefits", in T. C. Edwin Cheng and T.-M. Choi eds. (2010), *Innovative Quick Response Programs in Logistics and Supply Chain Management, International Handbooks on Information Systems*, Springer-Verlag.

11） 日本経済新聞，2018年12月4日。

12） Hausman, W. H., J. S. Thorbeck (2010), op.cit.

13） 詳細は田村正紀（2014）「セブンイレブンの足跡——持続成長メカニズムを探る」千倉書房を参照。

14） ネットワークが一般に中間組織としての性格を持つことについては，Thorelli, H. B. (Jan.-Feb., 1986), "Networks: Between Markets and Hierarchies", *Strategic Management Journal*, Issue 1.

15) Caro, F., V. Martinez-de-Albeniz (2014), "Fast Fashion: Business Model Overview and Research Oppotunities", in Agrawal, N. and S. A. Smith eds. (2014), *Retail Supply Chain Management: Quantitative Models and Empirical Studies*, 2nd edition, Springer.
16) L Wu, X Yue, A Jin, DC Yen (2016), "Smart Supply Chain Management: a review and implication for future research", *The International Journal of Logistics Management*, Vol.27. Issue 2.
17) 小売ブランドとしての社名の拡張問題については、Ailawadi, K., .L. Keller (2004), "Understanding Retail Branding: Conceptual Insights and Research Priorities", *Journal of Retailing*, vol.80, No.4.
18) 経済産業省、「平成12年度電子商取引に関する市場規模実態調査」概要、および「平成29年度　我が国におけるデータ駆動型社会における基盤整備（電子商取引に関する市場調査）」平成30年経済産業省商務情報政策局情報経済課。
19) http://netshop.impress.co.jp/node/5846
20) https://netshop.impress.co.jp/node/5156
21) Brynjolfsson, E., Y (Jeffery). Hu, M. D. Smith (2006), "From Niches to Riches: The Anatomy of the Long Tail", *Sloan Management Review*, Vol.47, No.4.
22) 日本経済新聞、2018/12/29
23) Kim, W. C., R. Mauborgne (2015), *Blue Ocean Strategy Expanded Edition: How to Create uncontested Market Space and Make Competition Irrelevant*, Harvard Business Review Press.（入山章栄・有賀裕子訳 (2015)『〔新版〕ブルーオーシャン戦略──競争のない世界を創造する』ダイヤモンド社）
24) Amazon.co.jp への2018/12/31のアクセスによる。
25) Brynjolfsson, E. Y., Y. Hu, D. Simester (2011), "Goodbye Pareto Principle, Hellow Long Tail: The Effect of Search Costs on the Concentration of Product Sales", *Management Science*, Vol.57, No.8.
26) ロングテール現象への最初の注目は、Anderson, E. T (2004), *The Long Tail*, Wired Magazine（篠森ゆりこ訳 (2006)『ロングテール──「売れない商品」を宝の山に変える新戦略』早川書房）である。
27) Brynjolfsson, E. Y., Y. Hu, M. S. Rahman (2009), "Battle of the Retail Channels: How Product Selection and Geography Drive Cross-channel Competition" *Management Science*, Vol.55, No.11.
28) http://www.mexce.net/monitoring./1127.html
29) McAfee, A., E. Brynjolsson (Oct. 2012), "Big Data: The Management Revolution", *Harvard Business Review.*
30) 田村正紀 (2010)『マーケティング・メトリクス──市場創造のための生きた指標ガイド』日本経済新聞出版社。
31) 電通、日本の広告費。

32) Kumar, V. (2008), *Managing Customers for Profit: Strategies to Increase Profits and Build Loyalty*, Wharton School Publishing; 田村正紀（2010）前掲書。
33) Lazaris, C., A. Vrechopoulos (2014), "From Multichannel to 'Omnichannel' Retailing: Review of the Literature and Call for Research", *2nd International Conference on Contemporary Marketing Issues*, 18-20 June 2014, At Athens, Greece.
34) Rigby, D. K. (Dec. 2011), "The Future of Shopping", *Harvard Business Review*.
35) Verhoef, P, C., S. A. Neslin, B.Vroomen (2007), "Multichannel Customer Management: Undestanding the Research-shopper Phenomenon", *International Journal of Research in Marketing*, Vol.24, 129-148.
36) Palmer, A. (2010), "Customer Experience Management: a Critical Review of an Emerging Idea", *Journal of Services Marketing*, Vol.24, No.3.
37) Macdonald, E. K., H. N. Wilson, U. Konus (Sept. 2012), "Better Customer Insight-n Real Time", *Harvard Business Review*.
38) Rigby, D. K. (Dec. 2011), op. cit.; Lazaris, C., A. Vrechopoulos (2014). op. cit.
39) Bucklin, L. P. (1963), "Retail Strategy and the Classification of Customer Goods", *Journal of Marketing*, Vol.27, No.1.
40) アマゾンの最新の動きについては、特集「止まらぬ浸食、次なる標的、未完のアマゾン」ダイヤモンド・チェーンストア、2018年12月1日号。
41) Chain Store Age、2014年3月1日号。
42) 田村正紀（2014）「セブン－イレブンの足跡――持続成長メカニズムを探る」千倉書房。
43) Mirsh T., C. Lehrer, R. Jung (2016), "Channel Integration Towards Omnichannel Management: A Literature Review", *Proceedings of the 20th Pacific Asia Conference on Information Systems*, Pacis.
44) 高嶋克義・金雲鎬（2018）「オムニチャネル化の組織的課題――小売企業における戦略転換の組織的制約」国民経済雑誌、第217巻、第3号。

主要用語索引

英数字

100円ショップ　234
1対1対応マーケティング　010
24時間営業　254
3の側面　020
4P　186
80：20の法則 → パレート法則
Amazonフレッシュ　013
CPER（協働在庫補充計画）　193
ECR（Efficient Consumer Response）
　　192
E-コマース　253
GMROI　→　在庫粗利益率
H&M　238
LINE　218
MC（大量・個客対応, Mass Customization）
　　011, 038, 131
　　――と多品目化戦略の相違　137
　　――の機能要件　137
　　――の制度的適所　147
　　――の製品効用　144
　　――の導入条件　147
　　――のモード適所　142, 145
　　――のモード特性　132
NB　→　全国ブランド
PB　→　プライベート・ブランド
POSシステム　156
QR（Quick Response）　192
VMI（売手管理在庫, Vendor Manegement
　　Inventory）　014, 193, 200
　　――採用の誘因　201
　　――のベネフィット　200
Xブランド　244
Yブランド　244

ZARA　238
ZOZOTOWN　218, 252
Zブランド　243

ア行

青山商事　011
アセンブリ・ライン　071
アパレルの製品属性　158
アフェリエート　261
アマゾン・サイトでの流通総額　251
アマゾンジャパン　247
アマゾン・ドット・コムの収益性　246
アマゾンの脅威　245
粗利益乗数　263
安全在庫量　171
イオンリテール　097
異業種集積　093
一括大量物流　183
イトーヨーカ堂　097
命がけの飛躍　041
イノベーション・ベンチマーク　159
イン・ショップ　096
インターネット　012, 163
　　――・コマース　235
動く標的の追跡　184
売上粗利益率　225
売上成長率　230
売りっぱなし　053
売手主導によるプッシュ過程　140
営業利益　224
延期　180
　　――が有効になる製品カテゴリ　180
　　――のタイプ　182
　　――の特徴　180

286

形態—— 182
　　時間—— 182
　　場所—— 182
大型店規制緩和　176
大型店紛争　098
大きな物語　iii
オムニチャネル　015
　　——・モード　264, 269
オルダーソン，ロー（Wroe Alderson）
　　029
卸売業［商］　022
　　収集——　003
　　仲継——　003
　　分散——　003, 016, 107

カ行

外商　095
買回品　267
価格探索　047
価格ハンター　118
価格・品質連想効果　028
各形質の競争優位性の変局
革新品　168
加工情報　219
家族周期　114
価値ハンター　118
価値連鎖概念　036
活動編成　020
　　——の基本型　021-022
　　——の知性　219
家電量販店ディスカウンター　175
関係性構築費用　262
擬似百貨店化　158
機動売場　232
機能のスピンオフ　179
　　在庫——　178
機能品　168
機能品質
規模の経済　078
客観品質　026

供給柔軟性　236
供給ネットワーク　165
供給パイプラインの多様化　165
供給不確実性　164
競争優位基盤　186
競争優位性　021
　　——の変局　057-058
　　市場検証された——　249
　　特定モードの——　057
近代企業　072
クリック・ストリーム　259
経済のグローバル化　163
経済発展　111
形質　021
　　モード——　021
傾斜消費　167
形態効用　026
系列店　175
系列販社　175
経路キャプテン企業　238
経路の統治構造　173
経路販売額　083
限界贅沢人　113
　　——の心理的葛藤　113
懸隔［ギャップ］　049
顕示［見せびらかし］品質　026
現代流通の多様性マップ　016
現代流通モードの生態系　018
現代流通モードのダイナミクス　017
行為　029
広告　130
　　——（宣伝）費　150
　　　媒体別——　262
交渉の効率化　046
行動準則　021
行動迅速性　218
小売業　022
　　スマート——　214
小売商が直面する市場　195
小売商へのパワー・シフト　155
小売段階での競争　084

主要用語索引　287

小売統治　083
　——の水準　082
小売パワー　155
　——の増大　155
小売ブランド　015
　——関係性　209-210
　　——の進化　210
　　——による統合　243
　統一的——　205
個客　076
　——対応　037, 132
　　——の重要性　143
　　——追跡マーケティング　258, 261
　　大量・——　131
顧客価値　019, 023, 116
　——タイプ　167
　——の決まり方　027
　——のコンセプト　023
　——の多様化構造　115
　製品の——　025
顧客指向　127
顧客生涯価値　263
個客と大衆の違い　076
顧客との1対1対応　138
顧客との共創　144
国際分業　172
個人消費者の理想点　126
コスト・リーダーシップ　118
コトラー，フィリップ（Philip Kotler）　076
コモディティ
　——化　090, 184

サ 行

在庫粗利益率　225
　——向上への途　225
　——の成長経路　226
在庫一掃セール　173
在庫削減のための流通活動　173
在庫削減モード　173

最終顧客としての消費者　079
サイバースペースとしての売場　250
再販価格の維持　008
再販売購入　044
サプライチェーン　014, 186
　——契約の不安定性　198
　——・マネジメント［SCM］　187
　　——実現の困難性　194
　——・ミックス　196
　スマートな——　239
サプライヤー・ネットワーク　135, 234, 237
　——の範囲　235
仕入先への取引交渉力　158
自我表現価値　144
時間（の）原点　002
時間効用　027
自主マーチャンダイジング　096
市場危険　041, 079
市場検証　024
市場細分化　010, 038, 122
　——における顧客志向　128
　——のモード適所　129
　——のモード特性　123
市場指向　127
市場寿命の短サイクル化　184
市場（の）スラック　003-004, 222
市場創造の不確実性　040
市場の一般的定義　055
市場範囲　065
　——の拡大　065
　——の数量次元　066
市場標的の流動化　166
市場不確実性　039
市場リーダー　128
次世代覇権企業　213
実行学習　218
実物流通　029
実物流通軸　016, 038
実物流通の活動編成　029
実物流通の重要性　185

質問表によるサーベイ　077
実利価値　144
品揃え　022
　——拡大の無限性　250
　——形成　031
　——専門化　011
　——による取引費用の節減
　——の絞り込みによる同質化　233
　——の相違　255
　商的——　046, 051
しまむら　011
社会経済構造の変化　217
社会的品揃えの極限　252
周囲市場　046
集権的管理機構　106
集積　033
柔軟で迅速な量産システム　135
周辺　057
　——モード　016
集約的開拓　072
主観確率　172
主観品質　026
需要異質性の集約　126
需要不確実性　165
需要変動性　172
消化仕入　095
商業　019, 022
　——の本質　045
　電子型——　045
商業者　045
　——介在による取引数の節減　048
商業とマーケティングの完全［壮大］な融
　合　240, 249
商業とマーケティングの交雑　241
商業モード　044, 051
　——の理想型　052
　——の取引費用優位性　063
少衆対応　122
商店街　003
消費者欲求の（際限なき）多様性　010,
　112

消費者欲求の同質性　077
消費部門の主要な状態　066
消費ユートピア　006, 087
商標登録　074
商品　019
　——回転率　225
　——探索の容易性　251
商品本部　106
情報階層　219
情報技術　004
　——の進歩　069
情報削減　233
情報縮約・整合の経済　045
情報処理能力の向上　233
情報制御　119
ショールーミング　267
ショッピング・センター　006, 153
ショッピング体験のダイナミクス　266
時流への適応性　216
仕分け　033
進化ベクトル　108
真空地帯　161
新興住宅地への商店進出　105
新興ディスカウンター　176
心理的葛藤　113
垂直的差別化　085, 087, 118
垂直統合　082
　小売段階まで——　082
水平的差別化　086
スマート機器利用　214
スマート企業
　——の市場デザイン　229
　——の品揃え　230
　——の損益分岐点比率　223
　——の長期耐乱性　221
　——のパワー行使　238
　——の標的設定　228
　実店舗型——　227
スマート・ショッピング　265
　——での接触ストリーム　267
スマートな融合　213

スマート・モード　213
　　——の特性　215
スミス，アダム（Adam Smith）　070
スミス，ウェンデル（Wendell Smith）
　　124
生活行動の多様化　166
生活周期　114
生業店　061
制御情報の相違　181
整合［マッチング］　031
生産基地の海外移転　165
生産者の推測　079
生産における柔軟性［多品目生産］　121
生産のグローバル化［国際化］　010, 165
生産部門の主要な状態　065
政治紛争　098
製造直販専門店　015
生存臨界売上減少率　222
贅沢　111
　　——消費　006
　　　——者　093
　　——ピラミッド　113
　　　——品　094
　　　——の顕示効用　094
　　——ブランド　087
　　——民主化　112
　　——欲求　111
　　　——の放縦性　111
　　　——への重点移行　112
製販同盟　014
製品
　　——効用　026, 116
　　　——形成　036
　　　——の獲得費用　117
　　——差別化　074
　　　——効果　028
　　——の異質性　030
　　——のカテゴリ市場　055
　　——の共同販売人　044
　　——の市場創造　041
　　——のソフト属性　138

　　——のポジショニング　126
　　——のモジュール化　133, 141
　　　——の機会　146
　　——プラットフォーム　148
　　——ライン　033
　　　——の多様化　128
製品カテゴリ［区分］　056
　　——の絞り込み　231
　　——の進化　120-121
　　——別の分権管理　095
製品形態の個客対応　132
製品市場の複合化　062
製品族アーキテクチャ　148
製品族の品目多様性　142
製品特性の明確な編集方針　232
生物界での種　240
世帯サイクル　167
接触点　266
セブンイレブン　012, 229, 232
セブンプレミアム（・ゴールド）　206
セルフサービス（店）　005, 106
全国ブランド　009, 204
　　——メーカー　203
選別　033-034
専門品　267
総合小売　089
　　——の揺らぎ　108
　　——モード　090
総合スーパー　005-006, 089
　　——のチェーン展開　103
　　——の店舗成長率　154
　　——のモード適所　097
　　——のモード特性　099
　　——・モード　097
総合ディスカウント　176
総合的品揃えの落とし穴　157
双対流通　079
　　——の取引構造　080
双利関係性［ウィン・ウィン］　238
ソーティング（作業）　032, 233
　　——の4つの側面　032

属性空間　125
損益分岐点　222
　　——比率　222
　　——分析による指標　222

タ行

ターゲッティング　127
ダイエー　007, 098
　　——新三宮店　099
大河型　218
大規模小売店舗法［大店法］　006, 099
ダイクマ　177
大衆　076
　　——嗜好の同質性　077
　　——消費社会　059, 071
態度　128
大都市立地　092
耐乱性の基盤　224
大量(・)個客対応　→ MC
大量生産　071, 078
　　——の論理　078
多角化　121
多数連結の経済　047
建値制　075
多頻度小口物流［配送］　183, 236
多品目化［多品目の量産］　121, 136
多様化　020
　　製品カテゴリや品目レベルでの——
探索の効率化　045
単純市場　062
知恵　220
チェーンの本部機構　106
知覚品質　026
知識　220
チャンドラー，アルフレッド
　　（Alfred DuPont Chandler, Jr.）　072
中核　057
中間業者　043
　　——の介在条件　043
中間組織　237

中間モード域　016
抽象的で無個性の消費者　078
中心地商業集積の内部化　093
注文介入点　139
調整機構の転換点　072
直間選択の規定因　041-042
地理空間市場　055
　　——の複合化　064
　　——領域の区分　056
地理上の空間変動　185
低粗利・高回転ビジネス　100
ディスカウンター集積　175
ディスカウンターの成長　174
ディスカウント　098
　　——商品の取引　178
定流市場　163
データ　219
　　ビッグ——　217, 259
デス・バイ・アマゾン　246
デュアル・ブランド戦略　209
　　——でのNB傾斜度　211
電子型商業のネット通販　056
伝統モード　060
　　——の基本的特徴　069
　　——の特質　060
　　——の変局点　070
　　マス・モードに先行する——　059
店内回遊動線　102
店舗の大型化　153
店舗のチェーン展開　102
　　——の必要条件　104
店舗の適応環境
店舗標準化　106
店舗別の分権管理　094
店舗流通モードの模倣　103
店舗ローカリゼーション［地域適応］　159
投機　169, 180
　　——在庫　169
同業種集積　093
同質的商圏市場　104

独自価値　144
特殊な取引慣行　095
特注品　141
独禁法適用の強化　008
トップバリュ　206
トップメーカーへの追随企業　090
トランスベクション　016, 029-030, 036
　　──上流への拡張　242
　　──での関係性　035
　　──での変換　032
　　──でのマス対応　076
　　──の編成原理　037
　　──の編成軸　038
　　──・モード　076
　　MCの──　135
取り揃え　033
取引　039
　　──相手［対象］　020
　　関係(型)──　041, 209
　　間接──　043
　　交換(型)──　041
　　直接──　050
取引数単純化　047
　　──の原理　048
取引費用　043
　　──節減の機会　045, 047
取引流通　020, 028
　　──活動の編成様式　042
　　──でのマス対応　079
取引流通軸　052
　　──での活動様式
　　──の活動編成　052
トレーディング・アップ［品揃えの格上げ］
　158
ドンキホーテ　177

ナ行

二重価格問題　176
ニッチ製品　256
ニッチャー戦略　128

ニトリ　011, 232
日本の小売販売額の伸び　245
ネット通販　012
　　──でのウェブサイト　250
　　──による革命　245
　　──による場所効用の創造　254
　　──の競争優位性　248
　　（先端的）──のモード特性　249
ネットワーク化　234
ネットワークリンクとしての関係性
　237
農産物流通　048

ハ行

バーチャル売場　257
パート作業員　106
ハード属性　139
バイイング・パワー［購買支配力］　107
パイプライン特性　068
ハイブリッド型　017
ハイブリッド・モード　013, 213, 240
　　──の代表事例　013
　　──の誕生　013
　　部分的(な)──　199, 212
配分　032-034
波及効果　101
派遣社員　096
場所効用　027, 116
発注ロットサイズ　171
バブル経済　009, 058, 097
バリュー顧客　262
　　──の囲い込み　262
バリュー製品　166, 168
パレート法則　257
パワー関係　237
範囲の経済　119
販売業者　080-081
販売促進［販促］　083
　　業者向け──　191
　　メーカーの──　084

ビッグミドル　228
　　潜在的──　227
必需品　094
必要在庫量　170
　　──の規定因　170
百貨店　089
　　──の総合的品揃え　091
　　──モードの特性　091
　　　地方──　003
　　　都市──　003
標準価格［希望小売価格］　175
標的市場での代表的消費者像　156
標本調査　156
広さ　011
品質多階層化　206
品質探索　047
品質ハンター　117
品質保証者　047
品目の需要予測　191
品目レベル　033
ファジィ［あいまい］尺度　038
　　──の特質　039
ファスト・ファッション　236
フィッシュボーン　004
フォードＴ型　077
不確実性　120
　　──（の）プール　049-050
深さ　011
複合市場（性）　055
　　──化　062
　　商業モードによる──　061
不測事態発生への対応　185
プッシュ型取引　079
物流機能　047
物流モード　183
部分的融合　202, 241
プライベート・ブランド　009, 098, 203
　　──開発の進化　203
フランチャイズ・システム　053
ブランド　007, 075
　　──・アイデンティティ　137

──・エクイティ　150
──化　087
──拡張　150
　　──の成功条件　151
──資産　150
──闘争　008
──認知率　088
──の流通価格　075
──の廉売　008
　親──　152
ブランドと個別品目の分離　137
ブルウィップ効果　188
　　──の発生原因　190
プル型取引　075, 079, 085
　　──の特徴　080
プル過程　140
プロフィット・リーダー　101
平方根法則　050
ベゾス，ジェフ（Jeffrey Bezos）　264
変換　031
　　──産出　031
返品　096
ポイント　263
泡沫型　217
ポーター，マイケル（Michael Porter）
　036

マ行

マーケット・レーダー　012, 157, 217, 260
マーケティング　019, 022, 072
　　──経路内での小売店舗間競争　085
　　──による活動編成　050
　　──の誕生　071
　　──問題の重点　186
マーチャンダイジング　102
マス広告　088
　新製品の──　088
マス対応　037
　　──の標準品　078

マス・マーケティング　006-007, 073
　　──との共用　148
　　──の中核　085
　　──の狙い　124
　　──のモード適所　088
　　──のモード特性　074
　　──・モード　073
マス・モード　059
マニュアル化　106
マルチ・ソーシング　211
(神の)「見えざる手」　070-071
「見える手」　071
ミニチュア市場　044
メーカー品揃えと小売品揃えの不一致
　　082
メーカー統治水準　085
メーカーによる数量割当　191
メルカリ　218
モード適所　054
　　──の区分　055
　　　流通段階市場による──　056
モード・マッチング　220
　　──による完全融合　241
モジュール　133
　　──・オプション　134
　　──構成　146
　　──の大量生産　135
モジュール型製品設計　133
モバイル・ショッピング　253
模倣　240
最寄品　267

ヤ 行

ヤマダ電機　176
ヤミ再販　175
有標化　087
輸送技術　004
ユニクロ　011, 229, 232, 238
ユビキタス・コンピューティング　215
ヨドバシカメラ　176

ラ 行

ライフスタイル　128
乱流市場　163, 217
リーダー企業　128
履行の効率化　047
リベート　084, 090
流通　iii, 018
　　──の基本概念
　　──の多段階化　063
　　──の多様化
流通インフラ　001, 004
　　──の重層的影響　004
流通革命　005, 007
流通加工機会　242
流通活動における機動性　183
流通過程の分化　066, 070
流通技術　068
　　──の進歩　069
流通系列化　008, 054, 081
流通経路　018, 070
　　長く［長い］（複雑な）──　003, 065
流通在庫の増加圧力　169
流通システムでの貫流過程　030
流通世界　002
流通フロー　018
流通(の)モード　iii, 001, 021
　　──と顧客価値　024, 028
　　──との基本的な関連
　　──のカタストロフィ［突然の大変動］
　　　223
　　──の進化［多様化］　002, 004, 023
　　──の(多様性)世界　iii, 009
　　──の適所　054
　　新──　109
流通システム　019
量販販路　176
類型三角形　268
ロス・リーダー　101
　　──戦略　100
　　──の機能不全　157-158

──品目　101
ロット（サイズ）　034
ロングテール　257
　──制覇　258
　──の優位性　258

ワ行

割当　033-034

著者略歴

田村正紀（たむら・まさのり）

神戸大学名誉教授，商学博士

専攻はマーケティング・流通システム。主要著書に『マーケティング行動体系論』(千倉書房, 1971),『消費者行動分析』(白桃書房, 1972),『小売市場行動と価格行動』(千倉書房, 1975),『現代の流通システムと消費者行動』(日本経済新聞社, 1976),『大型店問題』(千倉書房, 1981),『流通産業：大転換の時代』，(日本経済新聞社, 1982),『日本型流通システム』(千倉書房, 1986, 日経・経済図書文化賞；朝鮮語訳, 比峰出版社, 1994),『現代の市場戦略』(日本経済新聞社, 1989),『マーケティング力』(千倉書房, 1996),『マーケティングの知識』(日本経済新聞社, 1998),『機動営業力』(日本経済新聞社, 1999),『流通原理』(千倉書房, 2001; 中国語訳, China Machine Press, 2007, 朝鮮語訳, Hyung Seul Publishing Co., 2008),『先端流通産業：日本と世界』(千倉書房, 2004),『リサーチ・デザイン：経営知識創造の基本技術』(白桃書房, 2006),『バリュー消費：「欲張りな消費集団」の行動原理』(日本経済新聞社, 2006),『立地創造：イノベータ行動と商業中心地の興亡』(白桃書房, 2008; 中国語訳, 経済管理法律分社, 2014),『業態の盛衰：現代流通の激流』(千倉書房, 2008),『消費者の歴史：江戸から現代まで』(千倉書房, 2011),『ブランドの誕生：地域ブランド化実現への道筋』(千倉書房, 2011),『旅の根源史：映し出される人間欲望の変遷』(千倉書房, 2013),『セブンイレブンの足跡：持続成長メカニズムを探る』(千倉書房, 2014),『経営事例の質的比較分析』(白桃書房, 2015),『経営事例の物語分析：企業盛衰のダイナミクスをつかむ』(白桃書房, 2016),『贅沢の法則：消費ユートピアの透視図』(白桃書房, 2017) など。

流通モード進化論

2019年4月25日　初版第1刷発行

著　者　田村正紀

発行者　千倉成示
発行所　株式会社 千倉書房
　　　　〒104-0031　東京都中央区京橋2-4-12
　　　　電話 03-3273-3931（代表）
　　　　https://www.chikura.co.jp/

印刷・製本　精文堂印刷株式会社
造本装丁　米谷豪

©TAMURA Masanori 2019　Printed in Japan〈検印省略〉
ISBN 978-4-8051-1170-3 C3063

乱丁・落丁本はお取り替えいたします

JCOPY ＜(社)出版者著作権管理機構 委託出版物＞

本書のコピー，スキャン，デジタル化など無断複写は著作権法上での例外を除き禁じられています。複写される場合は，そのつど事前に(社)出版者著作権管理機構（電話 03-5244-5088, FAX 03-5244-5089, e-mail: info@jcopy.or.jp）の許諾を得てください。また，本書を代行業者などの第三者に依頼してスキャンやデジタル化することは，たとえ個人や家庭内での利用であっても一切認められておりません。

消費者の歴史

田村正紀 著

消費者はどのように誕生したのか。消費社会はどのように生成, 発展し, 揺らぎ始めたのかを分析。江戸から現代までを通観する。

❖ 四六判上製／本体2300円+税／978-4-8051-0968-7

業態の盛衰

田村正紀 著

専門店, 百貨店, スーパー, ネット通販など, 業態の激しい興亡がなぜ生じ, どこに向かうの。本書はそれを実証的に解明する。

❖ A5判上製／本体2800円+税／978-4-8051-0918-2

流通原理

田村正紀 著

長年の研究に基づき, 情報技術の進展などに伴う流通業の発展と展開を理解するための流通原理を体系化した決定的テキスト。

❖ A5判上製／本体2500円+税／978-4-8051-0800-0

表示価格は2019年4月現在

千倉書房